金融学精编
（第 4 版）

李 健 主 编

左毓秀 副主编

国家开放大学出版社·北京

图书在版编目（CIP）数据

金融学精编/李健主编. —4 版. —北京：国家
开放大学出版社，2020.7（2024.1重印）
ISBN 978 - 7 - 304 - 10283 - 8

Ⅰ. ①金… Ⅱ. ①李… Ⅲ. ①金融学 – 开放大学 – 教
材 Ⅳ. ① F830

中国版本图书馆 CIP 数据核字（2020）第 084156 号

金融学精编（第 4 版）
JINRONGXUE JINGBIAN
李　健　主　编
左毓秀　副主编

出版·发行：国家开放大学出版社
电话：营销中心 010 – 68180820　　　总编室 010 – 68182524
网址：http://www.crtvup.com.cn
地址：北京市海淀区西四环中路 45 号　　邮编：100039
经销：新华书店北京发行所

策划编辑：赵文静　　　　　　　版式设计：何智杰
责任编辑：于　洋　　　　　　　责任校对：朱翔月
责任印制：武鹏　马严

印刷：河北赛文印刷有限公司
版本：2020 年 7 月第 4 版　　　　2024 年 1 月第 7 次印刷
开本：787mm×1092mm　1/16　　印张：18.75　字数：416 千字

书号：ISBN 978 - 7 - 304 - 10283 - 8
定价：37.00 元

前言（第 4 版） □ □ □　　　PREFACE

　　按照教育部对教材建设的要求和"小批量、多版次"的教材建设原则，结合近年来国内外金融发展的变化和人们对金融问题认识水平的提升，我们再次对教材进行了修订。

　　根据教学实践中师生反映的问题，本次修订基本没有对第 3 版的逻辑体系和框架结构进行改动。本次修订的主要原则与重点是：

　　（1）强化原理，切合国情。对金融知识的介绍力求定义一致、表述准确。注重从原理上阐释金融运作和发展的规律，结合国内外金融发展特别是我国改革开放的实践来完善金融学的理论体系。深度解读党的十九大提出的金融回归本源、优化结构、强化监管、市场导向的原则和服务实体经济、防范金融风险、深化金融改革的任务，力图从理论和实践的结合上把这些重大问题说清楚。

　　（2）突出重点，调整结构。本次修订注意到了核心章节与普通章节、重点内容与一般性内容介绍的区别，相对缩减了一般常识性介绍的篇幅，适当增加了原理性的阐释和启发性的表述，以凝练金融学的基本原理。

　　（3）与时俱进，充实更新。本次修订对各章涉及的内容进行了补充和修改，更新了全部数据和图表，尽力与我国经济体制和金融体制改革的新进展（包括金融发展的新动态）同步，以求能够及时反映金融实践的发展和人们认识的深化。特别是针对近十年以来的金融形势与面临的问题，增加了数字货币、信用风险和杠杆率、利率的作用与市场化改革、金融资产交易市场与金融资产管理公司、我国资本市场的国际化、商业银行的科技赋能、中央银行的常备借贷便利、数量型和价格型货币政策、双支柱宏观审慎政策、金融发展的新理念、金融科技等方面的内容，尽可能拉近理论与实践的距离，以激发学生关注金融时势和学习探究问题的兴趣，提升教材的可读性与鲜活性。

　　本书初稿是由国家开放大学国家级金融学教学团队的教师提供的，具体分工如下：李健编写第一章、第十一章、第十二章、第十三章、第十五章；左毓秀编写第二章；黄昌利编写第三章、第十二章；蔡如海编写第四章、第五章；李建军编写第五章、第六章；魏建华编写第八章；贾玉革编写第七章、第十二章；孙建华编写第九章；马亚编写第九章、第十章；郭田勇编写第十四章。本次修订时正值新型冠状病毒肆虐，人们正常的工作和社会生活秩序都受到很大的影响，这就给团队合作修订教材带来了困难。故本次修订工作由我一人完成，当然，书中的不足也由我来承担责任。

特别需要说明的是，在本教材的建设中，国家开放大学的吴国祥老师全程参与了本书的策划、修订并提出了很好的意见。本书的策划编辑赵文静女士和责任编辑于洋女士为本书的出版付出了辛勤的劳动，在此一并向他们表示衷心的感谢！

李健

2020 年 3 月

前言（第1版） □ □ □　　　　　　PREFACE

金融学是一门研究金融领域各要素及其基本关系与运行规律的专业基础理论课程。金融学的涵盖面很宽，凡与金融相关的范畴几乎都包含在内。本教材力图以马克思主义基本原理为指导，系统阐述金融基本理论、基本知识及其运行规律；客观介绍世界上主流金融理论、最新研究成果、实务运作的机制及最新发展；立足中国实际，努力反映经济体制改革、金融体制改革的实践进展和理论研究成果，实事求是地探讨社会主义市场经济中的金融理论和实践问题。

随着我国向社会主义市场经济体制转轨，货币、信用、银行等金融因素已经渗透到经济生活的方方面面，金融的地位和作用大大提高，影响力日益增强。这就需要我们通过学习和掌握金融学的基本知识、基本原理，把握金融运作的内在机制和规律，进而认识和探讨经济社会中的各种金融现象，研究和解决现实金融经济问题；同时也为其他专业基本理论课程和业务技能课程的学习奠定坚实的基础。

需要说明的是，随着全球金融业的迅速发展和我国金融改革与开放的深入，金融理论与实务方面都在发生深刻的变化，原有的货币银行学框架已经越来越难以覆盖所需要研究的范畴，因此，如何架构一个更加合理的体系，如何更好地安排课程及教材的内容，是我国各金融学科点正在探讨中的问题。我们的这本教材也是这一探讨过程的成果之一。从2001年开始，中央广播电视大学决定对原来的货币银行学课程进行重建，我们重新研究并确定了本课程的教学大纲，重新设计了多媒体一体化教学方案，拟定了新的教材写作提纲，组建了课程编写组重新编写教材。本书共分七篇，总计二十二章。各章作者分工如下：

第一章：左毓秀　　　　　　　第二章：李健

第三章：李国重、李健　　　　第四章：左毓秀、李健

第五章：左毓秀　　　　　　　第六章：李健

第七章：马丽娟、李健　　　　第八章：马丽娟

第九章：马丽娟　　　　　　　第十章：魏建华

第十一章：魏建华　　　　　　第十二章：魏建华

第十三章：李国重、李健　　　第十四章：魏建华

第十五章：李健、孟艳　　　　第十六章：吴国祥

第十七章：吴国祥　　　　第十八章：吴国祥、李健

第十九章：李健　　　　　第二十章：李健

第二十一章：李健　　　　第二十二章：李健

全书由李健负责增删修改和总纂定稿。在书稿的写作过程中，我们得到了许多专家学者的帮助，特别是中国人民大学周升业教授、中央财经大学的王佩真教授和潘金生教授、对外经济贸易大学的吴军教授，他们审阅了本课程的教学大纲、本书的写作提纲和初稿，提出了宝贵的指导性意见和建设性意见，使本书增色不少。中央财经大学金融学院的博士生李超、张长全、孟艳、张龙涛在书稿的总纂过程中付出了辛勤的劳动。在此一并向他们表示衷心的感谢！

我们期盼着中央广播电视大学的广大教师和学生积极参与这门课程的建设，特别是对本教材提出宝贵的批评和建议，以便下一版的修订能够有的放矢，使本书日臻完善。

李健

2004 年 1 月

前言（第2版） □ □ □ PREFACE

教材是实施教学的基本依据，是教师传授知识和学生学习的重要载体，也是保证教学质量、实现专业培养目标的基本手段。由于受现实和认知的局限，教材的编写总是难以完全满足专业教学和发展的要求，因此，通过小批量、多版次的方式不断修改完善，是塑造真正的精品教材的必由之路。

自本书第1版于2004年1月出版以来，中国金融学科和金融业都发生了很大的变化。金融专业教育教学无论是在培养目标和模式、课程体系和内容，还是在教学方式和手段、教学评价和要求等方面都在进行着改革和完善。与此同时，中国金融业的改革、开放和发展更是令世人瞩目，金融业的发展正呈现出新的格局和生机。为了使教材能够适应金融专业教学改革与发展的新要求，使学生更好地理解金融发展的内在原理，了解中国金融发展的历史和现状，我们对全书进行了全面的修订。我们调整了部分章节的内容，强化了对重要概念的阐释，加强了对原理的阐述，修正了不当的表述，更新了各种相关数据和资料，更换了专栏内容，补充了金融改革、开放和发展的新知识，如国有商业银行的股份制改革、加入世界贸易组织过渡期后金融的全面开放、巴塞尔新资本协议等，力图使教材的内容更加贴近现实。本次的修订工作由李健负责，原书的作者都有参与。中央财经大学金融学院的张浩、戴迎新、吕炜、马勇、刘宗业、曾崇舜、郭炜等同学在书稿的修订过程中付出了辛勤的劳动。在此一并向他们表示衷心的感谢！

尽管我们作出了努力，但书中可能仍然存在不妥之处，我们殷切希望广大教师和学生积极参与本书的建设工作，不吝赐教，你们提出的任何批评和建设性意见都将使本书在下一次修订中得到进一步的完善。谢谢！

李健

2007 年 6 月

前言（第3版）　□ □ □　　　　　　　　　　　　　　　　PREFACE

　　屈指算来，由我们中央财经大学为中央广播电视大学主持金融学（原货币银行学）课程建设已近30年。1986年由已故著名金融学家张玉文教授率先主讲这门课程，当时我参加了她主编的《货币银行学原理》教材的编写，此后就一直参与这门课程的建设和教材的修订。由我主持这门课程建设以来，我们教学团队对教材及其教辅资源的建设投入了极大的精力和努力。特别是2004年课程名称由货币银行学更名为金融学以后，教学团队对教材体系和教学内容做了很大的调整，以宽口径的金融范畴来解读金融学的原理，力图以马克思主义基本原理为指导，系统阐述金融学的基本理论、基本知识及其运动规律。2004年第1版教材出版以后，适逢中国金融学科和金融业的迅猛发展时期，金融专业教育教学从培养目标和模式、课程体系和内容、教学方式和手段、教学评价和要求等方面都进行了大刀阔斧的改革。与此同时，中国金融业的改革开放和发展态势亦令世人瞩目。2007年第2版的修订主要就是为了使教材能够适应金融专业教育教学改革与我国金融发展的新要求。2008年美国次贷危机以后，金融理论和金融发展出现了许多新的变化，人们对金融问题的认识也在不断深化。同时我国基本上完成了从"大一统"的计划金融转向多元化的市场金融体制的改革，形成了多元化的金融机构体系，建立了多种类金融市场，微观金融日益活跃；金融总量快速增长，建立起金融宏观间接调控体系和金融监管体系，宏观金融理论内容更为丰富。为了更好地阐释世界上主流金融理论及最新研究成果和实务运作的机制及最新发展，立足中国实际并努力反映金融体制改革的实践进展和理论研究成果，实事求是地探讨社会主义市场经济中的金融理论和实践问题，我们再次对教材进行修订。

　　本次教材的修订主要是针对国家开放大学远程教育和非全日制学习的特点，采纳了中央广播电视大学出版社《金融学》2004年第1版和2007年第2版教材的基本内容，参考了由我们教学团队建设的教育部精品资源共享课和MOOC课程的教材《金融学》（高等教育出版社2014年第2版）的逻辑框架精编而成。修订的重点主要体现在以下三个方面：

　　第一，突出金融与实体经济的紧密联系及其相互制约关系，在开篇第一章中以实体经济运作为基础，从居民、企业、政府、进出口部门等各经济主体的财务活动中引出金融的供求，在此基础上构建现代金融体系的基本框架。在结尾第十五章中，进一步解读金融发展与经济发展互为因果、互相影响的关系，既通过经济发展水平对金融规模、层次和结构的决定作用来阐明金融产生于经济活动并随之发展的道理，又阐释了金融在经济发展中的重要地位与推动作用及其可能对经济发展产生的不良影响，力图纠正金融可以脱离实体经济自我虚拟化发展和过度夸大金融作用的错误认识。

第二，突出利率在金融学中连接微观金融与宏观金融的纽带和金融运作中的核心作用。随着我国金融市场化改革的深入、金融市场的迅速发展、非银行金融机构的活跃、非货币性金融资产的快速增长，利率作为最重要的金融价格在经济中的地位和作用越来越重要。同时，中央银行的政策操作越来越市场化，特别是在货币政策的实施逐渐从数量型转向以价格型为主的过程中，利率机制的重要性日益凸显。因此，金融学需要架构起涵盖全部金融市场和金融机构、覆盖宏观和微观金融活动的市场化新体系。在这个新体系中，利率居于最为重要的核心地位，既是金融活动和金融运作的中心与杠杆，又是连接宏观金融和微观金融的纽带与桥梁。为此，本书在修订时进一步突出了利率在金融运作中的杠杆作用和枢纽作用，努力把利率与各主要金融变量、宏观调控与微观运作之间的关系表述清楚。希望读者能更好地掌握利率与货币、利率与汇率、利率与信用、利率与收益率、利率与资产定价、利率与金融机构业务及经营管理、利率与货币供求、利率与货币政策等多方面的关系，进而系统掌握金融学的整体逻辑。

第三，突出重点，在介绍基本金融知识的基础上关注金融原理的提炼。鉴于我们教学团队近年来建设的教育部精品资源共享课金融学已于2013年6月26日首批上网开放，相应的MOOC课程也在2014年9月1日开课，读者完全可以借助国内网络公开课程的平台，通过浏览教育部"爱课程"网站（http：//www.icourses.cn）获取海量的教学资源。因此，本书在修订时本着"少而精"的原则，相对减少了一般的常识性介绍和扩充性理解的篇幅，注意精炼金融学的主要内容，每章在重点内容中提炼出若干条基本的原理。同时在每章篇首以问题导入的方式，从热点问题入手提炼内容概要，激发学生关注金融时势和学习金融原理、探究问题的兴趣。

尽管我们付出了努力，但修订的版本中仍然可能有一些不妥或薄弱之处，敬请读者指正。我们期盼着广大师生积极参与教材和课程的建设，提出宝贵的建设性意见，以利于日后的修订。

本书初稿是由中央财经大学国家级金融学教学团队的老师们提供的，作者的分工如下。李健：第一章、第十一章、第十二章、第十三章、第十五章；左毓秀：第二章；黄昌利：第三章、第十二章；蔡如海：第四章、第五章；李建军：第五章、第六章；魏建华：第八章；贾玉革：第七章、第十二章；孙建华：第九章；马亚：第九章、第十章；郭田勇：第十四章。本次修订时由于我饱受眼疾之困，初稿的精编工作我只负责了第一章，第二章、第三章、第四章、第五章由左毓秀老师负责，第六章、第七章、第八章由李建军老师负责，第九章、第十章、第十一章由马亚老师负责，第十二章、第十三章、第十四章、第十五章由黄志刚老师负责，最后由左毓秀老师协助我完成了对全书的总纂。国家开放大学的吴国祥教授始终参与了本书修订的策划并提出了很好的意见，首都经济贸易大学的谢太峰教授、北京师范大学的胡海峰教授、中央财经大学的陈颖教授和贾玉革教授在审稿时提出了非常有建设性的意见，本书的策划编辑郑倩和责任编辑朱翔月为本书的出版付出了辛勤的劳动，在此一并向他们表示衷心的感谢！

李健

2015 年 6 月

目 录 ▢ ▢ ▢

CONTENTS

第一章 经济主体的财务活动与金融

问题导入

2007年爆发的金融危机席卷全球，大量金融机构破产，投资基金被迫清盘，股市剧烈震荡，当年叱咤风云的华尔街五大投资银行无一幸存，全球主要金融市场出现流动性不足的状况，美国、欧盟等世界主要经济体深陷经济危机，至今经济尚未完全复苏，各国都受到重大冲击。金融在各国乃至全球已成为关注度最高的领域。金融体系究竟出了什么问题？金融的本源是什么？各国金融体系架构的内在逻辑是什么？各种与金融相关的市场、机构、工具和交易的基础何在？金融体系应如何稳健发展？本章将从社会经济主体的经济活动及其与金融的关系入手，着力解读一个集基础要素、运作载体、总量和结构均衡、调控与监管功能于一体的现代金融体系的内在逻辑和基本原理。

学习目标

1. 了解开放经济条件下居民、企业、金融机构和政府的经济活动与金融有何关系，进而认识金融的本源及其在社会经济发展中的作用；

2. 理解金融与社会生活、实体经济的关系，如金融源自生活、服务社会、根植于实体经济；

3. 从总体上掌握现代金融体系的基本构成、各部分的功能及其彼此间的关系，为全面理解金融问题奠定必要的基础。

引言 社会经济主体的金融交易及其关系

在现代社会中，人们的日常生活与经济活动都离不开金融。一国的经济体系由住户（居民）、企业、金融机构、政府这四大经济主体构成，各经济主体内部及不同的经济主体之间不断地发生各种各样的经济活动，并引起错综复杂的金融活动。同时，本国各经济主体不可避免地与国外经济主体发生经济关系，产生国际金融活动。

对于不同的经济主体，有的经济主体总体有盈余，有的经济主体总体有赤字，彼此之间就要通过金融活动来实现平衡。资金流量表用以反映各经济主体的金融活动及其彼此间的平衡关系。资金流量表的主要功能是描述国民经济各主体之间一定时期资金往来或交易的流量和流向。各经济主体的资金来源项目表示该部门从其他经济主体获得了资金；资金运用项目表示该部门资金流向了其他经济主体。通过资金流量表，可以看出不同经济主体之间的资金流动状况。我国 2017 年资金流量表金融交易账户如表 1-1 所示。

表 1-1　简化资金流量表（金融交易账户，2017 年）　　　　　　　单位：亿元

项目	住户		非金融企业		政府		金融机构		国外	
	运用	来源	运用	来源	运用	来源	运用	来源	运用	来源
通货	2 086		211		47			2 342	−2	
存款	49 603		50 647		36 038		3 976	142 153	5 226	3 336
贷款		77 863		113 137		−21 150	178 203	5 256	394	3 490
保险准备金	19 914		1 151			8 256		12 810		
证券	3 830		10 276		3 046	55 807	93 468	43 526	5 651	4 408
直接投资			6 881						11 358	6 881
对外债权债务			1 310			197	−1 539	1 398	2 145	−229
其他（净）	41 068	1 625	−7 661	818	909	−350	31 765	63 988		
国际储备资产							6 179			6 179
合计	121 970	79 488	72 537	128 791	42 914	42 759			14 412	25 538
净金融投资	42 482		−56 254		155				−11 126	

注：由于省略了表中若干栏目，故本表中的"合计"不等于表中所列栏目之和。

资料来源：中国人民银行网站。

从表 1-1 中可以看出：

第一，各经济主体都在进行着多样化的金融交易活动。资金流量表将国内经济主体分为住户（居民）、非金融企业、政府和金融机构，各经济主体都有多样化的资金来源与资金运用。以住户为例，2017 年共持有 2 086 亿元通货，将 49 603 亿元资金存入银行，购买了 3 830 亿元证券，缴纳了 19 914 亿元保险准备金等，另外还从银行获得 77 863 亿元贷款。各经济主体复杂的金融活动形成了多元化的金融供给与需求。

第二，不同经济主体之间存在资金余缺。各经济主体的资金来源与资金运用相抵后形成净金融投资，它表示该经济主体的资金余缺程度。净金融投资项目数值为正，表示资金有盈余；净金融投资项目数值为负，则表示资金短缺。从国内的四个经济主体来看，住户是最大的资金盈余方，其盈余资金的存在方式主要是存款；非金融企业是最大的资金短缺部门，2017 年的资金短缺额为 56 254 亿元，弥补的方式主要是从银行获得贷款，亦可在证券市场

上通过发行股票或债券等方式融入资金。可见，资金余缺的调剂以及由此产生的信用关系成为最基本的金融内涵。

第三，开放经济下产生的跨国经济与金融活动，形成对外资金流出、流入及其差额，进而影响国际收支和国内经济金融活动。

第四，通过金融活动，国内各经济主体的资金余缺实现平衡。将国内四部门及国外部门的净金融投资项目进行加总，其代数和为0。也就是说，通过存款、贷款、投资等金融活动可以调剂国内外各经济主体的资金余缺，实现平衡。如非金融企业的资金短缺，可以通过银行贷款或在证券市场上发行股票或债券，并通过住户的投资来实现平衡。因此，金融活动可以使得资金盈余主体的资金灵活、高效地流向资金短缺主体，进而实现资源的有效配置，促进社会总供求的均衡。

原理1-1：
金融供求及其交易源于社会各部门的经济活动。

下面我们将分别讨论各经济主体的经济活动及其与金融的关系。

第一节　居民理财与金融

居民是社会最古老、最基本的经济主体。在从自然经济向市场经济逐步发展的过程中，居民的经济活动与金融的关系越来越紧密。现代居民经济生活中的日常收支活动和储蓄投资、借贷等理财活动构成了现代金融供求的重要组成部分。

一、居民的货币收支与金融需求

（一）货币收入

居民可以通过生产经营、提供劳务和资本等各种渠道获得收入。从形式上看，收入可分为货币收入和以消费品或其他实物形式体现的实物性收入。人类早期的收入都是实物性收入，当商品交换和货币产生后，人们的收入越来越多地体现为货币收入。改革开放后，我国居民收入水平快速提升，同时居民收入的货币化程度也不断提高，这使居民的货币收入日益增加，各种货币需求和金融需求随之增加。

（二）货币支出

居民的货币支出是指家庭为了满足日常生活需要的货币支付行为。早期经济活动中的货币支出主要是直接交易，支出方将货币直接或托人交至接受方手中。在现代经济活动中，货币支出虽然仍有零星的直接交易，但根本无法满足现代经济活动跨时间、跨空间和多维复杂交易的需要，大部分的支出活动需要信誉良好、网络庞大且运行通畅的金融机构体系作为中介提供支付服务。另外，居民的国际经济活动或财富转移产生的国际支付，也需要通过金融机构体系来快速、安全地实现。

居民的多样化支出需求促进了多样化金融产品与服务的发展。为满足居民的消费性或转移性支出，银行提供了多种转账支付服务和支票、信用卡等金融工具，极大地方便了居民支付；在网络经济条件下，基于网络支付功能的电子货币及其支付方式得以迅速推广和应用；保证支付安全性的需求又催生了信用证、保函等金融工具。

从跨主体的角度来看，居民的支出会形成其他主体的收入。居民最主要的支出项目是消费，与之交易的主体主要是生产或销售企业，居民的消费支出形成非金融企业的收入；居民的纳税支出形成政府的税收收入。而这种居民支出向其他主体收入的转化需要通过金融体系来实现。另外，其他主体的生产经营需要居民对其提供劳务，这就形成了居民的收入，而这种转化也要通过金融体系来实现。在居民连续不断的货币收支过程中，金融体系成为最重要的载体。

（三）盈余与赤字

居民的货币收入如果大于支出，则产生盈余；反之，则产生赤字。表1-2简要反映了改革开放以来我国城乡居民收入、支出及储蓄存款的变化情况。

表1-2　改革开放以来我国城乡居民收入、支出及储蓄存款　　　　单位：元

年份	1980	1990	2000	2010	2018
城镇居民人均可支配收入	477	1 387	6 280	19 109	39 251
农村居民人均可支配收入	91	630	2 253	5 919	14 617
城镇居民人均消费支出	412	923	11 338	13 471	26 112
农村居民人均消费支出	85.9	590	3 146	4 382	12 124
人均储蓄存款余额	173	521	4 656	23 628	51 746

资料来源：国家统计局历年的国民经济和社会发展统计公报。

居民的货币盈余是进行投资的前提，而居民的赤字则需要通过消费信贷或民间信用来弥补。

二、居民盈余的使用

居民作为最主要的金融盈余部门，可选择合适的方式使用盈余。一般来说，理性的居民会基于以下三个方面来考虑：一是适度的流动性，如现金、活期存款等，目的是满足日常交

易需要和应付不确定性支出；二是收益性，不同金融产品的收益率不同，如不同种类的银行存款利率有所不同，不同债券利率也各不相同，股票、基金、外汇投资等都有不同的收益；三是安全性，不同金融资产的安全性不同，一般来说，安全性与收益性负相关。安全性高，则收益性一般较低；反之，则收益性一般较高。居民会对以上三个方面进行权衡来确定自己的盈余使用方式。有些居民的风险承受能力比较高，喜欢追求高收益，就会将大部分盈余投资于股票、外汇、基金、期货或信托投资等高风险、高收益的资产；相反，有些居民不愿意承担较高的风险，就会将大部分盈余存放在银行，购买理财产品或投资性的保险产品等。居民盈余的多少对金融资产总量有决定性作用；而对盈余使用方式的选择，则对金融资产的结构有决定性作用。

目前，居民盈余最主要的使用方式是货币储蓄与投资。我国居民总体偏爱货币储蓄，除了现金储蓄外，大部分居民盈余通过储蓄存款形成银行的资金来源，银行又通过贷款去满足企业的资金需求，从而实现资金供求的匹配。由于不同居民对其储蓄存款的期限、流动性有不同的需求，即有的希望能随时支取，有的希望长期存放，有的希望能定期存入、分散使用，等等，这客观上要求银行创造出多样的储蓄存款品种，如活期储蓄、定期储蓄、零存整取、整存零取、通知存款等，从而推动了银行负债业务的创新。

居民盈余的另一重要使用方式是进行投资，以获取收益。居民投资可分为实物投资与金融投资。实物投资是指用盈余购买经营性资产或各类收藏性物品，以期获利；金融投资是指居民将盈余投资于股票、债券、基金、外汇等金融产品，以期在风险承受能力范围内获益。居民还可以通过购买保险或信托使用盈余，以达到保障、留存遗产等目的。居民金融投资需求的增加和多样化，促进了多种类金融工具的创新和金融市场的活跃。

三、居民赤字的弥补

虽然从整体上看，居民是最大的金融盈余部门，但一些居民可能会因购买大件商品（如住房、汽车）、支付到期债务等出现阶段性的赤字，这就需要通过消费信用或民间借贷来弥补。

最常见的居民赤字弥补方式是消费信用。消费信用是指居民为满足自身的消费需求而向消费品出售方申请赊销或分期付款，或向商业银行等金融机构申请消费贷款的信用方式。近年来，我国居民消费信用发展迅速，2019 年末消费信贷余额为 439 770 亿元，所占金融机构人民币各项贷款余额的比重已经达到 27.72%。一些居民在出现资金短缺时，还会采用民间借贷的方式来融资，这是居民赤字弥补最原始也是非正规的方式。民间借贷虽然灵活，但规范性较差、成本较高、风险较大，官方很难直接对其进行统计监测与管理。本书将在第四章讨论这些问题。

居民盈余与赤字的管理选择，对一国或地区的金融结构具有决定性作用。如果居民偏好选择银行存款来保留盈余，就会形成以间接融资为主体的金融结构；如果居民偏好持有股票、债券等投资性金融资产，就会形成以直接融资为主体的金融结构。另外，居民的盈余与赤字管理还催生了包括投资组合管理与利率管理等在内的金融技术性管理活动。居民盈余与赤字管理的金融化，使得市场利率、汇率等的波动对居民金融资产的收益与风险、居民负债及其成本产生显著影响，这就需要通过专业技术对其实施管理。从而使投资组合管理技术、利率管理技术以及金融衍生工具的运用得到推广。

综上，可对居民经济活动与金融关系的脉络进行梳理，大致形成如图1-1所示的居民货币收支与金融关系脉络。

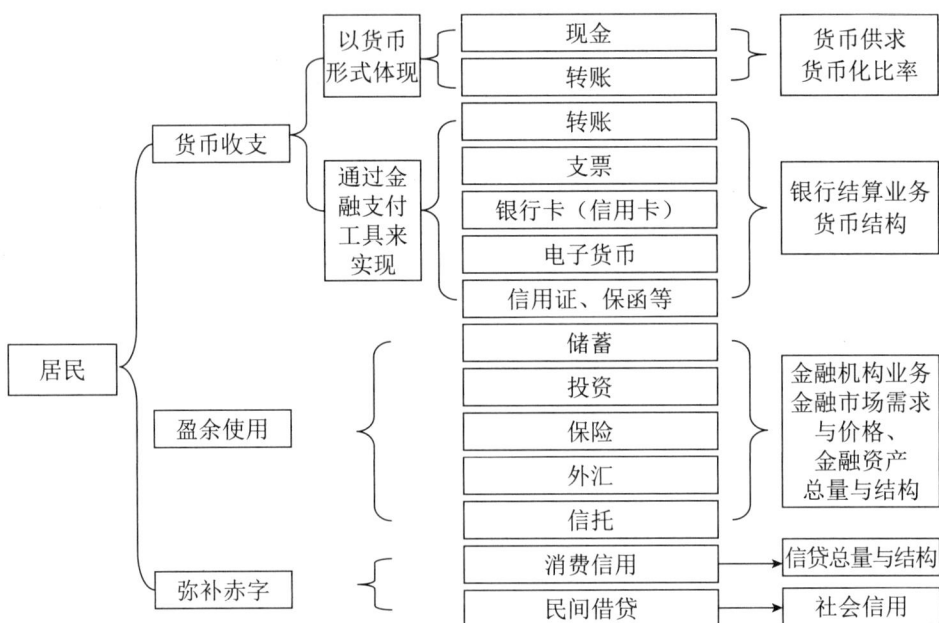

图1-1　居民货币收支与金融关系脉络

第二节　企业财务活动与金融

企业是现代经济活动中最基本、最活跃的经济主体，企业的经营及其财务活动与宏观金融活动和微观金融活动有密切的关系。

一、企业经营与财务

（一）企业经营与资金运动

企业是实行自主经营、独立核算、依法设立、具有经济法人资格的营利性经济组织，通过从事生产或服务等相关经济活动以满足社会需要并从中获利。企业运作，从实物形态看，在其经营过程中通过采购、生产加工、销售等环节，完成了从投入到产出的再生产过程；从资金形态看，则通过资产、负债、所有者权益、成本、利润和现金流等指标变化，实现了资金筹集、资金运用、资金回收三阶段的循环周转。

1. 资金筹集

企业的资金筹集可以分为内源融资和外源融资。内源融资是指从企业内部筹措资金，主要来源于留存收益和折旧；外源融资是指从企业外部融通资金。通过贷款、发行票据和债券等融通资金称为债务融资，通过发行股票融通资金称为股权融资。

2. 资金运用

资金投入企业后，随着生产经营活动的进行，其形态也随之发生变化。企业需要先购置机器设备和厂房，采购、储存原材料，货币资金随之转化为固定资产和存货。在生产过程中，企业还要不断投入生产资金用于支付燃料、动力、人工、管理等生产成本，直至产成品入库。在资金运用阶段，企业的货币资金主要以物质资产的形式存在。

3. 资金回收

企业将产品出售后回收货币资金，实现价值增值，并用以偿还到期借款、缴纳税金、提取各种基金、分配利润等。企业要实现生产经营的持续性和竞争力的提升，不仅需要扩大规模，还要更新设备和改良技术，因此，需要将部分利润和内部可用资金继续投入生产经营之中，不足部分则通过外源融资来满足，由此进入新的循环。

（二）企业财务管理与金融

企业的生产经营活动可以通过企业财务报表直观地反映出来。财务报表是企业对外提供的反映自身财务和经营状况的会计报表，主要包括资产负债表、利润表和现金流量表等。资产负债表反映会计主体在某一个特定日期拥有的资产、所承担的债务和权益情况，是企业最主要的综合财务报表；利润表反映会计主体一定期间内的生产经营成果（盈余或亏损）；现金流量表反映会计主体一定期间内现金的流入和流出，表明会计主体获得现金和现金等价物的能力。表1-3提供了企业资产负债表简明项目。

表 1-3　企业资产负债表简明项目

资产	年初数	期末数	负债	年初数	期末数
流动资产			流动负债		
货币资金			短期借款		
交易性金融资产			应付票据		
应收票据			应付账款		
应收账款			预收账款		

续表

资产	年初数	期末数	负债	年初数	期末数
预付账款			其他应收款		
其他应收款			一年内到期的长期负债		
存货			非流动负债		
一年内到期的非流动性资产			长期借款		
非流动资产			应付债券		
长期投资			长期应付款		
固定资产			所有者权益		
固定资产原值			实收资本		
减：累计折旧			资本公积		
固定资产净值			盈余公积		
无形及递延资产			未分配利润		

从表 1-3 可以看出，企业的生产经营活动及其相应的资金运动，形成相应的金融供求。企业生产经营前需要投入一定的资本金，现代企业大都采用股份制，需要利用股票市场筹集资本。企业在生产经营中，要预先筹措资金购买固定资产、原材料及其他辅助生产经营的物资；生产经营中会形成许多债权债务关系，有些是本企业对外负债（如短期借款或长期借款、应付债券等），有些是外部企业对本企业的负债（如应收票据、应收账款等）。当资金充足时，企业还要考虑将暂时不用的资金存放银行获取利息，或购买股票、债券进行长期或短期的投资获利。企业的购买活动、债权债务活动和投资活动等都是财务活动，都需要通过金融体系来实现。另外，企业获得利润后的分配政策及其发放形式既是企业财务决策的重要内容，也是影响股票价格的重要因素。企业要以货币形式依法纳税，同样需要通过银行支付。可见，企业生产经营的全过程都可以通过负债管理、资产管理和盈余分配等方面的财务活动体现出来，其各方面都与金融体系息息相关。

（三）企业财务活动与金融体系

1. 企业是金融机构服务的重要对象

企业财务活动中的多种需求需要多种金融服务与产品来满足。例如，银行通过对公业务为企业提供多种金融服务，包括企业存款业务、信贷业务、资金结算、现金管理、国际资金转移等；证券机构为企业提供债券和股票的发行承销、撮合交易、委托投资等业务；保险机构为企业提供财产保险、各种年金管理（包括养老金管理）等业务；信托机构为企业提供信托融资、信托投资等业务；金融租赁机构为企业提供融资租赁等业务；等等。一方面，企业庞杂的财务活动是金融机构业务的基础，企业也由此成为金融机构最重要的客户群；另一方面，企业的财务运作离不开金融机构，企业资金的供求和支付、理财等都需要金融机构为之提供低成本的便利与服务。

2. 企业是金融市场最主要的参与者

企业发行的票据、股票和债券等是金融市场上最主要的交易工具，企业之间的债务买卖、票据交易、股权交易等，使企业成为货币市场和资本市场中最活跃的参与者。

3. 企业的财务活动对宏观金融总量和结构有决定性影响

企业的贷款需求是货币创造的前提条件，企业信用的扩张或收缩直接影响货币信用总量；企业的资产组合与理财活动对金融资产结构和货币结构有决定性影响；企业的进出口和海外投融资对国际收支影响巨大；企业对宏观金融调控的反应也是货币政策能否见效的重要影响因素之一。

二、企业负债管理与金融体系

企业负债是指由企业承担的能以货币计量的在将来以资产或劳务偿还的债务。企业负债按偿还期限可分为流动负债和长期负债。企业的负债管理主要体现在其融资决策与管理上。

不同企业之间由于生产经营活动的需要，会经常发生资金往来。从表1-3中可见，一些企业暂时拖欠对方企业的货款，形成该企业的应付账款或应付票据；或预收其他企业的货款，形成该企业的预收账款。企业之间相互的负债活动，称为商业信用，其信用工具主要为各种商业票据。商业票据在企业或银行之间的转让及其形成的票据背书、贴现等金融活动，是货币市场交易的重要组成部分，本书在第七章中将对其做具体介绍。

从表1-1的资金流量表中可见，非金融企业是最大的资金短缺方，需要从其他经济部门融入资金，其中最常见的就是通过银行贷款进行间接融资。企业也可以通过发行股票、债券等有价证券从金融市场融资。由于我国金融市场有待进一步完善，企业目前主要通过银行信贷来实现外源融资。企业的融资需求既受自身经营决策的支配，也受利率等融资成本的影响。企业的融资需求变化不仅对利率水平具有重要作用，也对银行信用货币的创造和金融市场的交易具有重要影响。

企业的负债活动对金融的影响是多方面的：一是企业通过负债活动实现外源融资，满足自身生产经营活动的资金需求；二是企业的负债活动形成银行等金融机构的业务活动和金融市场的交易，对货币和信用总量有决定性影响；三是企业的负债为居民、金融机构、国外等部门带来投资机会，使它们通过金融投资分享企业经营成果，也实现了不同部门之间金融余缺的调剂。

三、企业资产管理与金融体系

企业资产是指能以货币计量的、由企业控制并能带来收益的经济资源。企业资产主要划分为流动资产、长期投资、固定资产、无形及递延资产。企业资产管理的重点是流动资产和长期投资。

企业资产中的许多资产直接表现为金融资产，如货币资金、短期投资、长期投资等。因为企业在生产经营中，会经常性地出现短期或较长期的资金闲置，这些闲置资金可能以活期存款或定期存款等形式存放在银行，形成企业的货币资金；也可能以购买国债、企业债券、其他企业股票等形式持有证券类资产；还可以进行直接投资，以满足经营或发展战略的需要。

企业资产与金融紧密相关。企业的货币资金是银行存款的主要来源，2019 年末，我国金融机构共有各项存款中企业存款占比为 31.34%。另外，企业持有的货币资金、短期投资、长期投资等都将获得一定的利率收入，但不同资产品种的利率差别很大，企业为追求利润，需要根据利率、汇率等因素的变化来调整自身的金融资产结构，使资产既能保持流动性，又能实现收益最大化。因此，企业对利率和金融资产的价格变动非常敏感。

企业的资产活动对宏观金融也有很大的影响。企业对于活期存款和定期存款的选择，将直接影响货币结构，当更多企业倾向于选择活期存款时，M1（狭义货币）数量增加，货币流动性增强；反之，则货币流动性减弱。当企业更多地从银行申请到贷款时，通过货币乘数的作用，整个社会的信用货币数量会增加。而当经营环境不景气时，企业的贷款需求、市场融资和投资需求都会减少，社会信用总量就会下降。更重要的是，企业的经营业绩是银行贷款质量和股票、企业债收益的基本决定因素。

四、企业盈余分配

企业经过一定时期的生产经营后，要核算收入与支出，确认自己的经营业绩。企业的经营业绩通过利润表反映，其结果可能是盈余，也可能是亏损。

企业盈余的计算是企业的各项收入减去企业的各项支出。企业销售所获得的收入，减去企业生产经营的支出，形成企业的总利润。缴纳所得税后的利润为净利润，净利润形成企业盈余。股份制企业的所有权归全体股东，因此企业盈余也归全体股东。企业获得盈余后，应当对盈余进行分配。如果企业亏损，需要用之后年度的盈余进行弥补。企业的盈余分配，首先要提取各种公积金，然后决定多少盈余以股利的形式分配给股东，剩余部分为未分配利润，留在企业可用于再投资。公积金、未分配利润与企业的实收资本等一起构成企业的所有者权益，这是全体股东享有的全部剩余利益，也是一个企业经济实力的体现。

企业盈余分配的决策要综合考虑自身的发展规划、资产负债水平和外部融资环境。不分配并积累盈余，是企业内源融资的一个主要方式。当企业处于扩张期或外部融资环境恶化时，盈余积累不失为一个明智的选择；当企业资产负债率较高时，亦应减少盈余分配，增加内源融资；反之，则需要增加盈余分配，通过外部融资并利用财务杠杆来提高股东的投资回报率。企业还要根据自身的流动资金情况决定盈余分配方式，在企业货币资金相对紧张的情况下，可选择股票分红；反之，可选择现金分红。企业盈余分配的决策对融资需求和股票价格具有重要影响，本书在第五章和第八章中将有具体的讨论。

综上，可以用图1－2来展示企业的金融活动脉络。

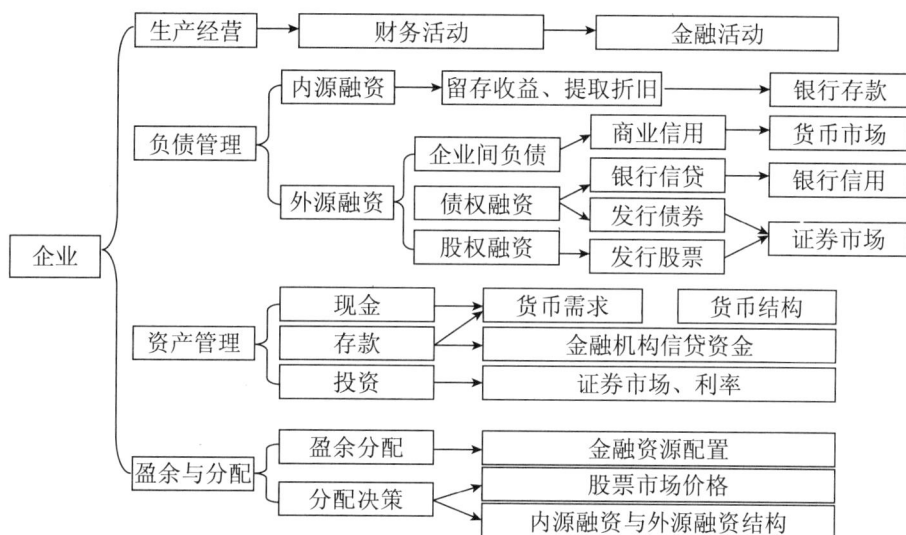

图1-2 企业的金融活动脉络

第三节 政府的财政收支与金融

政府为了实现国家管理职能，需要参与社会分配和再分配，形成收入和支出，即财政收支。政府通过财政收支分配金融资源，引导和调控其他部门的经济活动。因此，财政收支对居民、企业、金融机构及国外部门的微观经济主体活动，以及宏观金融、经济运行等都会产生重要影响。

一、财政收支与政策安排

（一）财政收支

在现代经济中，政府一方面以税收和其他收费形式从社会各部门获得收入，另一方面又以购买、转移支付等形式使用其收入，政府的收入与支出称为财政收支。财政收支是政府参与国民收入分配与再分配活动的主要体现，也是政府参与和干预经济运行的主要渠道。

财政收支与金融活动紧密相连。首先，财政收支以货币形式体现。现代社会庞大而复杂的财政收入与支出不可能通过实物来实现，必须借助货币形式。财政收支的总量与结构对货币供求及其均衡影响重大，本书第十二章将对此做具体讨论。其次，财政收支需要通过金融体系来实现，金融系统是财政收入、支出顺利实现的渠道，因此，财政收支产生对金融支付的多种需求。再次，财政收支对中央银行影响极大，中央银行作为政府的银行经理国库业务，财政收入形成的存款是中央银行重要的负债来源，财政支出直接减少中央银行负债；财政透支或借款成为中央银行的资产，这个问题将在本书第十一章详细分析。最后，财政收支影响各部门的金融活动，财政收入使资金从社会各部门流向政府，财政支出使资金从政府流向各部门；当政府提高税率或扩大征税范围时，非政府部门的可支配收入减少；当政府增加支出时，非政府部门的可支配资金增加；财政支出的结构还可改变社会各部门的资源配置结构。

（二）财政盈余与赤字

政府的收入与支出并不总是平衡的，也会形成盈余或赤字。财政盈余是指在一个财政年度内收入大于支出，形成财政资金结余；财政年度内收不抵支，则形成财政赤字。由于政策取向不同、预算与决算存在差异等原因，财政出现盈余或赤字是正常现象。

财政出现赤字就必须弥补，否则政府就无法维持正常的预算内支出。弥补财政赤字主要有三种方式：一是增加税收，如前所述，这将相应缩减居民和企业部门的可支配收入；二是向中央银行透支，这会影响货币的稳定，引起通货膨胀；三是借款，对内主要通过发行公债向居民、企业、金融机构等非政府部门借款，也可以通过在国际金融市场上发行政府债券或向他国借款，后两种统称为政府信用，本书第四章将对其做详细说明。

若出现财政盈余，政府则需要考虑如何运用盈余。第一种方式是用盈余偿还前期发行的政府债券，减少政府的借款存量。这种方式将减少金融市场上的政府债券，以及非政府部门的投资机会；同时，政府债券的减少，会改变债券市场的供求状况，引起债券价格的上涨。第二种方式是先保留盈余以备后用，这会增加中央银行账户上的政府存款。第三种方式是进行政府投资，如我国政府在 2010 年底总投资 4 万亿元人民币以刺激经济。综上可见，无论采用何种方式弥补赤字和运用盈余，政府的金融决策都会影响金融总量与金融市场的活动。

（三）财政政策安排

在现代经济运行中，财政收支活动会影响社会发展和居民、企业、金融机构甚至国外部门的经济活动，政府已作为一个独立的经济主体参与社会再生产的全过程。更重要的是，随着国家经济管理职能的强化，财政部门也成为国家重要的宏观管理部门，通过主动制定并实施财政政策措施，来参与经济运行并影响其他经济主体的经济活动，进而实现国家经济发展的预期目标。政府通过主动调节财政收支来实现经济社会发展目标的政策措施称为财政政策，它与中央银行的货币政策共同成为国家宏观调控的两大基本政策。

二、公债融资

在市场经济条件下，发行政府债券是财政最常用、最普遍的筹措资金的方式。政府债券称为公债，是指由政府作为举债人发行的债券。一般来说，中央政府发行的公债称为国债，地方政府发行的公债称为地方公债。

公债融资对金融市场影响很大，公债已成为债券市场和衍生工具市场上最重要的交易品种。政府发行的公债由于有税收和国家信用做保证，安全性很高，投资收益又可免税，是居民、企业和金融机构理想的投资产品。所以，公债的发行不仅解决了政府融资的需求，而且为非政府部门提供了良好的投资机会。多样化的政府债券及其交易满足了居民、企业、金融机构等多样化的债券投资需求，促进了金融市场的繁荣。

从金融运行的角度看，公债由于兼具安全性、流动性和盈利性，其作用颇多。其一，公债在债券市场上发挥基准性作用。公债利率通常作为无风险的基准利率，公债收益率则是分析利率期限结构的基本标的，公债的价格波动在市场上具有主导性影响。其二，公债是金融机构调节资金流动性最主要的工具，可作为商业银行的二级储备。其三，公债是中央银行公开市场业务的主要操作工具，中央银行通过买卖公债吞吐基础货币以进行货币政策的操作。因此，公债市场活动又与中央银行的货币政策和国家宏观调控联系在一起。

政府除了对内发行公债，也可以对外举债，引起政府的国际金融活动。政府对外举债可以是直接向外国政府或机构借款，更普遍的是在国际金融市场上面向外国居民、非金融企业、金融机构等发行债券。一国（地区）的外债是否适度，会影响本国（地区）的国际收支平衡，甚至会引起债务危机。

三、政府投资

现代各国政府实现其社会发展和经济管理目标的重要手段之一就是动用其收入进行投资。政府投资主要围绕基础性的能源、交通、市政设施、大型水电、公共工程建设等，为社会经济发展和民间投资创造良好的基础条件。特别是在民间投资疲软、失业增加时，通过扩大政府投资支出来刺激经济发展和增加就业是政府实施积极财政政策的重要举措。

政府投资会对金融活动产生重要影响。第一，政府投资伴随大量的货币收支，其投资活动需要通过银行资金转账和支付结算来实现，对货币需求和货币流通具有重要影响。第二，政府投资是政府支出的项目之一，政府若扩大投资，在收入不变的情况下，可能面临更严重的财政赤字。在这种情况下，政府债券的发行额度将增加，公债利率也会变化，进而影响整个金融市场及其运行。第三，政府投资将影响整个社会的金融活动。政府投资的导向和基础改善性作用，将拉动更多的民间资本进行投资，引起整个社会金融资源的流向和流量发生变化。第四，政府的对外投资对国际金融具有重要影响。在开放经济下，政府可以通过设立主权财富基金进行国际投资。主权财富基金是指一国政府利用外汇储备资产创立的、在全球范围内进行投资以提升本国经济和居民福利的机构投资者。主权财富基金普遍采取专业化、市场化运作手段和多元化投资经营策略，谋求长远利益与投资回报。其交易量大、投资敏感性强，不仅对国际金融市场投资品的价格和汇率影响很大，而且会引起国际资本流动的变化。

综上所述，可用图 1-3 对政府财政收支与金融关系进行脉络梳理。

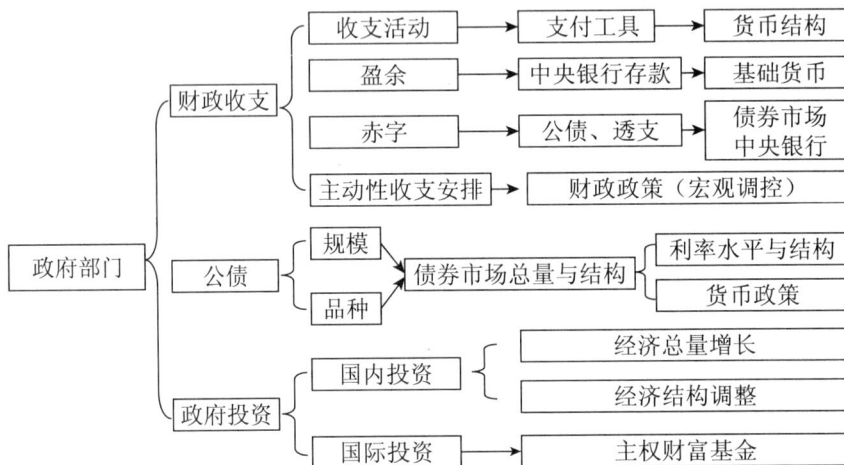

图1-3　政府财政收支与金融关系脉络

第四节　开放经济条件下各部门的金融活动

在开放经济条件下，国内居民、企业、金融机构、政府等经济主体要经常性地与外部发生交易，从国际经济的角度看，这些发生国际经济活动的国内经济主体统称为开放部门，与不从事国际经济活动的非开放部门相对应。各国开放部门间的经济活动形成国际支付、融资与资本流动等国际金融活动。本国开放部门的活动亦成为他国的国外部门活动，反映在资金流量表的"国外"栏目中。我国资金流量表（表1-1）显示，在 2017 年，国内各经济部门与国外部门间产生贸易支付、直接投资等金融活动，全年共形成 25 538 亿元的资金净流入，这表明我国经济的开放度已很高，国际金融活动频繁，并对国内经济、金融活动产生了重要影响。

一、国际支付、国际结算与国际货币

（一）国际支付

居民、企业、金融机构、政府等都存在跨国经济活动或财富转移活动，以一定的支付工

具和方式，清偿因各种经济活动产生的国际债权债务就叫作国际支付。居民主要因国际服务贸易或财富转移（如国际劳务收支和国外的购买、旅游、留学以及国际汇款等）形成国际支付；企业是国际支付的主体，其频繁的进出口贸易以及财富转移活动引起复杂的国际支付；金融机构会因购买、服务性贸易等而引起国际支付活动；政府也会因购买、援助等而引起国际支付活动。

（二）国际结算

现实中并不是每一项国际交易活动都立即完成货币的国际支付，其中部分债权债务关系可以抵销，部分债权债务关系用国际性货币可以即时结清，而绝大部分债权债务关系是通过金融机构运用金融工具来进行结算。清偿国际债权和债务的货币收付行为，就叫国际结算。

国际支付与结算的发展，催生了多样化的金融工具。最基本的国际结算工具是票据，主要有汇票、本票和支票。随着国际支付结算的发展，票据的形式与功能也随之发展。同时，国际结算方式也越发多样化，除了大量采用汇兑、跟单托收、信用证等方式，国际保理、银行保函、旅行支票、非贸易汇款、光票托收与光票信用证、备用信用证、信用卡等方式不断出现并得到广泛使用，推进了国际信用和国际货币市场的发展。

（三）国际货币

各国的主权货币都是以本国的法定强制力来保证流通的，一旦超越国界，就失去其法偿能力。因此，在国际市场上可用于支付与结算的是国际货币。国际货币必须同时具备两个条件：一是被各国普遍接受；二是可自由兑换。在国际支付与国际结算中被广泛使用的美元、英镑、欧元、日元等都是国际货币。国际货币的有关事项通常由各国政府协商而定，由此形成国际货币制度，本书第二章将做详细讨论。对于非发行国来说，国际货币即为外汇。国际经济交往越频繁，国际支付与国际结算的总金额就越大，因此就需要更多的外汇。另外，国际支付与国际结算使用的币种依据双方对外汇选择的偏好。若国际支付与国际结算中更多地倾向于选择美元，对美元的需求就会增加；若更多地倾向于选择欧元，则欧元受到追捧。因此，国际支付与国际结算活动将影响外汇供求的总量与结构变化，以及外汇汇率的波动，本书第三章将做详细讨论。

二、贸易融资与国际信用

当开放部门在办理进出口业务中出现资金不足时，就会产生贸易融资需求。贸易融资是指金融机构对进口商或出口商提供的与进出口贸易结算相关的短期融资或信用便利。

贸易融资需求一般由进口部门产生，因为进口部门要支付贸易货款。但随着贸易的发展，许多出口部门为了尽快实现商品或服务出口，或在出口竞争下吸引进口商与其开展业务，经常请求当地银行提供出口融资服务。因此，进、出口部门的业务活动产生的贸易融资需求，催生了多样化的贸易融资形式，如保理、信用证、福费廷、打包放款、出口押汇、进口押汇等。

开放部门除贸易融资外，还会产生非贸易的融资行为。例如，我国的企业可能向国外的商业银行申请贷款，或购买外国企业债券、政府债券等；我国政府会对一些发展中国家提供贷款，或购买他国政府债券，也可接受他国政府提供的贷款；国际金融机构可能会对我国的企业、公共项目、农村建设项目等提供贷款，这些贸易融资与非贸易融资活动形成了复杂的国际信用关系。国际信用是跨国的借贷活动。从一般意义上看，国际信用既包括国际直接投资，也包括国际借贷。其中，国际借贷主要包括政府借贷、国际金融机构借贷、国际商业银行借贷和国际商业信用等，本书第四章有详细的讨论。

国际贸易融资与非贸易融资都是开放部门在经济活动中自发产生的国际信用活动，国际信用活动需要以外汇为载体，通过金融机构的国际业务来实现。因此，国际信用活动对国际金融市场的供求关系和外汇汇率产生重要影响，对金融机构的业务经营和盈利能力产生影响，进而影响这些金融机构的股价表现，以及国内证券市场的发展变化。同时，国际信用活动体现了国与国之间债权债务关系的建立与转化，直接表现为国际资本流动，对国际收支有决定性作用。

三、国际投资与资本流动

由于各国经济发展和资源等方面的差异，各国的投资机会和投资收益率也存在差异，逐利的资本本性导致了跨越国界的投资越来越活跃。这种跨越国界的投资称为国际投资，国际投资引起了资本在国与国之间的流动。

国际投资可分为国际直接投资与国际间接投资。国际直接投资是指投资者以控制企业部分产权、直接参与经营管理为特征，以获取利润为主要目的的资本对外输出。它主要有三种形式：一是采取独资、合资或合作等方式在国外建立新企业的"绿地投资"；二是收购国外企业的股权达到拥有实际控制权的比例；三是利润再投资，即将前期投资所获利润继续投资于企业。国际间接投资又称为国际金融投资，是指购买国外的证券，如股票、政府债券或企业债券，以实现资本增值或取得利息或股息等的一种投资活动，本书第八章有较详细的讨论。国际间接投资与国际直接投资的根本区别在于投资者对其投资项目的经营活动有无控制权，前者不控制被投资企业或项目的经营活动，其投资活动主要通过国际证券市场进行。

国际投资引起国际资本流动，不管是直接投资还是间接投资，实质上都是国际资本的跨境流动。当国内经济形势良好，国内资本投资回报率较高时，大量的外资就会流入境内；相反，当国内投资成本上升和回报率较低时，大量的国际资本就会流向境外。此外，利率和汇率的波动，股市、债市与楼市的涨跌等都会影响国际投资和国际资本流动。反过来，国际资本流动又会影响国际收支、汇率、利率、国内证券市场和房地产业等实体经济市场。

综上，可用图 1-4 对开放部门的金融活动进行脉络梳理。

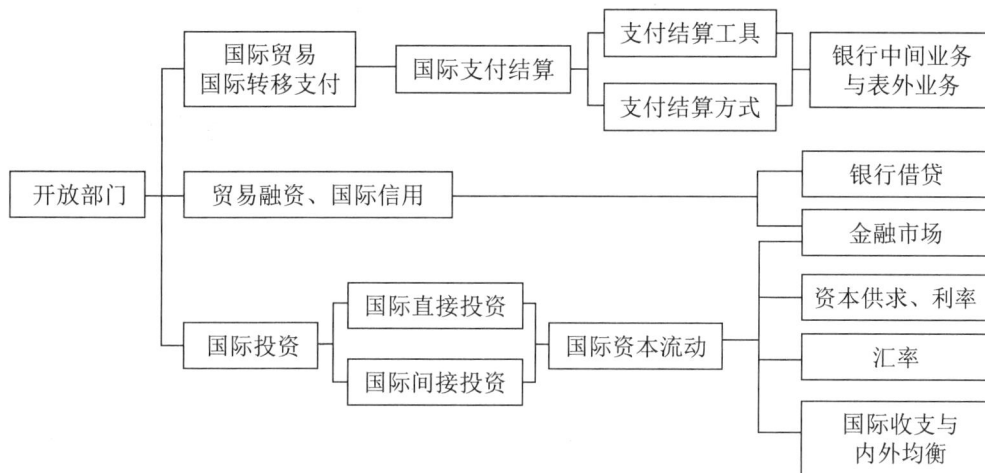

图 1-4　开放部门的金融活动脉络

第五节　现代金融体系的基本构成

金融源自社会经济活动并为之服务。一方面，国内外各经济部门内部与彼此间的经济活动都需要通过金融来实现；另一方面，金融在服务社会经济活动的过程中逐渐形成一个有机体系。现代金融体系的构成以货币、信用、利率、汇率、金融工具等为基本要素，以金融机构和金融市场为运作载体，以金融总量供求与均衡为机制，以宏观调控与监管为保障。本书各章即在此框架下展开讨论。

一、现代金融体系的基本要素

现代经济是货币信用经济，现代金融体系建立在现代货币制度和现代信用制度的基础之上。各部门的经济活动都要借助货币来计价交易，各经济主体要通过信用活动来实现投资和融资，纷繁复杂的金融活动要通过多样化的金融工具来实现交易，各种货币借贷和金融工具的交易都以利率为参照来进行定价，不同主权货币之间的兑换价格体现为汇率。因此，货币、信用、利率、汇率、金融工具等是现代金融运作的基本范畴，也是现代金融体系必不可少的基本要素。

（一）货币与货币制度

货币是商品生产与交换发展到一定阶段的产物。货币产生后，通过为商品计价、作为交换手段和支付手段等发挥交换媒介职能，通过作为财富贮藏和保值增值的手段发挥资产职能，极大地促进了商品生产与交易的发展。在历史的长河中，货币形式经历了实物货币、金属货币和信用货币等不同的阶段。货币的载体也在不断演变，从商品到金属，又发展到纸和电子数据，以适应经济社会发展的需要。

货币流通要有相应的货币制度来规范和约束。一国对主权货币的各种规制形成了国家货币制度；各国对国际货币的各种协议形成了国际货币制度。本书第二章将详细介绍货币与货币制度。

（二）汇率

开放经济条件下，每天都会发生大量需要用外汇支付的国际贸易和非贸易性的国际借贷、国际投资等跨国交易，必然要涉及不同国家（地区）之间货币的兑换问题。两种不同货币之间的兑换比率称为汇率，是一国货币的对外价格。汇率的波动受货币购买力、外汇供求、市场预期、经济实力、经济发展速度等多种因素的影响。由于汇率的高低将改变一国（地区）对外经济活动的成本和收益，对进出口贸易、国内商品价格、资本流动、国际收支、宏观经济都会产生重大影响，因此，汇率制度的安排极为重要。本书第三章将对汇率和汇率制度做详细介绍。

（三）信用与信用体系

信用是指以还本付息为条件的借贷活动。在历史的进程中，信用方式从实物借贷发展到货币借贷，信用范围从个人信用发展到社会信用。现代经济本质上是信用经济，从上述各经济主体的活动分析中可以看出，企业之间的赊销、预付或借贷，金融机构的存款、贷款或信托、租赁，居民之间的借款赊欠，政府发债或借贷，以及跨国的赊销、借款、发债等信用活动无处不在。因此，信用关系成为现代经济生活中一种最普遍的经济关系，这些信用关系相互交织在一起，成为联结所有经济主体和一切经济活动的纽带。可以说，经济越发达，债权债务关系越复杂，信用越重要。各经济部门内部和彼此之间的经济活动，形成了商业信用、银行信用、国家信用、居民消费信用、国际信用等多种信用形式，在特定的信用安排下各类信用机构发挥中介、服务或管理职能，建立征信系统，共同构成整个社会的信用体系。本书第四章将对信用与信用体系做详细介绍。

（四）利率

在古往今来的信用活动中，借入者只有以偿还本金和支付利息为条件，才能取得贷出者财物的使用权。在现实经济生活中，许多的资金借贷或投资都是有风险的，如银行贷款、股票投资、公司债券投资、民间借贷等。对于贷出者来说，他们除了要求获得出借货币使用权期间的收益外，还要求对其承担的风险进行补偿，这部分收益即为风险收益。出借财物使用权的报酬和风险收益共同构成贷出者在借贷时期内的总收益，这便是利息。利息额与本金之比称为利率。利率因此成为衡量收益与风险的尺度。利率的计算方法和种类很多，决定因素和影响因素非常复杂。利率既是资金贷出者的收益，也是资金借入者的成本，利率及其变化对借贷双方决策和各种金融交易会产生直接影响，进而影响生产、消费、储蓄、投资等微观金融活动，同时还将影响宏观经济总量和内外均衡。调节利率水平的高低，可以影响整个社会的投融资决策和经济金融活动，因此利率成为政府调节社会经济金融活动的工具。

利率是金融学最古老和最重要的范畴，也是现代金融体系中极为重要的基础要素。利率在整个金融体系中居于联结宏观、微观的纽带和运作的核心地位：利率的变化体现了货币的时间价值，利率与汇率之间相互影响、相互作用；利率是信用活动中最重要的价格机制，是金融市场上所有金融工具定价的主要决定因素，是所有金融机构运作和行为变化最重要的决定性变量；利率对各种货币需求都有重要的决定性作用和影响力，对存款货币的创造具有决定性影响；利率是中央银行货币政策操作的主要工具，也是货币政策的中介指标，是宏观经济运作中调节货币和信用总量均衡的关键；防范利率风险是金融监管的重点，也是金融稳健发展的基本要求。因此，本书以利率为核心构建了金融体系的框架，不仅在第五章中详细讨论利率问题，在本书各章都将讨论到利率在微观金融运作和宏观金融调控中的重要作用及其机制。

（五）金融工具

金融工具是实现资金借贷或金融交易的载体。例如，居民将资金存放在银行时的存款单或存折是金融工具；居民在金融市场上投资于股票、债券或基金等金融工具。根据持有者的权益，金融工具通常分为债权、股权、衍生产品和合成产品等不同种类。融资需要付出成本，保障也要付出成本，投资既有风险，又有收益。这些成本、收益、风险等通过金融工具的价格来体现。有些金融工具的价格体现为一定的利率，如存款利率、贷款利率等；而有些金融工具的价格直接表现为市场价格，如股票价格、债券价格、外汇价格等；还有些金融工具的价格反映了交易的权益，如期权费、合约价格等。金融工具作为金融活动实现的载体，提供者在创造之初仅将其作为融资的工具，内含着一定的金融资产价值与收益权，因此可以独立地在市场上交易、流通。一旦买卖成交，购买者就拥有了该工具上所记载的金融资产价值或收益权。因此，对于持有者来说，金融工具就是金融资产。由于金融资产的持有属性，其价值评估和价格决定是非常复杂的，已成为现代金融学最艰深的内容。本书第五章将对金融资产及其价格做详细介绍。

需要说明的是，上述各种金融要素都不是独立存在的。现代经济社会中的货币都是信用货币，信用亦采用货币信用的方式。当货币、信用合为一体形成金融范畴之后，出现了以货币计值的信用工具——金融资产。金融资产的价格与利率、汇率之间也相互作用与影响，形成了彼此关联的金融价格体系。各金融价格的变动亦会通过其传导机制影响货币供求和信用活动，进而影响金融资产的总量与结构。因此，用联系而非分割的思维来把握各种金融要素是非常重要的。

二、现代金融体系的运作载体

现代市场经济中，无论是居民、企业、政府、开放部门内部的金融活动，还是各部门之间的金融活动，都是通过金融市场或金融机构来完成的。金融市场和金融机构是现代金融体系的两大运作载体。

（一）金融市场

从广义上讲，按市场原则进行金融活动的场所即金融市场。当人们到银行存款或贷款时，就形成了信贷市场的供求与交易；当人们通过证券委托上海证券交易所或深圳证券交易所买卖股票、债券或基金时，就构成了证券市场交易；等等。不同的金融活动形成了不同的金融市场，主要包括货币市场、资本市场、外汇市场、黄金市场和衍生金融工具市场等，这些市场彼此关联，构成一个有机体系。各金融市场在特定的形式安排和交易规则下为相关的金融资产提供交易的场所。通过市场交易，形成能被双方接受的交易价格和交易规模。金融市场除了具备满足投融资需求和配置资源的基本功能以外，还内生出信息集中与管理、价格发现、风险管理等功能，在现代经济社会发展中具有举足轻重的地位与重要作用。本书第六章、第七章和第八章将重点对金融市场、货币市场和资本市场的运作做全面介绍。

（二）金融机构

如前所述，各部门的金融活动基本上都是通过金融机构来实现的。居民、企业、政府部门的盈余资金大部分存入银行；资金短缺者或通过贷款从银行融入资金，或通过券商发行股票、债券筹资，或通过信托租赁机构满足资金需求，各种金融投资通常要通过金融机构才能完成交易；资金在不同经济主体之间的转移、支付，也都离不开金融机构所提供的服务；等等。银行、券商、保险公司、信托租赁等金融机构就成为金融活动顺利进行的运作载体。

随着社会经济的发展，各经济主体对金融需求更加多样化。有短期融资需求，也有长期融资需求；有金融投资需求，也有金融保障需求；有风险管理需求，也有财富管理需求。为适应社会经济主体多样化的金融需求，不同类型的金融机构也在不断演进发展，共同构建一个有机体系来提供多样化的金融业务。这些金融机构包括各类银行、证券机构、保险机构以及信托公司、金融租赁公司、金融资产公司、财务公司等，并由此形成了庞大的金融业。本书第九章、第十章将介绍各类金融机构及其运作原理。

三、金融总量与均衡

社会各经济主体借助货币信用形式，通过金融市场或金融机构完成的金融活动形成了金融总量与结构。金融总量是指整个金融体系活动的总规模。从理论上讲，一国（地区）各经济主体对内、对外的金融活动总和即其金融总量。但在实际工作中，很难直接将社会各部门的金融活动简单加总来统计金融总量。而且，各经济主体的金融活动可能存在交叉，也可能出现重复统计问题。因此，只能通过确定若干可观测的统计指标，从货币总量、信贷总量、证券总量、保险总量等方面来大致测算金融总量。

金融体系的运作在内生力量和外生力量的共同作用下形成了供求总量均衡的机制。其中，从信贷、证券、保险等角度对金融总量的研究，一般与这些金融机构的业务活动结合在一起进行考察，主要着眼于产业发展和信用规模。而货币总量则是宏观金融研究的重点问题，因为所有经济总量和信用总量都以货币来计值，因此，货币供给与需求及其关系成为研究宏观金融动态均衡的核心。各个经济主体为什么需要货币？哪些因素决定和影响货币需求？现代货币是信用货币并由银行体系创造，那么整个银行体系是如何提供货币的？货币供求是如何实现均衡的？货币失衡的原因主要是什么？通货膨胀或通货紧缩有何影响，又该如何调整？这些都是非常复杂而又重要的问题。本书第十二章将重点研究货币供求及其均衡。

四、金融调控与监管

金融活动源于社会经济活动，同时又影响社会经济活动。合理、健全的金融体系及其总量结构，将对社会经济活动产生积极的促进作用；反之，将制约社会经济活动，甚至对社会经济活动产生破坏力。因此，金融体系及其运行状态对促进经济发展、物价稳定、就业增加和国际收支平衡等都具有十分重要的作用。

在纯粹自由的市场上，金融体系及其运作主要通过价格机制和风险收益的匹配性来自我调节。但由于市场本身的不完善、参与者的私利性和狭隘性，往往会出现信息不对称的道德风险和逆向选择、不规范竞争、损害公众利益、总量与结构的失衡等问题，这就需要通过政府干预来解决市场失灵问题。特别是由于金融的特殊性和重要性，各国政府无一不采用各种政策和制度，通过特设的管理机构，对金融体系及其运作进行调节、控制、监督、管理。其中，中央银行作为货币发行的银行、银行的银行和政府的银行，成为货币、金融调控的职能机构。政府通过中央银行来实现金融调控，进而调控整个国民经济。

金融宏观调控的主要政策是中央银行的货币政策，它是中央银行运用政策工具，调控金融活动进而调节社会经济活动各项措施的总称。本书第十三章将专门对中央银行的货币政策做详细介绍。

金融是社会信用的产物，金融活动具有极高的风险。而金融一旦出现风险，又将对社会各经济主体活动产生严重的不利影响。为了减少金融风险，维持金融秩序，保护公众利益，需要以政府为主体对金融活动实施监督与管理，这就是金融监管。为此，政府指定中央银行或设立专门的监管机构，对银行、证券公司、保险公司等金融机构和金融市场的活动进行监管，促使其稳定运营，以减少金融风险。良好的金融监管是金融体系稳定发展的必要保障。

本书第十四章将专门讨论金融监管。

> **原理 1-2：**
>
> 现代金融体系以货币、信用、汇率、利率和金融工具为基本要素，以金融市场和金融机构为运作载体，以金融总量与结构均衡为目标，以金融价格为杠杆，以宏观调控与监督为保障，在为经济社会发展服务的过程中实现自身的稳健发展。

综上所述，我们可以将开放框架下金融体系运行的内外部关系用图 1-5 来表示。

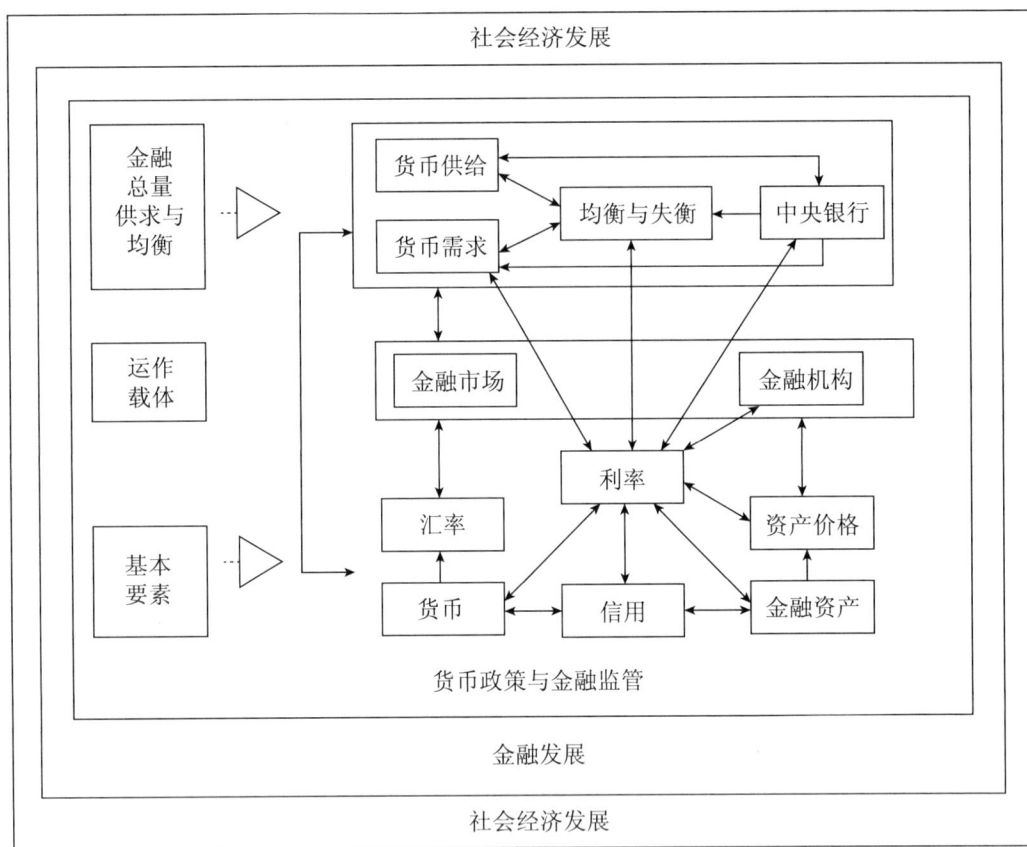

图 1-5　开放框架下金融体系运行的内外部关系示意图

本章小结

1. 金融源自社会经济生活，各经济主体的生产经营、生活消费、日常支付等活动都需要通过金融来实现；社会各经济主体出现的资金余缺，也都要通过金融来实现调剂；各经济主体的投资需求也要通过金融来满足。

2. 国内经济一般可分为居民、企业、政府和金融机构四大经济主体，有的经济主体总体存在金融盈余，有的经济主体总体出现金融短缺，通过金融活动可以使资金在不同部门间进行余缺调剂，实现金融均衡。在开放经济下，还存在国际金融资源流动，以实现国际金融均衡。

3. 居民是一个社会最基本的经济主体。在现代居民的经济生活中，居民有日常的收入、支出活动，也有投资、借贷等理财活动。居民的这些经济活动构成了现代金融的重要组成部分。

4. 企业是现代经济活动中最基本、最活跃的经济主体，企业的生产经营都要借助货币资金来实现，企业的生产经营活动及其成果都体现在其财务报表上。企业的资产经营、负债管理，以及经营盈余的分配和投资等都是金融活动的重要部分，同时又对金融活动产生重要影响。

5. 政府是现代社会稳定的管理者和社会经济活动的调节者。政府有税收或其他收入，也要支付各种开支，政府的财政收支需要借助货币信用活动来实现，同时也影响货币供求和信用总量结构；政府的财政赤字或投资需求要通过发行债券来融资，政府的筹资和投资对金融运作及其价格影响很大。另外，政府要通过财政收支来分配金融资源，通过调控金融来达到调控整个国民经济的目的。

6. 在开放经济条件下，一国或地区内的居民、企业、金融机构、政府等经济主体经常性地与外部经济发生交易，这些都需要通过国际支付、贸易融资、国际信用、国际投资等活动来实现。同时，国家对本国开放部门国际金融活动及其汇率的调控，可以起到调控国际收支的作用。

7. 从一个国家（地区）来看，所有经济部门内部及部门之间的金融活动共同构成其整体的金融体系。现代金融体系以货币、信用、汇率、利率和金融工具为基本要素，以金融市场和金融机构为运作载体，以金融总量与结构均衡为目标，以金融价格为杠杆，以宏观调控与监督为保障，在为经济社会发展服务的过程中实现自身的稳健发展。同时，现代金融体系也是一个高风险的组织体系，需要政府的适度调控和监管。

思考题

1. 如何理解金融源自社会经济生活？
2. 如何理解各经济主体的金融活动以及开放经济条件下各部门的金融活动？
3. 居民的收支如何引起金融活动？居民的盈余或短缺如何通过金融来调节？
4. 企业的生产经营与其财务活动有何关系？企业的财务活动与金融有何关系？
5. 财政收支活动通过哪些渠道与金融关联？财政盈余或短缺如何通过金融来调节？
6. 国际收支活动如何引起金融活动？国际收支的盈余或短缺如何通过金融来调节？
7. 现代金融体系由哪些要素构成？为什么要对金融体系进行调控与监管？

第二章　货币与货币制度

问题导入

21世纪以来，在世界范围内，货币问题中的焦点之一莫过于比特币。当每个比特币的价格从2012年的50美元飙升至2017年12月的20 000美元时，这引发了人们对比特币的投资狂热，同时不少商家开始接受比特币作为支付方式。但到2014年，比特币又出现了价格暴跌和商家拒收的情况。比特币是货币吗？它能够取代现有的货币形式吗？作为货币需要具备哪些职能？需要什么样的法律规范和制度设计？

学习目标

1. 了解货币的起源、货币形式的演进，进而认识货币的职能；
2. 理解当代信用货币的层次及其划分的经济意义；
3. 掌握各种货币制度的内容，为全面理解金融问题奠定必要的基础。

第一节　货币的起源与货币形式的演进

一、货币的起源

（一）货币的出现

货币产生已有几千年的历史。根据历史记载和考古发现，最早出现的是实物货币，在古波斯、古印度、古罗马等地都有用牛、羊作为货币的记载，古埃塞俄比亚曾用盐作为货币，美洲曾用烟草、可可豆作为货币。中国古代许多地方使用贝作为货币，因此，自古以来与货币或财富有关的中国文字都带有贝字，如财、贫、贱、贮、货、贵、资等。世界上最早的铸币是在中国产生的，大约公元前800年中国就开始仿照农具铸造布币和刀币。

（二）货币起源的探讨

货币得到广为使用后，货币是怎么产生的问题一直吸引着人们进行探究。古今中外，众多学者从不同的角度进行了研究，形成了不同的货币起源学说。

中国古代关于货币起源的学说主要有两种：一种是先王制币说，认为货币是先王圣贤为解决民间交换困难而创造出来的；另一种是交换需要说，认为货币是为满足商品交换的需要而自然产生的。西方早期关于货币起源的学说大致有三种：第一种是创造发明说，认为货币是由国家或先哲创造出来的；第二种是便于交换说，认为货币是为解决直接物物交换的困难而产生的；第三种是保存财富说，认为货币是为保存财富而产生的。马克思在批判和继承古典政治经济学货币理论的基础上，运用历史和逻辑的方法，以劳动价值理论为基础，从商品价值表现和实现的角度阐明了货币产生的客观必然性。马克思认为，商品是货币产生的前提，货币是在商品交换过程中自发产生的，是商品交换发展的必然产物。

总体来看，各种货币起源学说都承认货币的产生与交换的发展有密切的关系，货币是为了解决交换中的困难而产生的。

> **原理 2-1：**
> 货币与商品相伴而生，是商品交换发展的必然产物。

二、货币形式的演进

货币产生以来，货币形式一直在不断地发展演变，主要表现为币材的不断变化。币材是指充当货币的材料或物品。一般来说，实物币材应同时具备以下特质：一是价值较高，这样就可以用少量的货币完成大量的交易；二是易于分割，且分割后不影响其价值，以便实现价值量不等的商品交易；三是易于保存，币材经久耐用，不会因时间长久而变质或因长期保存而减少价值，满足频繁换手交易和保存购买力的需要；四是便于携带，以利于货币在较大区域内充当交换媒介。从币材的角度看，货币形式的演进沿着从低级向高级、从有形向无形、从注重货币材料自身的价值向注重货币形式发挥交换媒介功能的便利度、降低交易成本的轨迹发展。

最初的货币主要以实物货币的形式出现，后来发展到金属货币。实物货币和金属货币原本就是商品，因此统称为商品货币。20世纪30年代以后，随着金本位制的崩溃，商品货币逐渐从各国国内流通中消失，取而代之的是纸币、存款货币和电子货币等货币形式。由于这些形式的货币在流通中作为货币发挥各项职能主要是依赖于其发行机构的信用，若作为普通商品则几乎没有价值，因此这些形式的货币便被称为信用货币。大致而言，货币形式的演进是从实物货币开始，发展到金属货币，再发展到信用货币。按币材划分的货币种类可以用图2-1表示。

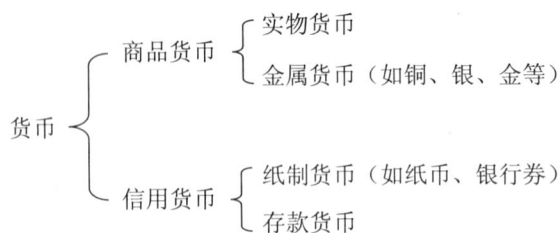

图 2-1　按币材划分的货币种类

（一）实物货币

实物货币是指以自然界存在的或人们生产的某种物品充当的货币。能否作为实物货币，主要取决于两个要素：一是罕见或相对珍贵而被人们广泛接受；二是容易转让，以便能够在交易中作为媒介而转手。古代的实物货币种类很多，如外国曾用牛、羊、烟草、可可豆、盐等作为实物货币；我国古代的贝、刀、铲、纺轮、弓、箭、皮、帛、牛、马、羊、猪、盐等都曾在不同的地域充当过交易的媒介，其中使用时间较长、影响较大的一类是贝币，另一类是谷帛（谷物与布帛，亦泛指衣食类生活资料）。然而以实物形式作为货币，并不能很好地满足交换对币材的要求，许多实物货币形态不一，不易分割、保存，不便携带，而且价值不稳定，并不是理想的货币形式。

（二）金属货币

以金属（如铜、银、金等）作为材料的货币称为金属货币。与实物货币相比，金属货币具有价值稳定、易于分割、易于储藏等优势，更适合充当货币。以贵金属作为币材是货币发展史上的重要演进。中国是最早使用金属货币的国家，从殷商时代开始，金属货币就成为中国货币的主要形式。但是在中国历史上，流通中的铸币主要是由铁、铜等贱金属铸造的，金、银主要是作为衡量价值和贮藏财富的工具。西方国家使用金银作为金属货币的历史比较久远。金属充当货币材料采用过两种形式：

1. 称量货币

称量货币是指以金属条块的形式按重量流通的金属货币。这种金属条块在使用时每次都要称重量，鉴定成色。称量货币在中国历史上使用的时间很长，典型的形态是银两制度。从汉代开始实行银两制度，直到 1933 年中华民国政府实行"废两改元"，才从法律上废止了这种货币形式。

2. 铸币

铸币是铸成一定形状并由国家印记证明其重量和成色的金属货币。铸币的出现，克服了称量货币使用时的种种不便，便利了商品交易。铸币最初形态各异，如中国历史上有仿造贝币而铸造的铜贝、银贝、金贝，有仿造工具铸造的刀币、布币等。由于圆形便于携带，不易磨损，后来铸币的形态逐渐统一为圆形。如秦始皇铸造的秦半两就为圆形，中间有方孔，这种铸币形式一直沿用到清朝末年。西方国家金属铸币采用的则是圆形无孔的形式。清朝末年，受流入我国的外国银元的影响，方孔铸币被圆形无孔铸币取代。

金属作为货币材料，特别是当流通中的货币是足值的金属铸币时，货币的价值比较稳定，能够为交换和生产提供一个稳定的货币环境。但是金属货币也有难以克服的弊端，对于日益增长的待交换商品量和保存财富的需求来说，受金属的贮藏、开采和稀缺性的限制，货币的数量很难保持同步增长，因此，在经济快速发展时期，大量商品往往由于货币的短缺而难以销售或导致商品价格下跌，引发萧条。同时，金属货币在进行大额、远地交易时不便携带，这也影响了金属货币的广泛使用。

（三）纸制货币

纸制货币即纸币，包括国家发行的纸制货币符号、商人发行的兑换券和银行发行的纸制信用货币等。历史上，政府发行纸币主要是为了弥补财政赤字，政府直接发行的纸币不能兑现为金属货币，主要通过收缴税收的形式回笼。缺乏发行约束往往会过量发行纸币造成通货膨胀，因此，人们经常把政府发行的纸币和通货膨胀联系起来。资本主义银行体系产生以后，为了弥补流通中金属铸币的不足，商业银行便开始发行纸制的信用货币，称为银行券。最初的银行券以随时兑现金属货币为保证，由商业银行自主发行。后因各银行的发行量和保证兑现的能力不同，引起银行券流通的混乱。中央银行产生以后，银行券由中央银行垄断发行。随着金属货币制度的崩溃，中央银行发行的银行券从不完全兑现金属货币到完全不能兑现为金属货币，成为纯粹的信用货币。在现代中央银行体制下，各国流通中使用的现钞几乎全都是由中央银行发行的纸制信用货币。

（四）存款货币

存款货币是指能够发挥货币交易媒介和资产职能的银行存款，包括可以直接进行转账支付的活期存款以及定期存款、储蓄存款等形式的各类存款。

存款货币的出现与现代银行的转账结算业务密切相关。人们先把一部分款项存入银行，设立活期存款账户，客户根据存款余额签发支票，凭支票进行转账结算，通过存款账户间存款的转移完成支付。用存款货币取代现金进行支付，具有快速、安全、方便等优点。在发达的商品经济中，转账结算是一种重要的支付方式，绝大部分的交易都通过存款货币的转移来实现支付。

三、货币形式的发展与未来

商品经济发展不停息，技术进步无止境，货币形式的发展就会持续下去。

（一）电子货币

电子货币是指以金融电子化网络为基础，通过计算机网络系统，以传输电子信息的方式实现支付和存储功能的电子数据。这些电子数据是基于持有人所拥有的纸币或存款货币而产生的，可以像现金和存款货币一样，进行汇兑、存款、贷款和支付。电子货币的使用要借助一定的介质，通常是利用卡基支付工具、网络支付和移动支付等电子支付工具来发挥货币的功能。卡基支付工具包括借记卡、贷记卡和储值卡。借记卡和贷记卡一般是由银行发行的，统称为银行卡。储值卡是指由非金融机构发行的具有电子钱包性质的多用途卡，不记名，不挂失，适用于小额支付领域，大多用于乘坐公共交通工具、高速公路收费、加油付费、超市购物等。网络支付是指人们利用互联网进行的支付。移动支付是指利用移动电话采取编发短信息和拨打电话的方式实现电子货币的支付，如微信扫码支付、支付宝支付等。电子货币的使用对货币发行与流通产生了一系列影响，中央银行在进行货币调控时也面临新问题。

（二）数字货币

数字货币是数字化形式的货币。目前的数字货币大致有两类：一类是非中央银行发行的经常被用于真实的商品和服务交易的数字货币，如大多数人将数字黄金货币和密码货币称为数字货币，如比特币和莱特币、维卡币、元宝币、天元币以及 2019 年 Facebook 推出的 Libra 等，这类货币的特点是去中心化，依靠密码和校验技术来创建、分发和维系运转，交易价格极易暴涨暴跌，故大多数中央银行不承认其货币属性。另一类是中央银行推动的基于区块链技术的数字货币，如 2017 年中国人民银行推动的基于区块链的数字票据交易平台已测试成功；中国人民银行推出的数字货币（Digital Currency Electronic Payment，DCEP）是基于区块链技术推出的全新加密电子货币体系。以区块链技术为基础产生的数字货币能否主导未来货币形式？数字货币能否摒弃目前信用货币和电子货币的弊端？这些疑问引导着人类继续对货币形式进行探索。

第二节 货币的职能与作用

一、货币的职能

货币的职能是指货币固有的功能。在金属货币制度下，货币本身具有内在价值，因此，学者们对货币职能的认识没有实质性分歧，划分标准也大体一致。马克思从历史和逻辑统一的角度，对典型的货币——金币的职能按照先后顺序划分为价值尺度、流通手段、贮藏手段、支付手段和世界货币五个职能。

随着信用货币的出现和流通，人们对货币职能的认识有了不同见解，但货币的职能大致可归纳为交换媒介职能和资产职能两种。

（一）交换媒介职能

交换媒介职能就是货币在商品交易中作为交换手段、计价标准和支付手段，从而提高交易效率，降低交易成本，便利商品交换的职能。货币的产生、形式的演变、作用的发挥等也都与交换媒介职能密切相关，一旦货币失去交换媒介职能，也就失去了存在的意义。

> **原理 2-2：**
> 交换媒介职能是货币最基本的职能。

货币发挥交换媒介职能主要通过三种方式进行。

1. 交换手段

交换手段是指货币在商品交换中作为中介，通过一手交钱一手交货完成商品交易。货币作为交换手段，把原来的物物直接交换分割成卖和买两个环节，人们卖出商品换回货币以后，可以用货币去购买所需的任何商品，这样，人们在交换中花费的各种成本就会大大降低，每个人都能很容易地交换到自己需要的物品，交换的速度和便利性也提高了。因此，货币作为交换手段给商品交易带来了极大的便利。

货币作为交换手段有两个特点：一是必须使用现实的货币，由此引出了人们对货币的需求；二是作为交换手段的货币不停地在买者和卖者手中流通，因此人们关注的是货币的购买力，而非货币本身的价值。无论币材是什么，只要有购买力就能作为货币，这也是信用货币流通的重要原因。

2. 计价标准

计价标准是指用货币去计算并衡量商品的价值，为商品标价。各种商品进入交换前的必要条件就是标价，即确定彼此的交换比率。以货币作为尺度来衡量各种商品的价值，很容易进行价值比较，各种交换对象都用货币进行标价，交换比率的表现简单明了。

如果没有货币的计价标准功能，某一商品的价值就只能用其他商品来衡量，这会使商品的价值衡量和表现极其繁杂。假如市场上有 1 000 种商品，就需要掌握 499 500 种交换比率。而用货币作为唯一的计价标准，问题就简单多了。每一种商品都用同一货币单位来标价，可以给交换带来极大的便利，也使企业、部门、个人的财务核算、成本控制和效益比较等更加简便。

3. 支付手段

支付手段是指货币作为延期支付的手段用以结清债权债务关系。随着商品流通的发展，出现了商品的交换与货币的支付在时间上不一致的情况，有的先买货后付款，有的先付款后取货。此时的货币不再简单地作为交换手段完成等值的商品和货币的互换，而是作为跨期交换行为的一个结清环节，作为价值的独立运动形式进行单方面转移。货币作为支付手段，不仅用于商品交换，在借贷、财政收支、工资发放或劳务收支、捐赠和赔款等活动中，都有着广泛的运用。

货币发挥交换媒介职能主要是与商品交换发生联系，发挥交换媒介职能的货币量的多少不仅影响商品交换的效率，而且影响商品交换的价格。由于货币是一切商品的交换媒介，人们为了购买商品就必须持有一定的货币量，由此产生了货币需求。

（二）资产职能

货币的资产职能是指货币可以作为资产的一种形式，成为实现资产保值增值的手段。现代社会中，人们资产的构成形式多种多样，从物理形态上可以分为实物资产和金融资产。实物资产包括房屋、土地、金银珠宝、耐用消费品、文物古董等；金融资产是指一系列权益凭证，包括股票、债券、保险合约、外汇以及存款、现金等。上述各种资产形式都可以作为人们贮藏财富和实现资产保值增值的选择。

货币发挥资产职能，被人们作为贮藏财富和实现资产保值增值的选择，是与货币的特点和优势分不开的。因为货币是社会财富的一般代表，贮藏货币等于贮藏财富；同时，货币具有与一切商品直接交换的能力，可随时用于购买。与其他资产形式相比，货币最大的优势在于它的流动性。所谓流动性，是指资产变成现实购买力而不受损失的能力。在所有资产形式中，货币的流动性最高，持有者可以随时随地直接用货币购买所需商品，或转换成其他资产形式。但是对于其他形式的资产，如房产、珠宝、股票和债券等，如果持有人需要购买其他商品或转换成其他资产形式，则必须先将这些资产转换成货币，在这些资产变现或转换的过程中，需要支付一定的交易费用或承受损失。以货币形式保有资产，则可以避免上述缺陷。

货币能够发挥资产职能，由此引发了人们对发挥资产职能的货币的需求。由于这部分货币是为了满足人们的投资需求，因此这种需求被称为投资性或投机性货币需求，需求的大小影响的不是普通的商品或劳务价格，而是资产的价格，如利率、汇率、股票价格等，更详细的内容可参阅金融市场和货币需求的相关章节。

二、货币的作用

（一）货币在经济中的作用

货币自产生以来，对人类的生活产生了重要的影响。从货币职能的角度看，货币有以下积极作用：一是克服了物物交换的困难，降低了商品交换的信息搜寻成本，提高了交换效率，促进了商品流通与市场的扩大；二是解决了价值衡量的难题，为顺利实现商品交换提供了便利；三是可以通过支付冲抵部分交易金额，进而节约流通费用，还可以通过非现金结算加速资金周转；四是提供了最具有流动性的价值贮藏和资产保值形式，丰富了人们的贮藏手段和投资形式；五是通过发挥支付手段职能所形成的活期存款和发挥资产职能所形成的定期存款等，促进社会资金集中到金融机构，使得金融体系能够有效利用社会资金，这是现代社会化大生产顺利进行最重要的前提条件。

货币对人类的生产方式、生存方式乃至思想意识的发展都产生了重要的影响，它已成为推动经济发展和社会进步的特殊力量。一方面，它的存在使人们的生产活动和生活突破了狭小天地的限制，激发了人们的想象力和创造力，对商品生产的扩大、社会的发展和思想文化的进步产生了积极的作用；另一方面，也是更重要的，人们可以利用货币去进行财富的积累和承袭，这就激发了人们创造财富的欲望，为资本积累和利用社会资本扩大再生产创造了条件。

同样需要重视的是，货币在发挥各种积极作用的同时，也对社会经济发展和人们的意识形态产生了负面影响。首先，货币将交换过程分离为买和卖两个环节，使得商品买卖脱节和供求失衡成为可能。其次，货币在发挥支付手段职能时形成了经济主体之间复杂的债务链条，产生了债务危机的可能性。再次，货币的跨时支付使得财政超分配和信用膨胀成为可能，货币过多会造成通货膨胀；而货币过少又会影响商品价值的实现，导致价格下跌。最后，把货币神化为主宰和操纵人生与命运的偶像并加以崇拜的货币拜物教，扭曲人类的思想与行为，危害社会经济的健康发展。

（二）货币发挥作用的内在要求

如上所述，货币通过发挥交换媒介职能和资产职能对人们的社会经济活动产生重要的影响。但是，要正常发挥货币的积极作用必须具备一定的条件。

一方面是币值稳定，只有币值保持稳定，货币才能正常发挥计价标准的职能，才能稳定地发挥交换手段和支付手段的作用。如果币值不稳定，不仅影响货币的交换媒介职能，而且人们难以选择货币作为财富价值的贮藏手段，也难以利用货币实现资产的保值增值。

另一方面需要有一个调节机制使货币流通量能够适应经济社会发展的要求。随着社会经济和商品市场状况的变化，货币需求量也在不断地增减变化，这就要求货币供给应该具有弹性，这样才能实现货币供求的均衡和正常的货币流通。在商品或金属货币制度下，有内在价值的商品货币供求具有自发调节的机制，但信用货币没有自我调节能力，这就需要中央银行通过货币政策来进行调控，使货币供给量能够根据货币需求的变化及时进行调整，否则货币将难以正常发挥作用。

第三节　当代信用货币的层次划分与计量

一、当代信用货币的层次划分

（一）信用货币层次划分的必要性

货币层次是指对流通中各种货币形式按不同的统计口径划分为不同的层次。目前在我国，中国人民银行会定期向社会发布三个层次的货币量统计数据。世界上绝大多数国家在统计货币量时，会按不同的层次分别进行统计分析。

现在各国流通的都是由现金和存款货币构成的信用货币。不同的存款作为购买力的方便程度是有区别的，现金和活期存款是可以直接用于交易支付的现实购买力，而其他存款要成为现实购买力还必须经过提现或转换存款种类的程序，并且中央银行对现金、活期存款和其他存款的控制和影响力也不同。因此，在进行货币量统计时，既要考虑货币量统计的全面性和准确性，又要兼顾中央银行调控货币量的需要，必须对货币划分层次进行统计分析。

（二）信用货币层次划分的依据

目前，各国中央银行在对货币进行层次划分时，都以流动性作为依据和标准。不同信用货币的流动性强弱也不同。现金是流动性最强的金融资产，具有直接的现实购买力；定期存款则需要经过提现或者转成活期存款才具有现实购买力，故流动性较弱。由于交换媒介职能是货币最基本的职能，流动性实质上反映了货币发挥交换媒介职能的能力。流动性程度不同的金融资产在流通中周转的便利程度不同，形成的购买力强弱不同，从而对商品流通和其他各种经济活动的影响程度也就不同。因此，按流动性的强弱对不同形式、不同特性的货币划分不同的层次，是科学统计货币量、客观分析货币流通状况、正确制定实施货币政策和及时有效地进行宏观调控的必要基础。

（三）国际货币基金组织货币层次的划分

目前，按国际货币基金组织（International Monetary Fund，IMF）确定的货币量统计口径，货币层次划分为三个：

（1）通货。通货是指流通于银行体系以外的现钞，包括居民、企业或单位持有的现钞，但不包括商业银行的库存现金。大部分国家将这一层次的货币简称为 M0。由于这一层次的货币可随时作为交换手段和支付手段，因而流动性最强。

（2）货币。货币由通货加上私人部门的活期存款构成。由于活期存款随时可以签发支票或刷卡而成为直接的支付手段，所以它的流动性仅次于现金。大部分国家将这一层次的货币简称为 M1，又叫狭义货币。

（3）准货币。准货币主要包括银行的定期存款、储蓄存款、外币存款等。准货币虽然不能直接用于购买，但是在经过一定的程序之后就能转化为现实的购买力。大部分国家将这一层次的货币划入广义货币中，一般将准货币简写为 QM。

（四）我国货币层次的划分

我国从 1994 年开始划分货币层次，并按照货币层次进行货币量统计。2001 年以来，中国人民银行对于货币供应量的统计范围进行了四次修改，至 2018 年底我国货币量的统计口径主要分为以下三个层次：

M0 = 流通中的现金

M1（货币）＝M0＋活期存款

M2＝M1＋QM（企业单位定期存款＋城乡居民储蓄存款＋证券公司的客户保证金存款＋住房公积金中心存款和非存款类金融机构在存款类金融机构的存款＋非存款机构部门持有的货币市场基金＋其他存款）

（五）各国货币层次划分的特点

从各国货币层次划分情况来看，货币层次划分具有以下几个特点：

（1）货币的统计口径与流动性强弱的选择相关。如果只选择流动性最强的金融资产，只有现金才能计入货币量统计口径，货币的范围和数量就很小；如果降低流动性要求，货币量统计的口径和数量就会扩大。

（2）金融制度越发达，金融产品越丰富的国家，货币层次也就越多。经济发达国家的货币层次一般都多于经济欠发达国家。

（3）不同国家各个货币层次所包含的内容不同。这是由于各国都有各自独特的金融产品，无论是产品的名称还是特征都有差异，因此即使是两个国家流动性相同的货币层次，实际所包含的具体内容也有很大的差别。

（4）货币层次的划分不是固定不变的，随着金融产品的创新、经济环境的改变，原有的货币层次可能无法准确地反映货币的构成状况，需要对货币层次重新进行划分。

（5）货币层次的划分及计量只能在一定程度上反映货币流通的状况。随着金融创新的加速，新的金融产品层出不穷，许多金融工具都不同程度地具有"货币性"，有的还能替代货币发挥作用，有的略加转化就能发挥交换媒介职能和支付手段职能，货币层次的划分越来越困难，货币层次及其计量也只能做到相对精确。

二、当代信用货币的计量

在进行货币量统计和分析的时候常常会碰到狭义的货币量与广义的货币量、货币存量与货币增量等概念。这几个概念分别有不同的经济含义，对它们进行统计分析的经济意义也不同。

（一）狭义的货币量与广义的货币量

狭义的货币量通常是指货币层次中的现金加银行活期存款。我国狭义的货币量就是指M1层次。狭义的货币量反映了整个社会对商品和服务的直接购买力，它的增减变化对商品和服务的供应会形成直接的影响，因此狭义的货币量是中央银行在制定和实施货币政策时监测和调控的主要指标。

广义的货币量是指狭义的货币量加准货币。准货币的流动性小于狭义的货币，它反映的是整个社会潜在的购买力。广义的货币量的统计口径大于狭义的货币量，它不仅包括社会直接购买力，而且包括社会的潜在购买力，故广义的货币量指标可以更全面地反映货币流通状况。表2-1展示了不同年份我国各层次货币供应量。

表 2-1　不同年份我国各层次货币供应量（期末余额）　　　　单位：亿元

年份	M2	M1	M0
2000	134 610.4	53 147.2	14 652.7
2005	298 755.7	107 278.7	24 031.7
2010	725 851.8	266 621.6	44 628.2
2015	1 392 278.1	400 953.4	63 216.6
2019	1 986 488.8	576 009.2	77 189.5

资料来源：《中国金融年鉴》。

（二）货币存量

货币存量是指在某一时点上各经济主体所持有的货币余额，根据货币层次分为狭义的货币存量和广义的货币存量。中国人民银行公布的年度货币供应量就是货币存量。

（三）货币增量

货币增量是指不同时点上货币存量的差额，主要反映货币量的增减变化，是分析货币流通状况的重要指标。图 2-2 表示了 2001—2019 年我国各层次货币供应量同比增长率。

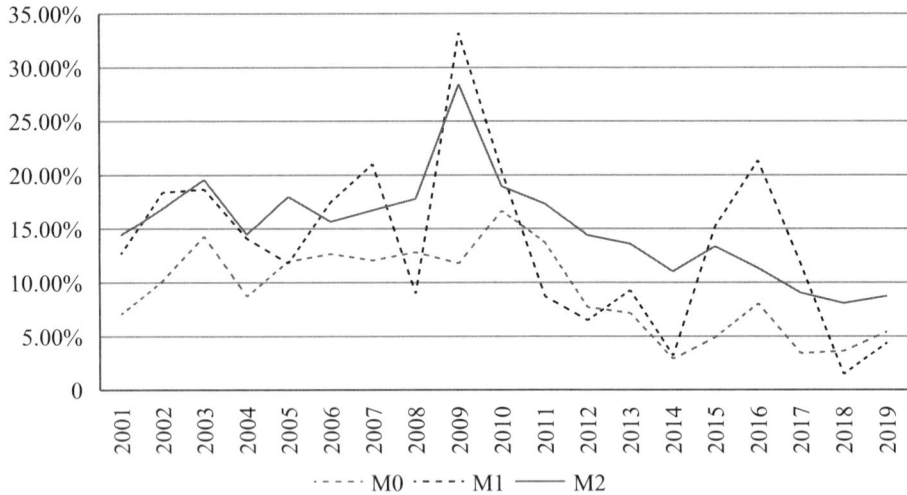

图 2-2　2001—2019 年我国各层次货币供应量同比增长率
资料来源：历年《中国金融年鉴》和中国人民银行网站。

第四节　货币制度

货币制度是针对货币的有关要素、货币流通的组织与管理等内容以国家法律形式或国际协议形式加以规定所形成的制度。其目的是保证货币和货币流通的稳定性，使之能够正常地发挥各种职能。货币制度最早是伴随着国家统一铸造金属货币而产生的，16世纪后，随着工业革命和资本主义生产方式的确立，以国家为主体的货币制度日益明确和健全，各国货币制度的构成也基本趋于一致。随着贸易国际化、生产国际化和经济全球化的发展，国际货币制度和区域性货币制度也逐渐形成并得到发展。

从货币制度的形成方式和适用范围来看，货币制度可分为三类：国家货币制度、国际货币制度和区域性货币制度，下面分别讨论。

一、国家货币制度的内容及其演变

（一）国家货币制度的内容

国家货币制度是指一国政府以法令形式对本国货币的有关要素、货币流通的组织与调节等加以规定所形成的体系。国家货币制度是一国货币主权的体现，由本国政府或司法机构独立制定实施，其有效范围一般仅限于国内。

国家货币制度是伴随着国家统一铸造金属货币而产生的，从历史上看，早期的货币制度较为杂乱，各国的货币制度差异也很大。16世纪后，随着资产阶级国家政权和资本主义制度的确立，国家货币制度才逐步完善并相对规范与统一。国家货币制度从其存在的具体形式看，大致可分为金属货币制度和信用货币制度两大类。16世纪至今国家货币制度的主要类型可用图2-3表示。

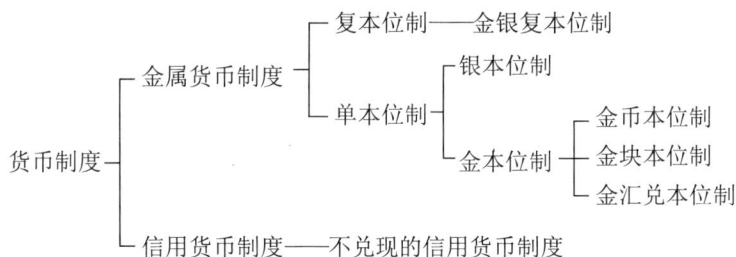

图2-3 16世纪至今国家货币制度的主要类型

金属货币制度和不兑现的信用货币制度的主要差别表现在币材和发行方面，从总体上看，两类货币制度的内容与构成大同小异，大体包括以下基本内容：

1. 规定币材

确定用不同的币材就构成了不同的货币本位制度，确定用黄金充当币材就构成金本位制，确定用白银充当币材就构成银本位制。目前世界各国都实行不兑现的信用货币制度，不再对币材做出规定。

2. 规定货币单位

货币单位是指货币计量单位。货币单位的规定主要有两个方面：

（1）规定货币单位的名称。货币单位的名称最早与商品货币的自然单位或重量单位一致，如两、镑。后来由于铸造和兑现等原因，货币单位与自然单位、重量单位逐渐脱离。各国的货币单位名称往往含有该国简称，如美元、英镑、日元、人民币等。

（2）规定货币单位的值。金属货币形式下，货币单位的值就是每一货币单位所包含的金属重量和成色；在不兑现的信用货币尚未完全脱离金属货币制度时，确定货币单位的值主要是确定每单位货币的含金量；当黄金非货币化后，纯粹信用货币制度一般不再硬性规定单位货币的值，而主要体现在为维持本国货币币值稳定而采用的一些措施上，如规定中央银行对币值稳定的责任与权力等。

3. 规定流通中的货币种类

规定流通中的货币种类主要是指规定主币和辅币。

（1）主币就是本位币，指一个国家流通中的基本通货，一般作为该国法定的价格标准。主币的最小规格通常是1个货币单位。在金属货币制度下，主币是指用金属材料按照国家规定的货币单位铸造的货币；在不兑现的信用货币制度下，主币的发行权集中于中央银行或政府指定的发行银行。

（2）辅币是本位币单位以下的小面额货币，它是本币的等分，主要解决商品流通中不足1个货币单位的小额货币支付问题。在金属货币流通条件下，为节约流通费用，辅币多由贱金属铸造，是一种不足值的货币，故铸造权由国家垄断并强制流通，但铸造数量一般都有限制，铸造收益归国家所有。由于辅币的实际价值低于名义价值，需要由国家以法律形式规定其按名义价值流通，并规定其与主币的兑换比例。金属货币退出流通后，辅币制度却保存下来，在不兑现的信用货币制度下，辅币的发行权一般都集中于中央银行或政府机构。

4. 规定货币的法定支付能力

货币的支付能力有两种：无限法偿和有限法偿。

（1）无限法偿，是指不论支付数额和性质（如买东西、还账、缴税等），对方都不能拒绝接受。在金属货币制度下，本位币通常具有无限法偿能力；在不兑现的信用货币制度下，中央银行发行的纸币具有无限法偿能力。而流通中的存款货币，在经济生活中是被普遍接受的，但大多数国家并未明确做出其是否具有无限法偿能力的规定。

（2）有限法偿，是指在一次支付中若超过规定的数额，收款人有权拒收，但在法定限额内不能拒收。在金属货币制度下，不足值的辅币通常为有限法偿，但是在不兑现的信用货币制度下则没有明确的规定。例如，我国对主币"元"和辅币"角""分"未做明确的无限法偿或有限法偿的区分，只是规定它们都是法定货币，都具有法偿能力。

5. 规定货币铸造发行的流通程序

（1）自由铸造与限制铸造。这是金属货币制度必须规定的内容之一。自由铸造即公民有权把法令规定的金属币材送到国家造币厂铸成金属货币；公民也有权把铸币熔化，还原为金属。限制铸造是指只能由国家来铸造金属货币，特别是不足值的辅币必须由国家铸造，其他机构和个人不得铸造。

（2）分散发行与垄断发行。分散发行是指允许私人部门按照规定的条件发行信用货币。垄断发行是指信用货币只能由中央银行或指定机构发行。例如，早期的银行券允许各商业银行分散发行，但后来为了解决银行券分散发行带来的混乱问题，各国逐渐通过法律把银行券的发行权收归中央银行。在不兑现的信用货币制度下，各国的信用货币的发行权都集中于中央银行或指定机构。

6. 货币发行准备制度的规定

货币发行准备制度的规定是指发行者必须以某种金属或某几种形式的资产作为其发行货币的准备，从而使货币的发行与某种金属或某些资产建立起联系和制约关系。在金属货币制度下，法律规定以金或银作为货币发行准备，早期各国一般都采用百分之百的金属准备，后期各国采用部分金属准备制度，以适应货币供应日益增加的需要。货币发行准备金的比例主要通过货币的含金量加以确定，在货币制度演变过程中，这个比例逐步递减，直至金属货币制度崩溃。在纯粹的信用货币制度下，货币发行的准备制度已经与贵金属脱钩。目前各国货币发行准备主要有两大类：一是现金准备，包括黄金、外汇等具有极强流动性的资产；二是证券准备，包括短期商业票据、财政短期国库券、政府公债等在金融市场上流通的证券。

（二）国家货币制度的演变

近代的货币制度从资本主义发展初期开始，经历了从金属货币制度发展为不兑现的信用货币制度的演变过程，大致的演变顺序是：银本位制—金银复本位制—金本位制—不兑现的信用货币制度。

1. 银本位制

银本位制的基本内容包括：以白银作为本位币币材，银币为无限法偿货币，具有强制流通的能力；本位币的名义价值与本位币所含的一定成色、重量的白银相等，银币可以自由铸造、自由熔化；银行券可以自由兑现银币或等量白银；白银和银币可以自由输出和输入。早在中世纪，许多国家就采用银本位制，16 世纪以后银本位制开始盛行，至 19 世纪末期被大部分国家放弃。

我国用白银作为货币的时间很长，唐、宋时期白银已普遍流通，金、元、明时期确立了银两制度，白银是法定的主币。清宣统二年（1910 年）政府颁布的《币制则例》规定银圆和银两并行。1933 年 4 月中华民国政府废两改元，颁布《银本位铸造条例》，1935 年 11 月实行法币改革，在我国废止了银本位制。

2. 金银复本位制

金银复本位制是金、银两种铸币同时作为本位币的货币制度，流行于 16—18 世纪资本主义发展初期的西欧各国。其基本特征是：金、银两种金属同时作为法定币材，一般情况下，大额批发交易用黄金，小额零星交易用白银。金银铸币都可以自由铸造、自由输出和输入国境，都有无限法偿能力，金币和银币之间，金币、银币与货币符号之间都可以自由兑换。

金银复本位制是一种不稳定的"平行本位"货币制度，当金银铸币各按自身所包含的价值并行流通时，市场上的商品就出现了金价和银价两种价格，容易引起价格混乱，给商品流通带来许多困难。同时，用法律规定金和银的比价，又会出现"劣币驱逐良币"的现象，即两种实际价值不同而法定价格相同的货币同时流通时，市场价格偏高的货币（良币）就会通过流通逐渐进入贮藏，而市场价格偏低的劣币却充斥市场，这种"劣币驱逐良币"的规律又称为"格雷欣法则"。随着资本主义经济的进一步发展，这种货币制度越来越不能适应客观要求，于是改行单本位制成为必然。

3. 金本位制

从 18 世纪末到 19 世纪初，主要资本主义国家先后从金银复本位制过渡到金本位制，最早实行金本位制的是英国。金本位制主要包括金币本位制、金块本位制和金汇兑本位制三种形态。

金本位制的典型是金币本位制，其基本特点是：只有金币可以自由铸造，有无限法偿能力；辅币和银行券与金币同时流通，并可按其面值自由兑换为金币；黄金可以自由输出和输入；货币发行准备全部是黄金。金本位制被认为是一种稳定、有效的货币制度，因为它保证了本位币的名义价值与实际价值相一致、国内价值与国际价值相一致、价值符号所代表的价值与本位币价值相一致，并具有货币流通的自动调节机制，曾对资本主义经济发展和国际贸易的发展起到积极的促进作用。但是，后来随着资本主义经济的发展和帝国主义列强的战争，金币流通的基础不断削弱，第一次世界大战期间，各国停止了金币流通、自由兑换和黄金的自由输出和输入，战后也难以恢复，只能改行金块本位制和金汇兑本位制。

金块本位制是指不铸造、不流通金币，银行券只能达到一定数量后才能兑换金块的货币制度。金汇兑本位制则指本国货币虽然仍有含金量，但国内不铸造也不使用金币，而是流通银行券，但它们不能在国内兑换黄金，只能兑换本国在该国存有黄金并与其货币保持固定比价国家的外汇，然后用外汇到该国才能兑换黄金。实行金汇兑本位制的多为殖民地、半殖民地国家。

4. 不兑现的信用货币制度

20 世纪 70 年代布雷顿森林体系崩溃后，各国货币与黄金既无直接联系，也无间接挂钩关系，这意味着金属货币制度已经完全退出历史舞台，取而代之的是不兑现的信用货币制度。这种货币制度有三个特点：一是现实经济中的货币都是信用货币，主要由现金和银行存款构成；二是现实中的货币都是通过金融机构的业务投入流通中；三是国家对信用货币的管理调控成为经济正常发展的必要条件。大多数国家都由中央银行管理信用货币的发行与流通，运用货币政策来调控信用货币的供求总量与保持均衡。

5. 我国现行的货币制度

我国现行的货币制度较为特殊。由于我国目前实行"一国两制"的方针，1997 年、1999 年香港和澳门相继回归祖国以后，继续维持原有的货币金融体制，从而形成了"一国多币"的特殊货币制度。目前，不同地区有自己的法定货币：人民币是大陆地区的法定货币；港元是香港地区的法定货币；澳门元是澳门地区的法定货币；新台币是台湾地区的法定货币。各种货币限于本地区流通，人民币与港元、澳门元之间按以市场供求为基础决定的汇价进行兑换，澳门元与港元直接挂钩，新台币主要与美元挂钩。

人民币是大陆地区的法定货币，由中国人民银行于 1948 年 12 月 1 日开始发行。人民币主币"元"是我国经济生活中法定计价、结算的货币单位。人民币属于不兑现的信用货币，以现金和存款货币两种形式存在，现金由中国人民银行统一发行，存款货币由银行体系通过业务活动进入流通，中国人民银行依法实施货币政策，对人民币总量和结构进行管理与调控。

二、国际货币制度的内容及其演变

（一）国际货币制度的内容

国际货币制度亦称国际货币体系，是支配各国货币关系的规则以及国际上进行各种交易支付所依据的一套安排和惯例。国际货币制度通常是由参与的各国政府磋商而定，由参与国自觉遵守。

国际货币制度主要包括三个方面的内容：一是确定国际储备资产，即使用何种货币作为国际支付货币，哪些资产可用作国际储备资产；二是安排汇率制度，即采用何种汇率制度，是采用固定汇率制还是浮动汇率制；三是选择国际收支的调节方式，即出现国际收支不平衡时，各国政府应采取什么方法进行弥补，各国之间的政策措施如何协调等。理想的国际货币制度应该能够促进国际贸易和国际经济活动的发展，主要体现为国际货币秩序的稳定、能够提供足够的国际清偿能力并保持国际储备资产的信心、保证国际收支的失衡能够得到有效的调节。迄今为止，国际货币制度经历了从国际金本位制到布雷顿森林体系再到牙买加体系的演变过程。

（二）国际金本位制

国际金本位制是指黄金充当国际货币，各国货币之间的汇率由"金平价"（其各自的含金量比例）决定，黄金可以在各国间自由输出和输入，在黄金输送点的作用下，汇率相对平稳，国际收支具有自动调节的机制。1880—1914 年是国际金本位制的黄金时代。由于第一次世界大战期间，各参战国纷纷禁止黄金输出和纸币停止兑换黄金，国际金本位制受到严重削弱，之后虽改行金块本位制或金汇兑本位制，但因其自身的不稳定性都未能持久。在 1929 年至 1933 年的经济大危机冲击下，国际金本位制终于瓦解，随后国际货币制度一片混乱，直至 1944 年重建新的国际货币制度。

（三）布雷顿森林体系

布雷顿森林体系是第二次世界大战以后实行的以美元为中心的国际货币制度。1944 年 7

月，在美国新罕布什尔州的布雷顿森林召开了由 44 国参加的"联合国联盟国家国际货币金融会议"，建立了以美元为中心的国际货币制度。其主要内容如下：

（1）以黄金作为基础，以美元作为最主要的国际储备货币，实行"双挂钩"的国际货币体系，即美元与黄金直接挂钩，其他国家的货币与美元挂钩。美国政府保证以 1934 年 1 月规定的 35 美元 1 盎司黄金的官价兑付其他国家政府或中央银行持有的美元，各国政府共同维护黄金官价。其他国家以法律形式根据美元的含金量确立本币的含金量及其与美元的兑换比例。

（2）实行固定汇率制。各国货币对美元的汇率一般只能在平价上下 1% 的幅度内浮动，各国政府有义务在外汇市场上进行干预，以维持外汇行市的稳定。国际收支不平衡则采用多种方式调节。这个货币体系实际上是美元—黄金本位制，也是一个变相的国际金汇兑本位制。

布雷顿森林体系对第二次世界大战战后资本主义经济发展起过积极作用。但是，布雷顿森林体系自身具有不可克服的矛盾，即"特里芬难题"。这一难题指美元若要满足国际储备货币的需求就会造成美国国际收支逆差，从而必然影响美元信用，引起美元危机；若要保持美国的国际收支平衡，稳定美元，则又会断绝国际储备货币的来源，引起国际清偿能力的不足。布雷顿森林体系实施的早期，这个矛盾并未完全显现。20 世纪 60 年代以后，美国政治、经济地位逐渐下降，特别是外汇收支逆差的大量出现，使黄金储备大量外流，到 60 年代末出现黄金储备不足以抵补短期外债的状况，导致美元危机不断产生，各国在国际金融市场大量抛售美元，抢购黄金，或用美元向美国挤兑黄金。进入 20 世纪 70 年代，美元危机更加严重。1971 年 8 月 15 日，美国公开放弃金本位，停止履行外国政府或中央银行可用美元向美国兑换黄金的义务。各国也纷纷宣布放弃固定汇率，实行浮动汇率，不再承担维持美元汇率的义务。1974 年 4 月 1 日起，国际协定正式解除了货币与黄金的固定关系，以美元为中心的布雷顿森林体系彻底瓦解，取而代之的是牙买加体系。

（四）牙买加体系

1976 年 1 月，国际货币基金组织成员签署"牙买加协定"，形成了新的国际货币制度——牙买加体系。其主要内容包括：

（1）国际储备货币多元化。黄金完全非货币化，各国可自行选择国际储备货币。美元仍作为主要的国际货币，日元、德国马克等货币则随着本国经济实力的增长而成为重要的国际货币。

（2）汇率安排多样化，出现了以浮动汇率为主、钉住汇率并存的混合体系，亦称"无体制的体制"，各国可自行安排汇率。

（3）调节国际收支渠道多样化。一是可运用国内经济政策，通过改变国内的供求关系和经济状况，消除国际收支的失衡；二是可运用汇率政策影响本币币值，通过增强本国出口商品的国际竞争力减少经常项目的逆差；三是可通过国际融资平衡国际收支；四是可通过加强国际协调来解决国际收支平衡问题；五是可通过外汇储备的增减来调节国际收支失衡。

牙买加体系的实行，对于维持国际经济运转和推动世界经济发展起到了积极的作用。多元化国际储备货币的结构为国际经济提供了多种清偿货币，摆脱了布雷顿森林体系下对一国货币——美元的过分依赖；多样化的汇率安排适应了多样化的、不同发展程度国家的需要，为各国维持经济发展提供了灵活性与独立性；灵活多样的调节机制，使国际收支的调节更为有效与及时。但是，牙买加体系并非理想的国际货币制度，它仍然存在缺陷，表现为：一是以国家主权货币作为国际储备货币，发行国可以享受"铸币税"等多种好处，但不承担稳定国际储备货币及其所致风险的责任；二是以浮动汇率为主体，汇率经常变化，加大了外汇风险，在一定程度上抑制了国际贸易活动，极易导致国际金融投机的猖獗，对发展中国家而言，这种负面影响更为突出；三是目前的国际收支调节机制并不健全，各种调节渠道都有各自的局限性，全球性的国际收支失衡问题并没有得到根本改善。因此，国际货币制度仍有待进一步改革和完善。

三、区域性货币制度

区域性货币制度是指由某个区域内的有关国家（地区）通过协调形成一个货币区，由联合组建的一家中央银行负责发行与管理区域内的统一货币的制度。利用区域性货币制度可以使成员在货币区内通过协调的货币、财政和汇率政策实现经济增长、充分就业、物价稳定和国际收支平衡。

区域性货币制度一般与区域内多国经济的相对一致性和货币联盟体制相关。20 世纪 60 年代后，一些地域相邻的欠发达国家首先建立了货币联盟，并在联盟内成立了由参加国共同组建的中央银行，如 1962 年建立的西非货币联盟制度，1965 年建立的东加勒比货币联盟制度和 1973 年建立的中非货币联盟制度等。

欧洲货币制度则是区域性货币制度的一个典型。欧洲货币制度从 1950 年起到完全实施经历了一个较长的过程。1995 年 12 月欧盟正式决定欧洲货币的名称为欧元（EURO），1998 年 7 月 1 日欧洲中央银行成立，1999 年 1 月 1 日欧元正式启动，法国、德国等 11 个国家为首批欧元国。自 2002 年 1 月 1 日起，欧元的钞票和硬币开始流通，欧元的钞票由欧洲中央银行统一设计，由各国中央银行负责印刷发行；而欧元硬币的设计和发行由各国完成。2002 年 7 月 1 日，各国原有的国家主权货币停止流通，欧元正式成为各成员国统一的法定货币。至 2020 年欧元区共有 18 个成员国，此外还有 9 个国家和地区采用欧元作为当地的单一货币。欧洲货币制度的建立和欧元的实施，标志着现代货币制度又有了新的内容并进入一个新的发展阶段，也为世界其他地区货币制度的发展提供了一个范例。但是，欧洲货币制度也存在诸多问题，如欧元区国家货币政策与财政政策的协调问题、成员国经济发展不平衡与生产要素自由流动的问题等，直接影响了欧洲货币制度的稳定。2009 年爆发的欧债危机先后涉及希腊、葡萄牙、意大利、爱尔兰、西班牙等欧元区国家，引发了欧元危机。2012 年 10 月 8 日，欧洲稳定机制（European Stability Mechanism，ESM）正式启动，用规模为 5 000 亿欧元的永久性救援基金首先向陷入债务危机的欧元区主权国家提供救助贷款，力图稳定欧洲货币制度。然而，欧洲货币制度的缺陷使得其能否发挥预期功能充满悬念。

📑 本章小结

1. 货币的起源有多种不同的学说，马克思用劳动价值理论科学地阐明了货币产生的客观必然性，揭示了货币的产生与交换的发展的密切关系。

2. 货币产生至今，货币形式一直在不断发展演变。从币材的角度看，货币形式从早期的商品货币发展到现在的信用货币。

3. 货币有两大基本职能：一是通过交换手段、计价标准和支付手段发挥交换媒介职能；二是作为贮藏手段和财富的保值增值方式发挥资产职能。

4. 在信用货币制度下，中央银行在统计和分析货币量时首先要对货币划分层次。其划分的标准是流动性。中国人民银行从 1994 年开始划分货币层次，目前划分为 M0、M1、M2 三个层次。

5. 国家货币制度是指国家以法律形式确定的货币流通的结构和组织形式。其目的是保证货币流通的稳定性，使之能够正常地发挥各种职能。16 世纪以后，国家货币制度主要有银本位制、金银复本位制、金本位制和不兑现的信用货币制度。

6. 国际货币制度亦称国际货币体系，是支配各国货币关系的规则以及国际上进行各种交易支付所依据的一套安排和惯例。迄今为止，国际货币制度经历了从国际金本位制到布雷顿森林体系再到牙买加体系的演变过程。

7. 区域性货币制度是指由某个区域内的有关国家（地区）通过协调形成一个货币区，由联合组建的一家中央银行负责发行与管理区域内的统一货币的制度。欧洲货币制度是最具影响力的区域性货币制度。

📑 思考题

1. 你是如何看待货币在经济活动中的作用与影响的？

2. 货币形式不断演变的原因是什么？你认为未来货币形式会如何变化？

3. 为什么会出现货币制度？它主要包括哪些基本内容？

4. 国家货币制度是如何演变发展的？

5. 试描述我国现行的货币制度的状况。

6. 牙买加体系与布雷顿森林体系有何异同？

7. 目前世界上主要有哪几个区域性货币制度？

第三章 汇率与汇率制度

问题导入

2015年3月12日，在第十二届全国人民代表大会第三次会议举行的记者会上，有记者提出由于近期人民币汇率波动幅度不断增大，使得香港地区的人民币存款减少，香港人民币债券发行萎缩，跨境贸易结算受到影响的问题。时任中国人民银行行长周小川回应说，中国经济的开放程度越来越高，汇率波动应该是正常现象，因为它不只取决于国内的经济基本面，而且取决于国际上以及国际金融市场上人民币的供求关系。人民币对美元的波动也反映为人民币与港元之间的汇率也会有一些波动。人民币汇率波动为什么会产生上述影响呢？应该如何理解人民币汇率波动的原因呢？本章从外汇、汇率的概念入手，对汇率的决定因素、汇率的影响以及汇率制度的相关内容进行全面的梳理，从而为理解上述问题提供一个清晰的思路。

学习目标

1. 了解外汇的概念，掌握汇率的概念和汇率的种类；
2. 熟悉不同货币制度下汇率的决定因素，掌握各种汇率决定理论的主要内容；
3. 熟悉汇率在经济中的主要影响及汇率发挥作用的条件，了解汇率风险及其表现；
4. 掌握不同汇率制度的内容与特征；
5. 了解汇率制度的演进历程，重点掌握人民币汇率制度的安排及演进。

第一节 外汇与汇率

一、外汇的概念

外汇有两个含义：一是动态含义，指人们将一种货币兑换成另一种货币，对国际债权债务关系进行结算的行为；二是静态含义，指以外币标示的、可用于国际结算的债权。不是所有外币都是外汇，一国货币要成为外汇需具备三个必要条件：一是可以自由输出和输入国境；二是可以自由兑换、买卖；三是在国际支付中被广泛接受。

《中华人民共和国外汇管理条例》所称的外汇，是指下列以外币表示的可以用作国际清偿的支付手段和资产：①外币现钞，包括纸币、铸币；②外币支付凭证或者支付工具，包括票据、银行存款凭证、银行卡等；③外币有价证券，包括债券、股票等；④特别提款权；⑤其他外汇资产。

二、汇率及其标价

汇率是指两国货币的兑换比率，也是一种货币用另一种货币表示的价格。国内物价水平反映了货币的对内价值，汇率则反映了货币的对外价值。从理论上说，货币的对内价值与对外价值应该是一致的。但因为汇率不仅仅取决于货币的对内价值，还要受外汇市场上供求状况变化的影响，所以货币的对内价值与对外价值有可能在较长时间内存在较大幅度的偏离。

汇率有两种标价方法：直接标价法和间接标价法。

1. 直接标价法

直接标价法是以一定单位的外币作为标准计算应付多少本币来表示汇率的标价方法。在直接标价法下，外币的数额固定不变，本币的数额随外币或本币的币值变化而变化。汇率越高，表示单位外币能换取的本币越多，则本币价值越低；汇率越低，则本币价值越高。目前，大多数国家（包括中国）采用直接标价法。

2. 间接标价法

间接标价法是以一定数量的本币单位为基准计算应收多少外币来表示汇率的标价方法。在间接标价法下，本币汇率的升值、贬值方向与汇率的数值上升或下降的变化方向一致。汇率越高，表示本币所能兑换的外币越多，意味着本币升值。英镑一直采用间接标价法，美国从1978年9月1日起也改用间接标价法，但美元兑英镑、欧元等少数货币使用直接标价法。

三、汇率的种类

（一）基准汇率和套算汇率

按照制定方法，可将汇率分为基准汇率和套算汇率。

基准汇率是本币与对外经济交往中最常用的主要货币之间的汇率。目前，各经济体的货币一般以美元为基本外币来确定基准汇率。2006年8月以后我国基准汇率有五种：人民币兑美元、欧元、日元、港元和英镑的汇率。套算汇率是根据本币基准汇率套算出本币兑换非主要货币的汇率或套算出其他外币之间的汇率。人民币兑美元、欧元、日元、港元、英镑以外的其他外币的汇率均为套算汇率。

（二）买入汇率和卖出汇率

按照银行买卖外汇的角度，可将汇率分为买入汇率和卖出汇率。

买入汇率是银行买进外汇（结汇）时所使用的汇率。卖出汇率是银行售出外汇（售汇）时所使用的汇率。买入汇率与卖出汇率间的差额即为银行买卖外汇的利润。在直接标价法下，买入汇率低于卖出汇率；在间接标价法下，买入汇率高于卖出汇率。买入汇率和卖出汇率的算术平均数为中间汇率。目前我国外汇管理局公布的基准汇率均为中间汇率。表 3-1 列出了中国银行 2020 年 2 月 1 日公布的 100 单位外币兑人民币的外汇牌价。

表 3-1 100 单位外币兑人民币的外汇牌价

（中国银行 2020 年 2 月 1 日公布）

货币名称	现汇买入价	现钞买入价	现汇卖出价	现钞卖出价	中行折算价
澳大利亚元	465.22	450.76	468.64	470.25	471.33
加拿大元	525.86	509.26	529.74	531.55	524.17
瑞士法郎	722.05	699.77	727.13	730.24	711.72
欧元	771.96	747.97	777.65	780.15	764
英镑	918.9	890.34	925.66	928.83	905.05
港元	89.71	89	90.07	90.07	88.59
日元	6.419 8	6.220 3	6.467	6.477	6.274 2
韩国元	0.581 3	0.560 8	0.585 9	0.607 4	0.591 5
澳门元	87.1	84.18	87.44	90.36	86.39
林吉特	170.27		171.81		169.39
新西兰元	449.68	435.8	452.84	459.07	454.08
菲律宾比索	13.63	13.2	13.73	14.37	13.58
卢布	10.87	10.2	10.95	11.37	11.14
新加坡元	509.6	493.87	513.18	515.74	510.65
泰国铢	22.27	21.58	22.45	23.16	22.67
土耳其里拉	116.14	110.45	117.08	134.43	116.31
新台币		22.19		24.04	23.09
美元	696.69	691.02	699.64	699.64	688.76
南非兰特	46.38	42.82	46.7	50.34	48.04

注：表中"中行"是"中国银行"的简称。

资料来源：中国银行官方网站（http://www.boc.cn）。

（三）即期汇率和远期汇率

按照外汇买卖的交割期限，可将汇率分为即期汇率和远期汇率。

即期汇率是买卖双方成交后，在两个营业日内办理交割时所使用的汇率。远期汇率是买卖双方事先约定的，据以在未来一定时期（或时点）进行外汇交割时所使用的汇率。远期汇率和即期汇率之间的价差可以用绝对数或相对数表示。远期汇率高于即期汇率，称为升水（对于本币来说，在直接标价法下，升水意味着本币贬值，外币或外汇升值）；远期汇率低于即期汇率，称为贴水；远期汇率与即期汇率相等，称为平价。

（四）电汇汇率、信汇汇率和票汇汇率

按照汇兑方式可将汇率分为电汇汇率、信汇汇率和票汇汇率。

电汇汇率是银行卖出外汇后，以电信方式通知国外行或代理行付款时所使用的汇率。电汇汇率是外汇市场的基准汇率，是其他汇率制定的基础。信汇汇率是以信函解付的方式买卖外汇时所使用的汇率。信汇的速度慢于电汇，银行可以占用汇兑资金生息，所以信汇汇率低于电汇汇率，二者差额相当于汇兑在途的外汇资金产生的利息。票汇汇率是以票据作为支付工具进行外汇买卖时所使用的汇率。票汇速度慢于电汇，故票汇汇率低于电汇汇率。

（五）固定汇率和浮动汇率

按照汇率制度，可将汇率分为固定汇率和浮动汇率。

固定汇率是指一国货币的汇率基本固定，汇率的波动幅度被限制在较小的范围内，中央银行有义务维持本币币值的基本稳定。浮动汇率是不规定汇率波动的上下限，汇率随外汇市场的供求关系自由波动。

（六）名义汇率和实际汇率

按照是否考虑一种货币所在经济体与其他经济体之间物价差异的因素，可将汇率分为名义汇率和实际汇率。

名义汇率是指在市场上观察到的挂牌交易使用的汇率。实际汇率是在名义汇率的基础上，考虑到一种货币所在经济体与其他经济体之间物价差异因素的汇率。实际汇率无法直接观察得到，需要测算。

（七）官方汇率和市场汇率

按照货币当局对汇率进行管理的角度，可将汇率分为官方汇率和市场汇率。

官方汇率是一国的外汇管理当局制定并公布实行的汇率。市场汇率是由外汇市场供求关系决定的汇率。

（八）开盘汇率和收盘汇率

按照外汇银行的营业时间，可将汇率分为开盘汇率和收盘汇率。

开盘汇率是外汇银行在一个营业日开始时进行首批外汇买卖时使用的汇率。收盘汇率是外汇银行在一个营业日结束时使用的汇率。

第二节　汇率的决定与影响

一、汇率决定的理论解说

（一）早期汇率决定理论

1. 国际借贷理论

国际借贷理论是在金本位制盛行时流行的一种阐释外汇供求与汇率形成的理论，由英国经济学家戈申（Goschen）于 1861 年提出。他认为，汇率变动由外汇供给与需求的对比变动所引起，而外汇供求状况又取决于由国际贸易往来和资本流动所引起的债权债务关系。当一国的流动债权多于流动债务时，外汇的供给大于需求，因而本币升值；反之，本币贬值。其中的国际借贷关系，实际是指国际收支，故国际借贷理论又称国际收支说。

2. 购买力平价理论

瑞典学者卡塞尔（Cassel）在 1922 年第一次系统地阐述了购买力平价的思想和理论体系。他指出，人们对本币和外币产生需求是因为它们都具有购买力，货币购买力是汇率决定的基础。货币购买力是用价格反映的，价格越高，货币购买力越低，货币购买力是价格的倒数。因此，两国货币的汇率就表现为两国国内价格之比，即购买力平价。

购买力平价又分为两种：一是绝对购买力平价，即在某一时点上两国货币之间的兑换比例取决于两国物价总水平之比；二是相对购买力平价，即汇率在一定时期内的变化是由两个国家在这段时期内的通货膨胀率的差异决定的。如果本国的通货膨胀率持续地高于外国，则本币趋于贬值。与绝对购买力平价相比，相对购买力平价更具有实用性。

购买力平价理论从货币具有购买力的角度分析货币的兑换问题，符合逻辑，易于理解。购买力平价被广泛运用于对长期汇率水平的分析和政策研究。但是，由于现实世界存在非完全竞争市场、贸易壁垒与交易费用、不可贸易品（服务）以及各国计算价格指数包含的商品种类不一致等情况，购买力平价理论的基本前提条件往往不能得到充分满足，购买力平价与现实观察到的名义汇率之间往往存在偏离，这种偏离在发展中经济体中尤为突出。

3. 汇兑心理学说

法国学者阿夫达里昂（Aftalion）于 1927 年提出汇兑心理学说，将人们的主观心理因素引入汇率分析之中。这一学说认为汇率取决于对外汇的供给与需求。个人对外汇的需求是为了满足某种欲望或获得效用，而这种欲望或效用是由人们的主观评价决定的。个人评价的综合即为市场评价，个人需求的综合即为市场需求，因此外汇的价值是由外汇供求双方对外汇边际效用所做出的主观评价决定的。特别是在经济不正常的情况下，人们心理预期的确有一定的影响作用。

4. 利率平价理论

英国经济学家凯恩斯于 1923 年首次系统地阐述了利率与汇率之间的关系，初步建立了古典利率平价理论。他认为，套利性的短期资本流动会驱使高利率国家的货币在远期外汇市场上贴水（贬值），会驱使低利率国家的货币在远期外汇市场上升水（升值），并且升贴水率等于两国的利率差。

（二）现代汇率决定理论

1. 货币分析法

货币分析法是以购买力平价理论为基础发展起来的。该理论认为，汇率是两国货币的相对价格，对汇率变动具有决定性作用的是相对于外国的本币供求关系的变化，它将引起物价水平相对变化，进而影响本币的名义汇率和实际汇率。该理论的优点是阐明了汇率要受两国货币供给量的制约，从而把汇率与货币政策联系起来；其缺陷在于过分依赖货币数量论。

2. 资产组合分析法

该理论认为，货币只是人们可以持有的一系列金融资产中的一类。人们将根据各种资产收益和风险的权衡，将财富配置于各种可选择的国内外金融资产中。投资者要根据经济形势和预期，及时调整其外币资产的比例，从而往往引起货币资本在各国间的大量流动，并对汇率产生很大的影响。资产组合的调整是对财富这一存量的结构调整，从长期来看，一国财富总量也会发生变动，经常项目失衡会带来本国持有的对外国债权总量的变动，财富总量也相应变动，这一变动又引起资产市场的调整，进而影响汇率。

3. 换汇成本说

20 世纪 70 年代末，我国学者结合国情，在购买力平价说的基础上发展出汇率决定理论。该理论将购买力平价说中的非贸易品剔除，只考虑贸易品的价格对比是如何决定汇率及其变动的。它有两种表达方式。

第一种是出口换汇成本，即在国际市场上换得 1 美元所需支出的人民币成本。用公式表示为：

$$ExC = \frac{1 + P_e \cdot ExC_{\text{RMB}}}{ER_{\text{USD}}} \tag{3-1}$$

式中：ExC——出口换汇成本；

$\quad\quad P_e$——预期利润率；

ExC_{RMB}——一定时期内以人民币计算的出口总成本；

$\quad ER_{\text{USD}}$——一定时期内以美元衡量的出口总收入。

第二种是进口换汇成本，即在国内市场上出售 1 美元的进口商品所能获得的人民币收入。用公式表示为：

$$\mathrm{Im}C = \frac{TSR_{\mathrm{RMB}}}{IM_{\mathrm{USD}}}\qquad(3\text{-}2)$$

式中：$\mathrm{Im}C$—— 进口换汇成本；

TSR_{RMB}—— 一定时期内我国进口商品在国内市场的以人民币计算的销售总收入；

IM_{USD}—— 一定时期内以美元衡量的进口商品的总值。

长期以来，发展外贸特别是鼓励出口一直是我国对外经济政策的重要目标。因此，我国一直将出口换汇成本作为确定人民币汇率水平的重要依据。无论是出口换汇成本还是进口换汇成本，都是购买力平价在我国的现实运用。但是，两者仍然存在显著不同，主要表现在两方面：第一，假设前提不同，购买力平价说认为所有商品的价格均满足一价定律，但换汇成本说则认为只有可贸易商品的价格满足一价定律；第二，购买力的决定基础不同，购买力平价说认为货币的数量决定货币的购买力，换汇成本说则认为除了货币数量，劳动生产率也是决定货币购买力的一个主要因素。

从上述众多汇率决定理论可知，汇率的决定不仅受众多因素的影响，而且与货币制度和金融发展程度密切相关。

> **原理 3-1：**
> 汇率的决定主要受国际收支、购买力与利率变化、预期及资产选择等多种因素的影响。

二、汇率的主要影响

（一）汇率与进出口

一般来说，本币贬值，意味着可以提高本国商品的国际竞争力，能起到促进出口、抑制进口的作用；本币升值，则有利于进口，不利于出口。

然而，汇率变动对进出口的影响有一个条件，即进出口需求有价格弹性——进出口商品价格的变动对进出口商品的需求会有影响。概括地说，如果进出口需求对汇率和商品价格变动的反应灵敏，即需求弹性大，那么，一国汇率贬值和相应降低出口商品价格，则可以有效刺激出口；而如果进口商品的国内价格上涨，则可以有效抑制对进口商品的需求，从而减少进口数量。就出口商品来说，也有一个出口供给弹性的问题，即汇率贬值后出口商品量能否增加，还要受商品供给扩大的可能程度的制约。

（二）汇率与物价

从进口商品和原材料来看，本币（名义）汇率贬值可能引起进口商品在国内的价格上涨。至于它对物价总指数影响的程度，则取决于进口商品和原材料在国民生产总值中所占的比重。反之，本币（名义）汇率升值，其他条件不变，进口商品的价格有可能降低，从而可以起到抑制物价总水平的作用。

从出口商品看，汇率贬值有利于扩大出口，但在出口商品供给弹性较小的情况下，出口扩大会引发国内市场对此类商品的抢购，从而抬高其国内价格，甚至有可能进一步波及国内的物价总水平。若出口商品由于汇率贬值引起国内收购价格提高，那么，对于这类出口商品而言，汇率贬值刺激出口增加的作用将会部分乃至全部被抵消。这就意味着物价的变动抵消了汇率变动的作用。

本币（名义）汇率的变动导致物价总水平的波动，其后果就不仅限于进出口，而且将影响整体经济。例如，消费品主要依靠进口的经济体，如果进口消费品价格因本币贬值而上涨，那不仅会引起物价总水平的上涨，可能还会引发社会矛盾。

（三）汇率与资本流动

由于长期资本的流动主要以利润和风险为转移，汇率的变动对长期资本流动的影响较小。

短期资本流动则常常受到汇率的较大影响。在存在本币对外贬值的趋势下，本国投资者和外国投资者持有以本币计值的各种金融资产的意愿降低，并将其转兑成外汇，发生资本外流现象。这又进一步增加了对外汇的需求，会使本币汇率进一步下跌。反之，当存在本币对外升值的趋势时，本国投资者和外国投资者就力求持有以本币计值的各种金融资产，并引发资本的回流。同时，由于外汇纷纷转兑本币，外汇供过于求，会促使本币汇率有进一步上升的压力。

（四）汇率与金融资产选择

汇率变动对金融资产的选择有重要影响。由于汇率的变动影响本外币资产的收益率，因此，本币汇率升值，将促使投资者更加倾向于持有本币资产；相反，外币汇率升值，则会导致投资者将本币资产转换成外币资产。值得注意的是，除了汇率的实际变动对金融资产的选择会产生影响，对汇率预期的变化也将影响投资者对金融资产的选择。如果市场上预期某种货币升值，投资者持有以该货币计值的资产的意愿就会增加，他们就会将一部分以其他货币计值的资产转换成以该货币计值的资产，以期获得更高的未来收益，当市场上的这种投资行为普遍时，将促使该种货币如期升值。

（五）汇率与利率

汇率与利率都是重要的金融价格和经济杠杆。汇率与利率的高低，能反映一国宏观经济运行的基本状况，其变动又将影响所有宏观经济变量，如国民生产总值、物价水平、就业水平、国际收支、经济增长率等，对宏观经济运行与微观经济活动都有着极其重要的调节作用。开放经济条件下，无论实行什么样的汇率制度，汇率与利率都存在紧密的联系。

汇率变动对利率的影响渠道主要有：①通过影响国内物价水平引起实际利率的变动；

②通过改变公众预期影响短期资本流动，进而改变国内资金供求，对利率产生影响；③通过改变该国的贸易条件进而影响外汇储备并改变国内资金供应，进而影响利率。

> **原理 3-2：**
> 汇率作为重要的金融价格，其变动影响进出口、物价、资本流动和金融资产选择和利率。

三、汇率风险

汇率的变动经常给交易人带来损失或盈利，这通常被称为外汇风险或汇率风险。汇率风险主要表现在以下几方面：

（一）进出口贸易中的汇率风险

这是指在进出口贸易中收付外汇而因汇率变动引起损失的可能性。例如，商品出口后到结算收入外汇往往有一段时间，在这段时间里如果外币贬值，将使得出口商的实际收入相应减少。同样道理，进口商品货款支付时，如果遇本币贬值，则进口商需要支付更多本币，从而蒙受损失。

（二）外汇储备风险

一国为应付日常外汇支付和保持国际收支平衡，常常需要保持一定数量的外汇储备。在未动用外汇储备时，这些外汇储备被投资于国际金融市场上的外币资产以求保值增值。但如果所持有的外汇储备资产的汇率长期、大幅贬值，该国的外汇储备资产的价值就会蒙受损失。

（三）外债风险

这是指对外举债因汇率变动而引起损失的可能性。如借入日元，兑换成美元进口设备，但到还债时遇到日元升值、美元贬值，则借入人需要以更多的美元兑换成日元才能够清偿外债。

为避免或减少汇率风险损失，在对外交易中需要采取一些防范措施。例如，在进口支付时尽量选择软货币（有贬值趋势或压力的货币），在出口收入外汇时尽量选择硬货币，运用远期外汇买卖进行套期保值，等等。

第三节 汇率制度的安排与演进

汇率制度是指一国货币当局对本国汇率水平的确定、汇率变动方式等问题所做的一系列规定与安排。汇率制度的类型主要有固定汇率制和浮动汇率制两种。国际汇率制度随着货币制度的变化大致经历了金本位制下的"金平价"、布雷顿森林体系下的"双挂钩"和牙买加体系下的多样化过程，各国在国际汇率制度框架下可进行选择。

一、固定汇率制与浮动汇率制的安排

（一）固定汇率制与浮动汇率制

固定汇率制是指一国货币的汇率基本固定，汇率的波动幅度被限制在较小的范围内，各国中央银行有义务维持本币币值基本稳定的汇率制度。

浮动汇率制是指政府不规定汇率波动的上下限，允许汇率随外汇市场供求关系的变化而自由波动，各国中央银行只是根据需要，自由选择是否进行干预。现实中，各国中央银行对于汇率通常会或多或少加以适度调节，干预方式可以是直接参与外汇市场活动进行外汇买卖，也可以是通过调整国内利率水平进行间接调节。这种汇率被称为管理浮动汇率。

一些发展中经济体，由于经济实力的限制难以使本国货币保持稳定的汇率水平，或为了稳定与关系最密切的国家的经济往来，而采用一种钉住汇率制，把本国货币与主要贸易伙伴的货币确定一个固定的比价，而对其他经济体的货币则随该货币锚的浮动而浮动。为此，货币当局需要在外汇市场上进行干预。

当前各国汇率制度的选择已明显地呈现出多样性，严格的固定汇率制与浮动汇率制的二分法已不符合各国汇率制度安排的实际。牙买加协定生效后，国际货币基金组织允许成员自由选择汇率制度，因此产生了各种介于固定汇率制与浮动汇率制之间的汇率制度安排。鉴于法定汇率制度在众多国家表现得名不副实，国际货币基金组织于 1999 年开始对各成员的名义汇率制度按照事实上的汇率制度进行分类，共划分为三个大类和八个小类，具体如表 3 - 2 所示。与固定汇率制不同的是，钉住汇率制下，各国货币当局可依据经济形势，一定幅度地调整其钉住的固定比价。国际货币基金组织将固定汇率制和浮动汇率制之外的各种汇率安排统称为中间汇率制。

表3-2　国际货币基金组织于 1999 年开始使用的新的汇率制度分类

种类	汇率制度分类
硬钉住汇率制	无独立法定货币的汇率安排
	货币局制度
软钉住汇率制	传统的钉住安排
	区间钉住汇率制
	稳定化安排
	爬行钉住
	类似爬行的安排

续表

种类	汇率制度分类
浮动汇率制	浮动制
	自由浮动制
剩余的汇率制	其他的有管理安排

资料来源：IMF, Annual Report on Exchange Arrangements and Exchange Restrictions 2016.

（二）固定汇率制与浮动汇率制的利弊之争

不同的汇率制度各有利弊。在汇率制度的演进中，人们对于不同汇率制度的看法一直存在争议。固定汇率制和浮动汇率制的利弊是相反的。

浮动汇率制的优点表现为：①有助于发挥汇率对国际收支的自动调节作用；②减少国际游资的冲击，以及国际储备需求；③内外均衡易于协调。但这三点则是固定汇率制的缺陷。

浮动汇率制也存在弊端：①由于汇率风险较大，浮动汇率制不利于国际贸易和投资的发展；②浮动汇率制可能助长国际金融市场上的投机活动；③浮动汇率制可能引发货币之间竞相贬值；④浮动汇率制可能诱发通货膨胀。固定汇率制则避免了上述弊端。

二、汇率制度的演进

随着货币制度的变迁，国际汇率制度的演进大致有如下三个阶段：

（一）国际金本位制下的汇率制度

在国际金本位制下，各国货币之间的汇率由它们各自的含金量之比决定。而外汇市场上的汇率则围绕两国货币含金量之比所确定的金平价上下波动，但这种波动被限定在黄金价格加减运送费用的黄金输送点之间。国际金本位制下的汇率制度是一种比较稳定的固定汇率制。其特征表现为：第一，汇率制度以黄金作为物质基础，保证了各国货币的对内价值和对外价值的稳定。第二，汇率具有自动稳定的机制，无须政府干预。尽管这种汇率制度有利于黄金拥有量更多的发达国家，也促进了世界经济和贸易的发展与繁荣，但在各国放弃金本位制以后，以黄金为基础的汇率制度亦不复存在。

（二）布雷顿森林体系下的汇率制度

在布雷顿森林体系的货币制度下确立的是以黄金—美元为基础的、可调整的固定汇率制。这一汇率制度安排的特征是"双挂钩"，即美元与黄金挂钩、各国货币与美元挂钩。各国货币的汇率也是由各货币所代表的含金量之比即法定平价决定的。它对于维护和促进第二次世界大战后各国经济的稳定与发展发挥过积极的作用，但自身存在的不合理因素和不稳定性最终导致了该货币体系和汇率制度的解体。

53

（三）牙买加体系下的汇率制度

牙买加体系下，汇率制度呈现出多样性，主要可以归纳为三大类：可调整的钉住汇率制、有限浮动的中间汇率制以及更灵活的浮动汇率制。不同的汇率制度各有优劣，浮动汇率制可以为国内经济政策提供更大的活动空间和独立性，而钉住汇率制可以减少本国居民可能面临的汇率风险，方便经济活动与核算。牙买加体系下汇率制度的特征表现为：第一，在多种汇率制度安排中，以浮动汇率制为主导，但绝不意味着固定汇率制已经消亡。第二，黄金与各国货币彻底脱钩，已不再是货币汇率的参考物，所以牙买加体系下的汇率制度是以信用货币为基础的。第三，国际货币基金组织成员可自主决定汇率制度的安排，但事先需要得到国际货币基金组织的同意。

牙买加体系下汇率制度的运行经历了多次冲击，验证了汇率制度安排的灵活性对于现行国际货币体系的稳定具有重要的意义，但是缺陷和不足也日益凸显，主要表现在：第一，牙买加体系下汇率的波动更加严重，这种过度的波动导致了货币危机，甚至是金融危机。第二，浮动汇率制并没有实现国际收支的自动调节机制，国际收支经常项目的失衡并不能通过汇率的变动自动调节。第三，牙买加体系下，一国政府对宏观经济的调控难度加大。

三、人民币汇率制度

在我国改革开放前的计划经济时期，一方面，由于对外贸易实行国家垄断，人民币汇率无须服务于对外贸易，不具备调节进出口的功能，实质上只是充当外贸的内部核算和计划编制的一种会计工具；另一方面，整个国际货币体系采取固定汇率制安排。因此，人民币汇率也是固定汇率制。人民币兑美元的汇价从 1955 年至 1981 年 12 月基本未动，汇率对贸易和国际收支调节作用微弱。

改革开放之后，我国对人民币汇率的改革也随之展开，汇率体制的演进大致可分为以下几个阶段：

（一）内部结算价与官方汇率并存阶段（1981—1984 年）

改革开放之初，为鼓励外商投资和促进开放，人民币汇率采取了用于对外贸易的内部结算价和用于非贸易的官方牌价的双重汇率制度，1985 年初两种汇率实现并轨。

（二）外汇调剂市场汇率与官方汇率并存阶段（1985—1993 年）

对外开放要求进一步改革汇率机制，在这一背景下外汇调剂市场发展起来。1993 年外汇调剂市场交易额占全部外汇交易比重已达到 80% 左右。为适应物价和外贸出口换汇成本的变化，人民币对美元汇率做了几次大幅贬值调整。调剂市场汇价成为反映宏观经济和国际收支状况的重要价格信号，并为汇率体制的进一步改革做了准备。1993 年度美元的官方汇率、外汇额度价格和调剂市场价格如表 3 - 3 所示。

表 3-3　1993 年度美元的官方汇率、外汇额度价格和调剂市场价格

月份	1	2	3	4	5	6	7	8	9	10	11	12
官方汇率	5.76	5.77	5.73	5.70	5.72	5.74	5.76	5.78	5.79	5.79	5.79	5.81
外汇额度价格／元	1.96	2.60	2.36	2.38	2.41	4.31	3.13	3.01	2.90	2.90	2.87	2.88
调剂市场价格／元	7.76	8.34	8.08	8.09	8.14	10.07	8.89	8.82	8.74	8.70	8.69	8.69

资料来源：国家外汇管理局网站。

（三）有管理的浮动汇率制阶段（1994—1997 年）

1994 年，我国外汇管理体制进行了重大改革，主要内容为：

（1）从 1994 年 1 月 1 日起，实行官方汇率和外汇调剂市场汇率并轨，人民币汇率成为以市场供求为基础的、单一的、有管理的浮动汇率。

（2）实行银行结售汇制，废止外汇留成和上缴制度。企业出口所得外汇需于当日结售给指定的经营外汇业务的银行，同时，经常账户下正常的对外支付只需持有效凭证用人民币到外汇指定银行办理。

（3）建立统一的银行间外汇市场，中国人民银行只是根据银行间外汇市场交易情况公布汇率，规定银行间市场汇率幅度及银行结售汇市场的幅度，并通过中央银行外汇公开市场操作，对人民币汇率实行有管理的浮动，形成了人民币汇率决定的市场化机制。

（4）1996 年 7 月，正式将外商投资企业纳入银行结售汇体系，结束了 1994 年以前中资企业直接通过外汇指定银行办理结售汇业务而外商投资企业则需通过外汇调剂中心办理外汇交易的差别做法。

（5）自 1996 年 12 月 1 日起，我国接受《国际货币基金组织协定》第 8 条的全部义务，不再限制不以资本转移为目的的经常性国际贸易支付和转移，不再实行歧视性货币安排和多重汇率制度，这标志着我国实现了经常账户下人民币的完全可兑换。

（四）钉住汇率制阶段（1998 年—2005 年 6 月）

1997 年，我国经济开始面临亚洲金融危机冲击和内部需求下降的双重挑战。在这一形势下，我国政府明确宣布坚持人民币汇率不贬值的方针，同时实行积极的财政政策和适度宽松的货币政策，以扩大内需。由于我国资本账户尚未全面开放，加上经济基本面因素支持，国际收支仍然保持较高的盈余，人民币对美元汇率成功坚守在 8.27 元的水平。到 2002 年前后，外部冲击带来的人民币贬值预期影响已基本化解，国际收支持续双顺差，国民经济进入新一轮景气期。在这一背景下，人民币汇率低估、升值问题又开始在国内外引起激烈争论。

（五）回归有管理的浮动汇率制阶段（2005 年 7 月至今）

2005 年 7 月 21 日，人民币汇率制度又进行了一次重要改革，新的人民币汇率制度是以市场供求为基础、参考一篮子货币进行调节、有管理的浮动汇率制度；同时宣布人民币升值

约 2 个百分点。银行间外汇市场人民币对外汇的交易价格在一定幅度内浮动。

为增强人民币兑美元汇率中间价的市场化程度和基准性，中国人民银行持续完善人民币汇率机制。自 2015 年 8 月 11 日起，实施新的人民币兑美元汇率中间价报价机制，要求做市商在每日银行间外汇市场开盘前，参考上日银行间外汇市场收盘汇率，综合考虑外汇供求情况以及国际主要货币汇率变动向中国外汇交易中心提供中间价报价。2015 年 12 月 11 日，中国外汇交易中心发布人民币汇率指数，加大了参考一篮子货币的力度，以更好地保持人民币兑一篮子货币汇率基本稳定，初步形成了"收盘价＋一篮子货币汇率变动"的人民币兑美元汇率中间价形成机制。2016 年 6 月，我国成立了外汇市场自律机制，以更多地发挥金融机构在维护外汇市场运行秩序和公平竞争环境方面的作用。2017 年 5 月，外汇市场自律机制在"收盘价＋一篮子货币汇率变动"的中间价形成机制基础上，组织各报价行在报价模型中增加了"逆周期因子"，以对冲外汇市场的顺周期性。人民币对美元双边汇率弹性逐渐增强，双向浮动的特征更加显著，汇率预期平稳。

改革开放是我国制度和政策演变的主要推进力量，是推动 40 多年来经济持续高速增长的重要制度因素。人民币汇率制度与政策调整的主要内容，就是要确立一个与改革开放进程相适应并能够反映和适应经济基本因素的汇率决定机制。

✑ 本章小结

1. 外汇可以从动态和静态两个角度理解。汇率是两种货币之间兑换的比率。汇率标价方法分为直接标价法和间接标价法。按照不同的标准，汇率可分为不同的类型。

2. 早期汇率决定理论有国际借贷理论、购买力平价理论、汇兑心理学说和利率平价理论。现代汇率决定理论主要有货币分析法、资产组合分析法、换汇成本说等。

3. 本币贬值有利于出口，不利于进口；本币升值有助于抑制国内物价上涨；反之，本币贬值可能带动国内物价上涨；汇率波动对长期资本流动的影响较小，本币升值会吸引短期资本流入，本币贬值则可能引起短期资本流出。

4. 汇率风险主要影响进出口贸易、外汇储备价值和外债负担。

5. 固定汇率制和浮动汇率制各有利弊，一般来说，固定汇率制有利于国际贸易和投资的稳定发展，有利于市场稳定；而浮动汇率制有利于国际收支的自动调节，减少国际投机冲击，实现内外均衡。

6. 改革开放以来，人民币汇率制度不断深化改革，汇率的市场化形成机制进一步完善，初步建立了以市场供求为基础、参照一篮子货币进行调节、有管理的浮动汇率制度。

✑ 思考题

1. 比较外汇、外币与本币的异同。一国居民持有的外汇在本国境内是否具有货币的各种职能?

2. 概括决定和影响汇率的因素。改革开放以来，影响和决定人民币汇率变动的因素有哪些?

3. 汇率的波动对一国经济和金融会产生什么样的影响?

4. 浮动汇率制与固定汇率制各自的利弊是什么? 汇率市场化是否意味着实现完全的浮动汇率制?

5. 了解我国目前的外汇管理制度，并讨论为什么人民币还不是完全可兑换货币。

6. 想一想，人民币升值对我们的生活有哪些影响。

第四章　信用与信用体系

问题导入

在我们的生活中，信用几乎无处不在。居民结余要存款，买房要贷款，购物刷信用卡；企业在银行有存款，但更多是贷款；各级政府也在不断借债，近年来，欧美各国政府深受债务危机的困扰。社会经济各部门都被信用关系包围着。为什么信用活动如此普遍？信用及信用体系是如何运行的？它存在的形式有哪些？社会经济各部门、各经济主体之间的信用关系和地位如何？本章将从信用的产生和发展，现代信用关系形成的宏观经济基础，信用形式，信用活动中的金融工具和金融资产，现代信用体系的构建等方面对上述问题进行解析。

学习目标

1. 了解信用产生和发展的历史及其演变，掌握高利贷的特点和作用；
2. 掌握现代信用活动的基础与特征，熟悉现代经济与信用的关系，了解信用风险及其影响；
3. 了解信用形式的种类和特点，熟悉我国的信用形式及其发展；
4. 了解金融工具和金融资产的内涵、类型，理解金融资产的风险和收益的关系；
5. 掌握现代信用体系的构成，了解我国信用体系的建设与发展。

第一节　信用概述

一、信用的产生与发展

信用包含两个相对独立又具有密切联系的含义：道德范畴的信用和经济范畴的信用。道德范畴的信用指的是诚信，即通过诚实履行自己的承诺而取得他人的信任。"言必信，行必果"（《论语·学而》）中的"信"指的就是诚信。经济范畴的信用是指以还本付息为条件的借贷活动，体现了债权债务关系。但是，经济范畴的信用必然涉及道德范畴的信用。因为对借款人而言，未来能否兑现还本付息的承诺，除了借款人不可控的风险因素，在很大程度上还取决于其是否具有信守承诺的意愿。

（一）信用的产生及高利贷

从逻辑上讲，私有财产的出现是借贷关系赖以存在的前提条件。只有在私有财产制度下，借贷作为一种经济行为才具有存在的必要性，因为它解决了以不损害所有者利益为前提的在不同所有者之间进行财富调剂的问题。

最古老的信用形式是高利贷，高利贷始于原始社会末期，是奴隶社会和封建社会最基本的信用形式。由于自然经济条件下借贷资金供不应求、高利贷者集中垄断、信用风险大，高利贷者在确定利息时不仅具有绝对的话语权，往往还具有很大的随意性。因此，高利贷的利率极高，利率不稳定且差异极大。高利贷的残酷剥削，一直招致民众的强烈反抗。在资本主义生产方式确立之后，随着现代银行和信用货币的发展，借贷资本的供给能力空前提高，才使高利贷的垄断地位被摧毁，但是这并不意味着这种信用形式不复存在。相反，在落后的国家或一国的落后地区，高利贷活动仍十分猖獗。即使是在发达国家或发达地区，在特定时期和特定领域，高利贷活动仍会由于资金供给趋紧而死灰复燃。

（二）信用的发展与金融范畴的形成

信用和货币是两个不同的经济范畴。信用是一种借贷行为，它在不同所有者之间调剂财富余缺中扮演着非常重要的角色。货币是一般等价物，是不同所有者之间进行商品交换的媒介。在现代市场经济出现之前，这两个范畴的发展一直保持着相对独立的状态。当货币以实物和金属货币形态存在时，它是以其内在价值与各种有价物交换，货币本身与信用没有任何必然的联系。与之相对应，在前资本主义社会，信用一直以实物借贷为主，信用关系的建立和发展也没有完全依赖于货币，即使是那些随着货币借贷发展而出现的信用流通工具，在当时也不是流通中货币的主要形态。

随着现代银行的出现，有了银行券和存款货币。随着金属货币逐步退出流通，银行券和存款货币逐渐变得不可兑现，并在 19 世纪末 20 世纪初完全占领流通领域而成为货币的主要形态。此时，任何货币的运动都是以信用为基础的，无论是银行券还是存款货币，其本身就是信用的产物，都意味着相应的债权债务关系，流通的都是信用货币。与此同时，实物信用在整个信用规模中的比重已经变得微不足道，任何信用活动都是以货币为载体，信用的扩张与紧缩意味着对货币供给与流通的调整，微观主体的信用活动意味着货币在不同主体之间流动。此时的货币运动与信用活动融为一体，二者相互渗透、不可分割，不存在独立于信用的货币和货币制度，也不存在不依赖于货币的信用体系。

当货币流通与信用活动变成了上述情况时，在经济生活中就增添了一个由信用货币与货币信用相互渗透、相互融合而形成的新范畴——金融。"金融"一词，其本意就是"资金的融通"，即"以货币为载体的借贷活动"，而这正好与以上新范畴的外延相吻合。只是在金融范畴出现以后，货币和信用作为两个重要的范畴，仍然会存在于经济和社会生活之中。

> **原理 4-1：**
> 　　信用与货币经历了由独立发展到相互交错再到完全融合的过程，当信用货币与货币信用融为一体时，便形成了新的范畴——金融。

（三）现代信用活动的基础与特征

信用是一种借贷活动，是债权债务关系的体现，而债权债务关系的发生是由收支状况决定的：如果收入小于支出，就需要借入资金，从而形成债务；如果收入大于支出，利用盈余放贷就会形成债权。以货币形式持有盈余，同样意味着对银行体系的债权：持有现金，意味着对中央银行的债权；持有存款，则意味着对商业银行的债权。

从第一章中可知，在现代经济生活中，各经济主体往往是既有借入又有贷出，即扮演着债务人和债权人的双重角色。从这一意义上讲，债权债务关系的形成，尽管与经济主体的赤字和盈余密切相关，但并不必然依赖于赤字和盈余。盈余单位可能会拥有债务，而赤字单位也可能会拥有债权。各经济主体之间都存在着错综复杂的信用关系。债务关系无所不在、相互交织，形成了一个覆盖整个经济生活的庞大网络。信用已经成为经济活动的重要组成部分。从宏观经济五大部门的角度看，每个部门都与信用活动发生密切的关联，在信用关系中居于不同的地位，产生不同的影响。

1. 信用关系中的居民

居民主要是指有货币收入的自然人。就单个居民而言，既可能收大于支形成结余，也可能收不抵支而需要借入资金。但一般来说，居民支出主要依靠其收入，由于在生命周期中个人能够取得收入的时间要短于其生存的时间，为了能够在没有收入时保持一定的生活水准，居民不可能将当期收入全部花光，通常会有所结余。因此，居民部门在信用活动中总体上是盈余部门，对其他部门拥有净债权。

2. 信用关系中的企业

企业在信用关系中是至关重要的一环。企业既是资金的主要供给者，也是资金的主要需求者。现代经济中的企业通常都具有明显的扩张性。企业扩张需要以增加资金投入为基础，以信用方式借入资金是解决资金需求的最有效途径。就单个企业而言，既可能因盈余而拥有净债权，也可能因赤字而需要借入资金。但是，企业作为一个整体，是国民经济五个部门中最大的赤字部门，对外承担净债务。

3. 信用关系中的政府

政府在信用关系中的地位是由政府的财政收支状况决定的。财政收入主要来自税收，大部分税收都有一个固定的税率和缴纳时间，通常比较稳定。财政支出则由于经济社会等环境的变化而不太稳定。收大于支，会形成财政结余；收不抵支，则会形成财政赤字。综观世界各国的财政运行会发现：尽管财政收大于支的情况并不少见，但财政收不抵支而出现财政赤字也是一种常态。政府弥补财政赤字最常用的手段就是举债，即政府作为债务人，以发行国债的方式向其他部门借款，从而与本国居民、企业、金融机构以及国外部门建立了信用关系，成为这些部门的债务人。

4. 充当信用中介的金融机构

金融机构的主要功能就是充当信用中介或信用媒介。作为信用媒介，金融机构一方面从社会各个部门吸收和聚集资金，另一方面通过贷款、投资等活动将所筹集的资金运用出去。吸收资金形成金融机构的负债，运用资金形成金融机构的债权，因此，金融机构的日常经营活动本身就是信用活动。

5. 信用关系中的国外部门

如果将除本国之外的所有经济体视为一个整体，则形成了与国内部门相对应的国外部门。国内部门与国外部门之间的商品和服务交易、资金流动以及由此形成的债权债务关系，其流量体现为一国的国际收支状况，可以用国际收支平衡表来显示，其存量变化体现为该国国际投资头寸的变化，通常用国际投资头寸表加以反映。国际收支盈余则表现为顺差，顺差意味着向国外部门提供了相应规模的信用并增加对外债权（或减少对外债务），逆差则意味着从国外部门借入相应规模的资金并增加对外债务（或减少对外债权）。国际投资头寸表反映了因上述流量引起的对外资产和负债存量以及对外资产负债净值的变化。如果国际投资头寸表显示对外净资产，则意味着对外拥有净的债权；反之，则意味着对外承担净的债务。

> **原理 4-2：**
> 国民经济中，居民、企业、政府、金融机构与国外五个部门的资金余缺状态及其调剂需求是现代信用关系存在的经济基础。

二、直接融资与间接融资

直接融资是盈余方直接把资金贷给赤字方使用，即赤字方通过发行所有权凭证或债权债务凭证融入资金，而盈余方则通过购买这些凭证向赤字方提供资金。证券市场的投融资活动通常被视为直接融资的典型代表。在证券投融资活动中，尽管也会有中介机构参与其中，但其职责是为盈余方和赤字方牵线搭桥，通过为证券发行和流通提供相关服务赚取佣金和其他服务收入。

间接融资是盈余方和赤字方以金融机构为中介而进行的融资活动。银行信用通常被视为间接融资的典型代表。在银行参与的融资活动中，银行作为资金的最终提供者（盈余方）与资金的最终使用者（赤字方）之间的媒介，一方面以债务人身份与盈余方（主要是存款人）建立信用关系，另一方面以债权人身份与赤字方（主要是贷款人）建立信用关系。在间接融资活动中，金融机构需要同时扮演债权人和债务人的双重角色：通过债务人身份获得资金来源以实现资金集中，通过债权人身份运用资金以实现资金分配。

此外，融资过程中"是否必须发生金融工具的替换"也可作为区分直接融资和间接融资的依据。在资金由盈余方向赤字方流动的融资过程中，如果只需要一种金融工具就可以完成融资活动，即直接融资；如果需要借助两种或两种以上的金融工具（必须发生金融工具的替换）才能实现，则为间接融资。

直接融资和间接融资各有优点，也各有局限性。

直接融资的优点表现为：一是资金供求双方之间构成直接的债权债务关系，将债务人的资金使用状况与债权人的利益紧密联系起来。二是由于剔除了间接融资活动中金融中介的价差收益，在盈余方获得更高回报的同时，赤字方可能以更低的成本融入资金。三是资金供求双方可根据各自不同的融资要求或条件，尤其是可以在筹资规模和风险承担方面进行灵活组合，以满足不同投资者的风险偏好与收益要求。直接融资的局限性表现为：一是直接融资的便利程度及其融资工具的流动性会受到金融市场发达程度的制约；二是在直接融资活动中赤字方凭借自己的信用度筹集资金，当其信用等级不高时，资金供给者通常需要承担较大的风险；三是在以债券和股票公开发行方式筹集资金的直接融资活动中，信息披露通常会与筹资方保守商业秘密的要求相冲突。

间接融资的优点表现为：一是间接融资的风险主要由金融机构承担，金融机构可通过多样化的投资组合分散风险，资金的安全性更高。二是在间接融资活动中，金融机构提供的资金可以在数量和期限方面具有很大的灵活性，筹资者的资金需求可以更加方便、及时地得到满足。三是融资活动不需要筹资方进行公开的信息披露，有利于保护筹资方的商业秘密。间接融资的局限性表现为：一是割断了资金供求双方的直接联系，减少了投资者对资金使用状况的关注和压力，资金运用和资源配置的效率更多地依赖金融中介的素质；二是金融中介要从经营服务中获取包括服务收费和利差在内的收益，增加了筹资者成本，并降低了投资者的收益；三是对间接融资中介的监管通常会比较严格、保守，其资金运用很难满足新兴产业和高风险项目的融资要求，不利于对创新性企业的发展提供资金支持。

在金融发展的历史上，直接融资活动是先于间接融资活动存在的。在现代经济发展的过程中，直接融资和间接融资各有特色，在充分发挥各自优点的同时，也在相互弥补对方的缺陷，并有通过产品和组织机构创新而相互交错发展甚至逐步融合的趋势。

三、信用风险和杠杆率

（一）信用风险

信用风险是指债务人因各种原因未能及时、足额偿还债务而出现违约的可能性。在现代经济中，由于信用关系无所不在，债务人违约的信用风险也就变得非常普遍。当出现违约事件时，债权人会因为未能得到预期收益而出现财务上的损失。在债权人通常也同时拥有债务的情况下，其债权无法收回自然会影响其债务的偿还，因此导致违约事件的连锁发生。在

2007 年由次贷危机引发的席卷全球的金融危机以及后续的债务危机中，人们已经深刻体会到信用风险沿债务链传导所带来的严重后果，并对信用风险给予足够的重视。一般信用违约的出现包括债务人刻意违约和被迫违约两种情况。

1. 刻意违约

基于债务人道德风险的刻意违约，一定是其违约收益要远远高于其失信成本，这需要通过制度设计来加大违约的惩罚力度、增加违约的成本，从而减少刻意违约事件的发生。

2. 被迫违约

债务人因客观原因被迫违约：一是因经济运行的周期性，在经济扩张期信用风险会明显降低，因为较强的盈利能力会使总体违约率下降；而在经济紧缩期，信用风险则会明显增加，因为盈利情况的总体恶化会导致债务人不能及时、足额还款的可能性增加。二是发生了财务收支失常或对公司经营有负面影响等特殊事件，导致债务人无力还款。如由三鹿奶粉引发的"三聚氰胺事件"，使得我国所有涉及这一问题的牛奶企业都受到了打击，并直接导致了三鹿集团倒闭破产，也使得许多相关企业出现违约。

（二）杠杆率

杠杆率一般是指资产负债表中权益资本与总资产的比率。杠杆率可以反映债务人的还款能力，是主要用于衡量债务人负债风险的指标。一般来说，杠杆率越高，信用风险就越大，通过分析政府、企业、居民、金融机构等不同主体的杠杆率可以判断其信用风险的大小。因此，针对近年来在我国经济迅速发展的过程中各部门杠杆率偏高的问题，我国从 2015 年底就把去杠杆作为防范金融风险的重要措施。

第二节 信用形式

一、商业信用

商业信用是指在工商企业之间买卖商品时，卖方以商品形式向买方提供的信用。赊销是商业信用中最为典型的形式，它包含两种同时发生的经济行为：商品买卖与货币借贷。它等同于在商品买卖完成的同时，买方因无法实时支付货款而对卖方承担了相应的债务。为了保障商业信用中买卖双方的权利，产生了表明双方债权债务关系的书面凭证——商业票据。商业票据可以经债权人背书后转让流通，能够发挥流通手段和支付手段的职能，因此也被称为商业货币。

商业信用有利于商品顺利销售，使得资金短缺的企业也能及时购入商品，促进了生产和流通的顺畅进行，还有利于企业之间建立相对稳定的供求链条关系。但是，商业信用也存在局限性：首先是规模上的局限性，商业信用以商品买卖为基础，其规模会受到商品买卖数量的限制；其次是方向上的局限性，商业信用通常是由卖方提供给买方，由生产原材料的上游企业提供给需要原材料的下游企业，一般很难逆向提供；最后是期限上的局限性，其期限一般较短，通常只能用来满足短期资金融通的需要。

中华人民共和国成立初期，商业信用在我国企业融资活动中占有相当大的比重。但在"一五"期间，出于资金集中管理和计划分配的要求，国家集中信用于国家银行，取消了商业信用。改革开放后，我国商业信用逐步得到恢复。1995 年《中华人民共和国票据法》颁布，为商业信用发展提供了法律依据。但是，总体而言我国商业信用的发展相对迟缓。

二、银行信用

银行信用是银行或其他金融机构以货币形态提供的信用。银行信用是伴随着现代资本主义银行的产生，在商业信用的基础上发展起来的。银行信用具有三个突出特点：第一，银行信用的资金来源于社会各部门暂时闲置的资金，银行通过吸收存款的方式将其积聚为巨额的可贷资金，因而银行的资金贷放可以达到非常大的规模。第二，银行信用是以货币形态提供的，因此它可以独立于商品买卖活动，具有广泛的授信对象。第三，作为银行信用的存贷款在数量和期限上都具有相对的灵活性，可以满足存贷款人在数量和期限上的多样化需求。由于银行信用在资金提供规模、资金流向与范围、借贷期限三个方面都克服了商业信用的局限，因而成为现代经济中最基本、占主导地位的信用形式。

银行信用与商业信用有着极为密切的联系。在银行信用发展的初期，银行通常是通过办理商业票据贴现和抵押贷款、为商业汇票提供承兑服务等业务介入商业信用领域的。在银行信贷业务独立发展且规模日趋庞大的今天，上述与商业信用密切相关的银行信用也仍然是银行的核心业务之一。

在我国，银行信用一直居于主导地位。在高度集中的计划经济时期，我国为集中资金的支配权，曾经取消了其他信用形式，将信用集中于银行，银行信用也就成为经济社会中唯一的信用形式。改革开放以后，随着金融市场的恢复与发展，各种信用形式都得到了不同程度的发展，但总体而言，银行信用仍然是我国最主要的信用形式，这一点可以从表 4-1 我国社会融资规模统计中得到明显体现。

表 4-1　我国社会融资规模统计 　　　　　　　　　　　　　　　　　单位：亿元人民币

项目	2014 年融资量		2019 年融资量	
	数量	比重	数量	比重
社会融资总额	186 318	100%	2 514 100	100%
人民币贷款	97 816	52.5%	1 515 700	60.31%
外币贷款	3 554	1.9%	21 100	0.99%

项目	2014 年融资量		2019 年融资量	
	数量	比重	数量	比重
委托贷款	25 070	13.5%	114 400	4.55%
信托贷款	5 174	2.8%	74 500	2.96%
未贴现银行承兑汇票	−1 285	−0.7%	33 300	1.33%
非金融企业境内股票	4 350	13.0%	73 600	2.93%
政府债券	21 747	2.3%	377 300	15.01%
企业债券	24 253	9.5%	235 600	9.34%
存款类金融机构资产支持证券	—	—	16 800	0.67%
贷款核销	—	—	40 700	1.91%

资料来源：中国人民银行网站。

三、政府信用

政府信用是指政府作为一方的借贷活动及政府作为债权人或者债务人的信用活动。

政府信用是一种很古老的信用形式。在我国历史上就有过许多关于政府借贷活动的记载。在历史上，政府除作为债务人从民间借款，也会作为债权人发放贷款。在现代经济活动中，政府信用主要表现为政府作为债务人而形成的负债。这是因为政府在现代经济中的职能得到了空前强化，政府不仅本身作为最重要的经济部门参与经济活动，而且作为宏观经济的调控者对经济进行干预。在政府履行经济职能的过程中，当财政收入无法满足财政支出的需要时，就需要借助政府信用来筹集资金。特别是当政府通过财政政策干预经济时，它通常会主动利用政府信用筹集资金，以增强政府干预经济的力量。

在现代经济中，政府信用的形式主要有内债和外债两种。内债是对国内的负债，外债则是对其他国家的负债。政府信用主要包括中央政府债券、地方政府债券和政府担保债券三种形式。

中央政府债券亦称国债，是一国中央政府为弥补财政赤字或筹措建设资金而发行的债券。地方政府债券是由地方政府发行的债券，或是以地方政府的税收、行政规费等各项收益为偿还来源，或是以某一特定工程或某种特定业务的收入为偿还来源的债券。政府担保债券是指政府作为担保人而由其他主体发行的债券，政府担保的主体通常是政府所属的企业或者那些与政府相关的部门。政府担保债券的信用等级仅次于政府债券。例如，在次贷危机中破产的美国抵押贷款巨头房利美和房地美发行的债券就属于这类债券。

中华人民共和国成立之后，我国充分运用了政府信用的形式。我国的国债发行可分为三个阶段：第一阶段是新中国成立后的 1950 年，发行了人民胜利折实公债等，主要用于恢复国民经济。第二阶段是 1954 年至 1958 年，发行了国家经济建设公债等（1959 年至 1980 年停止发行公债）。第三阶段是 1981 年至今，我国每年都发行国债。政府信用已经成为财政政策的重要工具，对调节我国的经济总量与经济结构发挥了重要作用。

四、消费信用

消费信用是工商企业、银行和其他金融机构提供给消费者用于消费支出的一种信用形式。消费信用主要包括如下几种形式：

（1）赊销。赊销是工商企业对消费者提供的短期信用。

（2）分期付款。分期付款多用于购买房屋、汽车或各种高档耐用消费品，属中长期消费信用。

（3）消费贷款。消费贷款是银行及其他金融机构采用信用放款或抵押放款方式对消费者发放的贷款。消费贷款的期限一般比较长，最长可达 30 年，属于长期消费信用。此外，信用卡也是一种消费信用，银行等机构向客户发行信用卡，客户可在信用额度内购买商品或做其他支付，也可提现。商户在每天营业终了时向发卡机构索偿款项，发卡机构再与持卡人定期结算清偿。

消费信用的发展，能在很大程度上有效地解决耐用消费品供给快速增加与居民当期购买能力相对不足之间的矛盾，是扩大有效需求、促进商品销售的一种有效手段。通过调整消费信用的规模和投向，能够在一定程度上调节消费需求的总量和结构，有利于市场供求在总量和结构上的平衡，同时也是帮助个人实现生命周期内财物安排的最有效途径。但是，消费信用也会掩盖消费品的供求矛盾，容易导致虚假需求，过量发展消费信用容易导致信用膨胀。

五、国际信用

国际信用是指一切跨国的借贷关系和借贷活动。国际信用体现的是国与国之间的债权和债务关系，直接表现为资本在国际上的流动，是国际经济联系的一个重要方面。对债权国来说，国际信用意味着资本的流出；对债务国而言，国际信用则意味着资本的流入。对债务国而言，这部分流入的资本被称为"外资"，而由此形成的对外债务被称为"外债"。

国际信用大体上可以划分为两大类：国外借贷和国际直接投资。国外借贷是指一国与该国之外的经济主体之间进行的借贷活动，主要包括出口信贷、国际商业银行贷款、外国政府贷款、国际金融机构贷款、国际资本市场融资、国际融资租赁等。国外直接投资是指一国居民、企业等直接对另一个国家的企业进行生产性投资，并由此获得对投资企业的管理与控制权。

我国在改革开放之前，一直实行计划经济的政策，实行严格的资本管制。改革开放以后，我国逐渐将利用外资作为发展经济、促进技术进步的重要手段之一，对国际信用也从先前的全盘否定，转变为适度发展和合理利用。这主要表现为对不同形态的国际信用进行区别对待和分类管理：在严格控制外债规模和结构的同时，对国外直接投资采取鼓励的态度。我国对资本市场的对外开放也一直秉承审慎的态度，通过积极、有序地推进资本市场的对外开放，有效地防范了国际资本流动可能对我国经济产生的冲击。随着我国出口竞争力的增强，我国已经由过去的净债务国转变为净债权国，对外净债权的规模出现了快速增长，由 2004 年末的 2 362 亿美元快速增加到 2018 年末的 21 301 亿美元。

第三节　金融资产与价格

一、金融资产与金融工具及其特征

金融资产是单位或个人所拥有的以价值形态存在的资产，是与实物资产相对的概念。金融资产以表明交易双方的所有权或债权关系的金融工具为载体，其最大的特征是能够在市场交易中进行交易，并为其所有者提供即期或远期的货币收入流量。金融工具是指经济活动主体之间在进行金融交易时签订的各种金融合约。只有从持有者的角度看，金融工具才是金融资产；而从发行者的角度看，存款、票据、债券等金融工具则是其负债。

（一）金融工具的特征

1. 法律性

金融工具的本质是承载信用关系的契约，契约就需要法律做保障，因此，金融工具具有显著的法律特征：法律保护金融工具下的债权与债务；金融工具的交易、执行、履约等过程都有明确、详细的法律保障条文，保护交易各方的利益和保证义务的履行。

2. 流动性

流动性是指金融工具的变现能力或交易对冲能力。金融工具都是可交易的，有相应的流通市场，在市场上变现或对冲，正是金融工具流动性的表现。不同金融工具的变现能力不同，货币是具有完全流动性的金融工具，存款、贷款、股票、债券等金融工具的变现能力则相对较差。

3. 收益性

收益性是金融工具给交易者带来的货币或非货币收益。货币作为流动性最强的工具，不能给持有人带来任何利息收益，但是能够带来非货币收益——解决了支付需要，方便了交易；股票、债券等金融工具可以给持有人带来股息、利息等收益；信用证、信贷额度等金融工具，给持有人带来的是交易、结算的便利，应对或有交易的便利；衍生工具给持有人带来的可能是货币收益，如期货买卖价差收益，也可能是非货币收益——避险的效用。

4.风险性

风险性是金融工具市场价值变化给持有人带来收益与损失的不确定性。无论是有价证券等基础性金融工具，还是期货期权等衍生工具，市场交易过程中都会受政治、经济、心理等因素的影响，价格总是处于起伏变化当中。价格变化意味着金融工具的市场价值在变化，与金融工具持有人成本及预期发生偏离，持有人的预期收益不确定，可能出现损失。风险性是金融工具与生俱来的特征。

（二）金融资产的分类

按照不同的标准，金融资产可以划分为不同的类型。

国际货币基金组织从流动性的角度将金融资产划分为八大类：①货币黄金与特别提款权；②通货与存款；③股票以外的证券；④贷款；⑤股票和其他权益；⑥保险准备金；⑦金融衍生工具；⑧其他应收或应付账款。

按照金融资产赋予持有人的权利和应履行的义务，可以将金融工具大体上分为债权类金融工具、股权类金融工具、衍生类金融工具和合成类金融工具。债权类金融工具载明的是持有人对发行人的债权，主要是债券、存贷款等工具；股权类金融工具载明的是持有人对发行公司财产的所有权和剩余索取权等，主要是股票、其他权益类工具；衍生类金融工具是基于原生性或基础性资产的远期性契约，主要有期货、期权、互换等；合成类金融工具是一种跨越了债券市场、外汇市场、股票市场和商品市场中两个以上市场的金融工具，如证券存托凭证等。

二、金融资产的风险与收益

（一）金融资产的风险

1.信用风险

信用风险是指金融资产的发售人不履行承诺，或者在金融资产清偿支付前破产、消亡，导致投资人资产全部或部分损失的可能性。

2.市场风险

市场风险是指金融资产价格由于基础金融因素的影响发生变化，使投资者资产的市场价值低于投资本金而发生损失的可能性。

3.流动性风险

流动性风险是指某种金融资产在市场交易过程中出现买盘或卖盘为零时，资产持有人因找不到交易对手无法变现的风险。

4.操作风险

操作风险是指由于交易过程中技术系统出现问题或交易人员工作失误而导致投资者无法在理想的时间和价格上卖出资产，或者由于交易过程失误而导致交易指令出错造成损失的可能性。

5. 法律风险

法律风险是指金融资产交易过程中，有关各方签署的协议不符合法律规定，交易中存在违反监管规定的情况，如内幕交易、操纵价格等，事后被有关部门处罚的风险。

6. 政策风险

政策风险是指宏观经济政策，对外政治、经济、外交、军事等政策变化导致金融资产价格变化，给投资者带来损失的可能性。

7. 道德风险

道德风险是指金融资产的出售人不能如实履行信息披露义务，夸大或隐瞒信息，财务上弄虚作假，控制人利用信息优势为自己牟利，损害投资者利益的可能性。

8. 系统性风险与非系统性风险

无法通过资产组合规避的风险称为系统性风险。非系统性风险是指通过增加资产持有的种类能够相互抵消的风险。

（二）金融资产的收益

金融资产给持有者带来的收益不外乎两类：一是利息、股息与红利等现金流收益；二是资产买卖价差收益，也称资本利得。一般来说，在无风险利率一定的条件下，金融资产的利息、股息与红利等现金流收益的高低是决定金融资产市场价格的主要因素，影响买卖价差收益的大小。收益高低的衡量可以采用相对指标——收益率，它是金融资产收益与购买金融资产现值之比。

（三）金融资产风险与收益的关系

如果从金融资产大类划分看，名义收益相对比较低的债券风险要比相对较高的基金风险小，而基金的风险又比股票小，这就是人们常说的风险与收益正相关。但是，同一类资产会因发行主体的不同而出现风险高低的差异，例如，政府发行的债券要比企业发行的债券风险小；债券型基金的风险比股票型基金的风险小；每股收益相同的股票，风险也不一定相同。因此，风险与收益之间的关系不是简单的等比例关系。从投资者角度看，风险与收益的关系体现的风险的大小是由投资者未来实际投资收益率与期望投资收益率的偏离程度决定的，偏离程度越大，风险就越大。

三、金融资产的价格与证券估值

（一）金融资产的价格

1. 票面价格、发行价格与市场价格

票面价格是有价证券的面值，即发行时规定的账面单位值。发行价格是指有价证券在公开发行时投资者认购成交的价格。发行价格分为三种情况：平价即发行价格等于票面价格；折价即发行价格低于票面价格；溢价即发行价格高于票面价格。市场价格是指有价证券公开在二级市场上流通交易时的价格。市场价格受到多种因素的影响，可能高于发行价格，也可能低于发行价格。所谓"破发"，就是指市场价格跌破了发行价格。

2. 证券市场价格衡量——价格指数

证券市场价格的总体变化采用价格指数来衡量。按照不同品种，价格指数分为股票价格指数、债券价格指数、基金价格指数等。按照指数包括的样本数量划分，指数可以分为综合指数和成分指数。综合指数是将全部上市的证券纳入指数，成分指数则是选取有代表性的证券作为指数的样本。从股票价格指数编制情况看，一般采用相对指标和绝对指标两种模式。相对指标是确定一个基期，加权计算出样本股票的市值，后续报告期样本股票的市价总值与报告期市价总值的比值乘以 100 就可以得到报告期的股价指数。上海证券交易所股票价格综合指数、深圳证券交易所成分指数，就是采用这种编制方法。绝对指标是直接采用样本股的市场价值总额作为指数，如道琼斯工业股 30 指数、日经 225 指数等。

（二）有价证券价值评估

证券价值评估是对有价证券的内在价值做出科学、合理的评判，进而找出市场价格与理论价值之间的偏离程度，为投资决策提供依据。影响有价证券价值的因素有证券的期限、市场利率水平、证券的名义收益与预期收益水平等。市场价格的变化除了受这些基本因素影响外，还会受到政治、经济、外交、军事等诸多因素的影响。价值评估以分析可测度的基础因素为主，其评估方法包括绝对价值评估和相对价值评估。这里主要介绍相对价值评估。

有价证券的相对价值评估通常使用以下两个指标：

1. 市盈率

市盈率是反映股票市场价格高低的一个相对指标，是股票市价除以每股盈利的比值。其计算公式为：

$$市盈率 = \frac{股票市价}{每股盈利} \tag{4-1}$$

一般情况下，一只股票的市盈率越低，股票市价相对于股票的盈利能力越低，表明投资回收期越短，投资风险就越小，股票的投资价值就越大；反之，则结论相反。市盈率有两种计算方法：一是股票市价与过去一年每股盈利的比率；二是股票市价与本年度每股盈利的比率。第二种市盈率反映了股票现实的投资价值。

2. 市净率

市净率是指股票市价与每股净资产之间的比值，比值越低，意味着风险越低。其计算公式为：

$$市净率 = \frac{股票市价}{每股净资产} \qquad (4\text{-}2)$$

每股净资产是股东权益与总股数的比值。一般来说，市净率较低的股票，投资价值较高；反之，投资价值较低。但是，在判断投资价值时，还要考虑当时的市场环境以及公司经营情况、盈利能力等因素。

四、金融资产的配置与组合

金融资产投资组合是从时间和风险两个维度配置资产的。从时间角度看，投资期限是决定收益的重要因素。一般来说，投资期限短的金融资产，其收益水平也比较低。不同期限的投资品种如何配置才能使收益达到预期水平，是资产组合投资首先需要考虑的问题。从风险角度看，高收益通常与高风险联系在一起，投资收益比较高的资产，风险也相对较大。投资组合在确定不同期限的投资品种以后，需要在同类品种当中进行风险评估，依据风险偏好进行资产选择。实现资产的有效组合是投资管理的核心。

（一）现代资产组合理论

现代资产组合理论是针对化解投资风险的可能性而创立的资产定价理论体系。通过持有资产的多元化来分散投资风险是最朴素的资产组合思想。现代资产组合理论通过建立数学模型进而精确地计算各种资产的持有量来分散投资风险。但是，因为存在系统性风险，通过分散投资、构建投资组合并不能完全消除风险。同时，投资组合不可能包括所有类别的所有资产。因此，投资组合可以分散风险，但无法消除风险。

（二）金融资产的有效组合与最佳组合

金融资产组合第一个要考虑的因素是选择什么时间性质的资产，即选择固定期限的债券，还是选择没有到期日的股票。选择什么期限的资产就是资产在时间维度上的配置。单纯的时间选择不可能决定投资组合中资产的最终取舍，因为证券的期限并不能完全说明风险的大小，相同期限的相同性质证券其风险也是有差异的。金融资产组合第二个要考虑的因素就是如何在风险维度上进行资产的配置。从实际操作过程看，资产在时间维度的配置很难与其在风险维度的配置完全分开。

由于收益的高低与资产的期限有一定的联系，通常是期限长的资产收益率高，那么可以将收益率看作时间变量的替代变量，投资者资产配置在时间和风险两个维度上均衡配置可以有无数个组合点，如图 4-1 所示。图 4-1 中的点为资产组合对应的风险与收益。那么，这些组合点是否都有效呢？

现代资产组合理论提出了有效边界的概念，它是指在相同风险度上收益最大的点连成的曲线，在这条线上的组合都是有效的——同等的风险上具有最高收益率。图 4-1 中，曲线

ADB 就是有效边界，其他点上的资产组合都是无效组合。如 C 点与 B 点的风险相同，但收益小于 B 点；C 点的收益与 D 点相同，但风险大于 D 点，因此，C 点所代表的投资组合是一种无效组合。

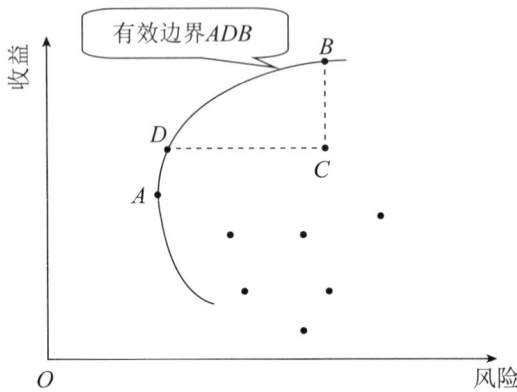

图 4-1　资产组合曲线与有效边界

在有效边界上的资产组合是有效资产组合，那么，如何才能确定最佳组合点呢？因为每个投资者的风险偏好不一样，所以最佳组合对于不同的投资者是不同的。喜欢冒险的投资者会选择 B 点处的资产组合，风险厌恶者则会选择 A 点处的资产组合，中性风险偏好的投资者则会选择 D 点处的资产组合。

第四节　现代信用体系

一、信用制度与规范

信用制度是规范和约束社会信用活动和信用关系的行为规则，有狭义和广义之分。狭义的信用制度是指国家管理信用活动的规章制度和行为规范。广义的信用制度则是由相互联系、相互制约的信用形式、信用工具及其流通方式、信用机构和信用管理体制有机形成的统一体。从层次上看，信用制度既有对信用活动本身的规范和约束，也有为保证信用安全和秩序而进行的制度安排。从形式上看，信用制度安排既有正式的法律法规，也有非正式的约定俗成的道德规范。

信用制度是保证信用活动正常进行的基本条件。在不同的社会经济发展阶段，信用制度的形式和内容也有很大的差别。现代经济是信用经济，信用关系错综复杂，信用在经济中发挥着举足轻重的作用。信用缺失、信用危机会直接危及社会经济乃至政治的稳定与发展，信用制度是否完善影响巨大。同时，现代经济也是法治经济，在自然经济中起重要作用的约定俗成的道德规范已经无法适应现代经济错综复杂的信用关系的需要，具有强制力的法律法规成为现代信用制度的主要构成形式。从各国社会经济发展来看，以法律为主体、完善的信用制度是信用活动健康发展的重要基石。

二、现代信用体系的构建

在现代经济社会中，道德规范是信用体系构建的重要基础，高效、快捷的社会征信系统，是预防失信行为的利器，法律规范对失信行为的严厉制裁是完备信用体系的终极制度保障。

（一）信用机构体系

信用机构在现代信用活动中发挥了重要的作用。信用机构主要包括以下几种类型：

1.信用中介机构

信用中介机构是指为资金借贷和融通直接提供服务的机构，它不仅能为资金融通提供相关服务，而且能够收集市场参与者的信用信息，在监督违约行为、预防失信行为中扮演着重要角色。

2.信用服务机构

信用服务机构是指提供信息咨询和征信服务的机构，主要包括信息咨询公司、投资咨询公司、征信公司、信用评估机构等。除了专业的信用服务机构外，律师事务所、会计师事务所等机构也可以在一定程度上起到信用服务机构的作用。

3.信用管理机构

信用管理机构是指对各种信用中介机构和信用服务机构实施管理的机构，可以分为政府设立的监管机构和行业自律型管理机构。我国由政府设立的监管机构主要包括中国人民银行、中国银行保险监督管理委员会和中国证券监督管理委员会。行业自律型管理机构主要有中国银行业协会、中国证券业协会、中国保险行业协会等。

（二）社会征信系统

征信是指对法人或自然人的信用信息进行系统的调查和评估。社会征信系统分为五个子系统：

1.信用档案系统

信用档案是指法人和自然人信用活动中信用状况的原始记录。信用档案系统包括个人信用档案和企业信用档案，是整个征信制度的基础。

个人信用档案征信机构征集的个人信用信息主要包括：个人身份情况；在金融机构发生的信用行为记录，与其他商业机构发生的信用交易记录；个人纳税、参加社会保险以及个人财产状况及变动等记录；有可能影响个人信用状况的涉及民事、刑事、行政诉讼和行政处罚的记录等。

征信机构征集的企业信用信息主要包括：企业进入与退出市场的资料；企业被行政处罚的资料；工商部门行政监管的资料；企业被投诉举报的资料；企业被认证褒奖的资料。

2. 信用调查系统

信用调查的内容主要包括贷款信用调查、融资信用调查、合资合作信用调查、贸易伙伴信用调查等方面。

3. 信用评估系统

信用评估是对企业、金融机构、社会组织和个人履行各类经济承诺的能力及可信程度的评价，主要是偿还债务的能力及其可偿债程度的综合评价，信用评估的结果通常采用特定的等级符号来表示。

4. 信用查询系统

信用查询系统是指在社会征信系统数据库建立起来后，可供商业机构和个人查询相关企业以及个人信用状况的系统。目前，我国很多省、市已经开始建立企业信用查询系统。2006年1月，全国集中统一的个人征信系统——个人信用信息基础数据库正式投入运行，供商业银行和有关方面查询使用。2018年2月，百行征信有限公司的个人征信业务申请获得中国人民银行的许可证，将中国人民银行征信中心未能覆盖到的、银行贷款以外的个人金融信用信息归统在一个官方平台之内，从而实现个人信用记录的共享，这对我国征信业发展具有极为重要的意义。

5. 失信公示系统

失信公示系统是征信机构依法及时、客观地将有不良信用记录的个人和企业的名单以及对其的处罚意见在某一范围内进行公布，让失信记录在特定范围内有效传播，以警示与其有联系的机构、企业或个人的系统。

📑 本章小结

1. 信用包括两个不同的含义：道德范畴的信用是指诚信，经济范畴的信用是指借贷活动以及由此导致的债权债务关系。这两个范畴的信用有着极为密切的内在联系：没有诚信，借贷活动就不可能正常进行。

2. 信用具有悠久的历史，高利贷是在资本主义产生以前，在自然经济中占主导地位的信用形式。在现代经济中，高利贷依然存在，这也反映出现代信用体系仍然无法充分满足社会信用的需要。

3. 信用与货币是两个不同的经济范畴，但是两者之间有着密切的联系。在信用货币制度下，产生了由货币和信用相互渗透而形成的新范畴——金融。

4. 现代经济中盈余和赤字的普遍存在，是导致信用关系无所不在的重要基础。

5. 根据融资过程有无中介参与可以区分直接融资和间接融资。融资过程中"是否必须发生金融工具的替换"也是区分直接融资和间接融资的依据。

6. 商业信用的出现虽然先于银行信用，但其局限性使其难以满足资本主义社会化大生产的需要。银行信用克服了商业信用的局限性。银行信用与商业信用有着极为密切的联系。

7. 政府信用主要表现为政府作为债务人而形成的负债，通常配合政府的财政政策，增强政府干预经济的力量。

8. 消费信用是工商企业、银行和其他金融机构提供给消费者用于消费支出的信用形式。消费信用对宏观经济调节、个人生命周期内的财务规划和安排，都发挥着重要的作用。

9. 国际信用是指一切跨国的借贷关系和借贷活动。国际信用体现的是国与国之间的债权和债务关系，直接表现为资本在国际上的流动，是国际经济联系的一个重要方面。

10. 金融工具是经济主体之间签订的金融契约或合同，可分为金融资产和其他金融工具。金融工具一般具备法律性、流动性、收益性和风险性四个特征。

11. 风险是未来收益与损失的不确定性。金融风险包括信用风险、市场风险、流动性风险、操作风险、法律风险、政策风险、道德风险、系统性风险和非系统性风险。金融资产的收益包括利息、股息与红利等收益以及资产买卖价差收益。

12. 金融资产投资组合是从时间和风险两个维度配置资产的。在时间和风险两个维度上有效配置资产，是投资管理的核心。

13. 现代信用体系的构建需要以道德规范为基础，有高效、快捷的社会征信系统，有完备的信用体系。

思考题

1. 试列举生活中遇到的信用形式和信用问题。

2. 谈谈商业信用和银行信用之间的关系。

3. 结合实际案例，谈一谈信用对你、你的家庭的影响与作用。

4. 如何准确区分直接融资和间接融资？请指出几种典型的直接融资和间接融资形式。

5. 如何看待消费信用的正面效应和负面影响？

6. 试分析政府信用在现代经济发展中的作用。如何看待许多国家政府已经在事实上形成的"债台高筑"局面？

7. 在投资组合中，有效组合和最佳组合点如何确定？

8. 金融资产与金融工具的联系与区别是什么？

9. 结合我国现实状况，谈一谈我国应如何建立和健全信用体系。

第五章　利息与利率

问题导入

中国人民银行 2015 年 2 月 28 日宣布自 3 月 1 日起下调金融机构人民币贷款和存款基准利率。消息公布后引起了极大的反响，市场普遍预期此次利率下调将会产生以下影响：促使我国股票市场价格上涨，黄金、原油等大宗商品价格将上涨，外汇汇率将上涨，人民币汇率将下跌，等等。为什么中国人民银行要下调利率？下调利率为何会产生这些影响？本章将从利息、利率的概念入手，梳理利率的种类，解读各种利率决定理论，总结利率的影响因素和作用，分析利率与金融资产价格、汇率的关系，为理解上述疑问提供思路。

学习目标

1. 掌握利息的来源，熟悉利息与货币的时间价值和收益资本化规律的关系；
2. 掌握利息的两种计算方法，掌握利率的分类及其与收益率的关系；
3. 了解利率的决定因素，掌握利率决定理论，熟悉影响利率变化的其他因素；
4. 掌握利率的作用，了解利率发挥作用的环境与条件，以及我国利率市场化的意义与进程。

第一节　货币的时间价值与利息

一、货币的时间价值与体现

货币的时间价值是指同等金额的货币其现在的价值要大于其未来的价值，即现在的 1 元钱比 1 年后的 1 元钱更有价值，因为当前拥有货币可以出借或进行投资获利。

货币为什么具有时间价值？西方经济学的解释是：就当前消费与未来消费来说，人们更加偏好当前消费，如果货币的所有者要将其持有的货币出借或进行投资，他就必须牺牲当前的消费，为此，他会要求对其推迟当前消费给予一定的补偿，补偿金额的多少与当前消费推迟的时间长短同向变动。因此，货币的时间价值来源于对当前消费推迟的补偿。货币经过一定时间的出借或投资所增加的价值，就是其时间价值，可见货币的时间价值来自借贷或投资的增值部分。

利息是借贷关系中资金借入方支付给资金贷出方的报酬，也是衡量投资获利的尺度，因此，利息就成为货币时间价值的具体体现。利率是指借贷期满的利息总额与贷出本金总额的比率。由于利率能够剔除本金数额多少对利息总额的影响，相对于利息而言，利率是一个衡量货币时间价值的更好指标，它使得各项信用活动中货币时间价值的高低变得可以相互比较。

二、利息与收益的一般形态

（一）利息转化为收益的一般形态

货币的时间价值使人们对货币产生了一种神秘感，似乎拥有货币就可以自行增值，带来利息收入。其实不然，利息的产生与借贷活动密切相关，没有借贷哪有付息？但经过数千年的信用活动，在经济生活中利息通常已被人们看作收益的一般形态：无论贷出资金与否，利息都被看作资金所有者理所当然的收入；无论借入资金与否，生产经营者也总是把自己的利润分成利息与企业收入两部分，似乎只有扣除利息后剩余的利润才是经营所得，进而利息也成为衡量是否值得投资的尺度。

利息之所以能够转化为收益的一般形态，首先是因为利息是一个事先确定的值；其次是由于信用活动的广泛性，通过借贷获取利息非常普遍，以至于无论货币是否被作为资本来使用，人们都丝毫不会怀疑其产生收益的能力。因此，利息逐渐被人们从借贷和生产活动中抽象出来，被赋予了与借贷、生产活动无关的特性，直接与资本的所有权联系起来，利息转化成收益的一般形态，成为资本所有权的必然产物。

（二）收益资本化规律及其应用

资本的特性在于获利。利息转化为收益的一般形态，导致了收益的资本化，即各种有收益的事物，不论它是否是一笔贷放出去的金额，甚至也不论它是否是一笔资本，都可以通过收益与利率的对比倒算出它相当于多大的资本金额。

收益的资本化是从本金、收益、利率之间的关系中套算出来的。收益是本金与利率的乘积，用公式表示为：

$$B = P \cdot r \qquad (5\text{-}1)$$

式中：B——收益；

P——本金；

r——利率。

已知 B 与 r 时，可求出 P，即

$$P = \frac{B}{r} \qquad\qquad (5\text{-}2)$$

收益资本化是商品经济中普遍存在的一种规律，其最重要的作用是为各种难以明确估值但有收益的事物在交易时进行定价。在市场经济发展过程中，这一规律日益显现其重要作用。例如，在土地买卖和长期租用的定价、相对工资体系的调整、房屋价格的确定、有价证券价格的确定以及技术转让费、专利买卖价等各种交易活动中，收益资本化规律都在相关价格形成中起着重要作用。随着我国市场经济的进一步发展，收益资本化规律的作用将会不断扩大和深化。

三、利息的计算：单利与复利

1. 单利法

单利法是指在计算利息时，只按本金计算利息，而不将利息加入本金进行重复计算的方法。其计算公式为：

$$I = P \cdot r \cdot n \qquad\qquad (5\text{-}3)$$
$$S = P \cdot (1 + r \cdot n) \qquad\qquad (5\text{-}4)$$

式中：I—— 利息；

$\quad\quad n$—— 借贷期限；

$\quad\quad S$—— 本金和利息之和，简称本利和。

例如：A 银行向 B 企业发放了一笔金额为 100 万元、期限为 5 年、年利率为 10% 的贷款，如果按照单利计息，则到期后 B 企业应该向 A 银行偿还的利息和本利和分别为 50 万元和 150 万元。其具体计算公式分别为：

$$I = P \cdot r \cdot n = 100 \times 10\% \times 5 = 50 \ (万元)$$
$$S = P \cdot (1 + r \cdot n) = 100 \times (1 + 10\% \times 5) = 150 \ (万元)$$

2. 复利法

复利法与单利法相对应，是指将按本金计算出来的利息再计入本金，重新计算利息的方法。其计算公式为：

$$I = P \cdot \left[(1+r)^n - 1 \right] \qquad\qquad (5\text{-}5)$$
$$S = P \cdot (1+r)^n \qquad\qquad (5\text{-}6)$$

运用上例的数据，按复利法计算到期日应付利息和本利和则分别为 61.051 万元和 161.051 万元。其计算公式为：

$$I = P \cdot \left[(1+r)^n - 1 \right] = 100 \times \left[(1 + 10\%)^5 - 1 \right] = 61.051 \ (万元)$$
$$S = P \cdot (1+r)^n = 100 \times (1 + 10\%)^5 = 161.051 \ (万元)$$

将单利法和复利法进行比较，可以看出：单利法计算利息，程序相对简单，借款人的利

息负担较轻，资金出让方的利益受到一定的损失；以复利法计算，程序相对复杂，借款人的利息负担较重，但资金出让方的利益会得到较好的保护。现代信用活动中，利息通常都是按照复利法计算的。

四、终值和现值

货币具有时间价值，表明现在时点与未来时点的货币价值是不同的。现在时点的价值叫现值；未来时点的价值叫终值。利息是货币时间价值的体现，因此，现值和终值的计算也与利息紧密相关。运用本金与本利和的关系及其计算原理，现值被视同为本金，终值被视同为本利和。本金、利率和期限已知，就可以计算出终值；若终值、利率和期限已知，也可以计算出现值。

已知现值求终值，其计算公式如下：

$$FV = C_0(1 + r)^t = PV(1 + r)^t \tag{5-7}$$

式中：FV——终值；

　　　PV——现值；

　　　C_0——现在的收益；

$(1 + r)^t$——终值复利因子，它是指 1 元钱在投资收益率为 r 的情况下投资 t 年后的终值。

已知终值求现值，其计算公式如下：

$$PV = \frac{C_t}{(1+r)^t} = \frac{FV}{(1+r)^t} \tag{5-8}$$

式中：C_t——未来的收益；

$\dfrac{1}{(1 + r)^t}$——现值复利因子，亦称贴现因子，它是指 t 年后的 1 元钱在投资收益率为 r 时的现值。

计算现值时所使用的利率，通常被称为贴现率。在其他条件相同的情况下，现值的大小与贴现率负相关，即贴现率越高，现值越小；贴现率越低，现值越大。

第二节　利率的分类及其与收益率的关系

一、利率的分类

（一）年利率、月利率和日利率

按照计息时间，可将利率分为年利率、月利率和日利率。

年利率是以年为单位计算利息，月利率是以月为单位计算利息，日利率则是以日为单位计算利息。通常，年利率以本金的百分之几表示；月利率以本金的千分之几表示；日利率以本金的万分之几表示。三者之间可以按时间换算。例如，对于同样一笔贷款，年利率为7.2%，也可以用月利率 6‰或者日利率万分之 2（每月按照 30 天计）来表示。

（二）市场利率、官定利率和公定利率

按照决定方式，可将利率分为市场利率、官定利率和公定利率。

市场利率是按照市场规律自由变动的利率，即由借贷资金的供求关系决定并由借贷双方自由议定的利率。

官定利率是一国货币管理部门或者中央银行所规定的利率。该利率规定对所有金融机构都具有法律上的强制约束。

公定利率是由非政府部门的民间组织，如银行公会、行业协会等，为了维护公平竞争所确定的属于行业自律性质的利率。这种利率对行业成员尽管不具有法律上的约束力，但作为行业成员的金融机构一般都会遵照执行。

（三）固定利率和浮动利率

按照贷款期限内是否浮动，可将利率分为固定利率和浮动利率。

固定利率是指在整个借贷期限内，利息按照借贷双方事先约定的利率计算。浮动利率是指在借贷期限内根据市场利率的变化定期进行调整的利率。固定利率有利于借贷双方准确计算成本和收益，适用于借贷期限较短或市场利率变化不大的情形。但在借贷期限较长、市场利率波动较大的情况下，固定利率会使借贷双方承担利率波动的风险。采取浮动利率时借贷双方可依据某一基准利率定期调整利率，有利于规避利率波动风险。但是，浮动利率计算和核定相对复杂，多用于长期借贷和国际金融市场借贷。

此外，在实行利率管制的国家，当局允许借贷利率以官定利率为基准，在规定的范围内上下浮动，这种利率通常也叫浮动利率，但它实际上是指官定利率的浮动区间，与国际上通用的浮动利率是有区别的。

（四）实际利率和名义利率

按照是否考虑币值变化，可将利率分为实际利率和名义利率。

实际利率是指物价水平不变因此货币的实际购买力不变时的利率。名义利率则是指包括物价变动因素的利率。实际利率与名义利率的关系是：

$$i = r - p \tag{5-9}$$

式中：i——实际利率；

r——名义利率；

p——物价变动率。

划分名义利率和实际利率有利于准确分析利率的变动及其影响。在物价波动的情况下，即使名义利率不变，实际利率也会发生改变，并且影响借贷双方的经济利益和借贷行为。名义利率都是正利率，实际利率可能是正利率，也可能是负利率。适度正的实际利率有利于引导资金的合理流动和资源的优化配置，而零利率和负利率则会导致资金和资源的错配，对经济增长造成危害。

图 5-1 给出了 1979—2019 年我国 CPI 同比变化率与名义利率（银行一年期存贷款利率）的变化情况。通过名义利率和通货膨胀率的对比，大致可以看出我国存贷款实际利率的变化情况。在通货膨胀率比较高的年份，如 1988 年、1989 年、1993 年、1994 年、1995 年以及 2008 年，存贷款的实际利率皆为负值，而在物价上涨率不高甚至出现物价下跌的年份，如 1998 年至 2002 年以及 2009 年，尽管名义利率水平并不高，但实际利率并不低。

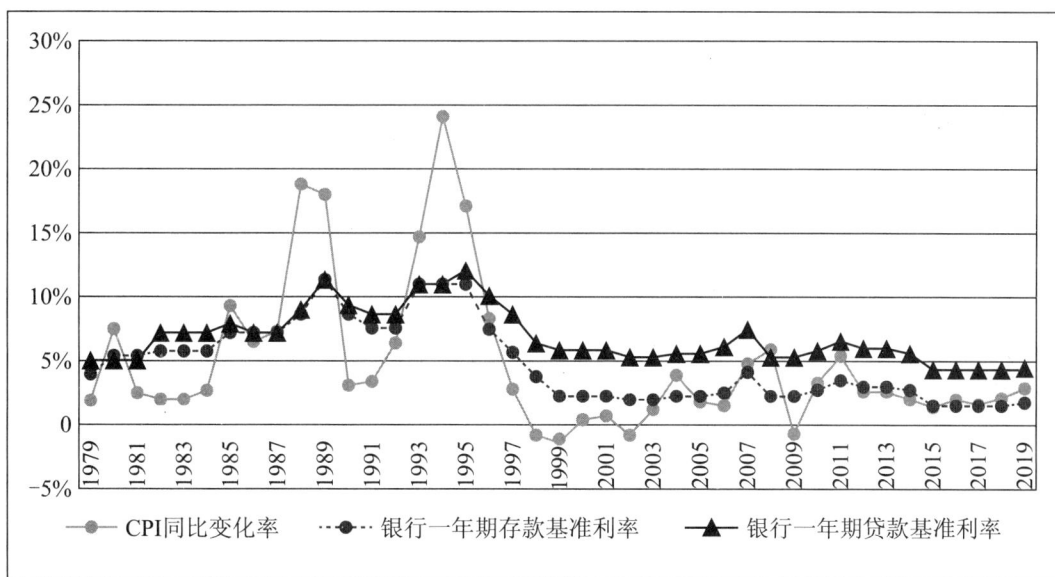

图 5-1　1979—2019 年我国 CPI 同比变化率与名义利率

（五）基准利率和一般利率

按照利率的地位，可将利率分为基准利率和一般利率。

基准利率是在多种利率并存的条件下起决定作用的利率，其他利率会随其变动而发生相应变化。在西方国家，基准利率通常是中央银行的再贴现利率以及商业银行和金融机构之间同业拆借的利率。我国 2007 年推出的货币市场的基准利率——上海银行间同业拆放利率（Shanghai Interbank Offered Rate，SHIBOR）成为我国的基准利率。一般利率指基准利率之外的其他市场利率，一般利率通常参照基准利率而定。

（六）短期利率和长期利率

按照信用活动的期限长短分为短期利率和长期利率。

短期利率是一年期以内的信用活动适用的利率；长期利率是一年期以上的信用活动适用的利率。长期利率一般要高于短期利率。

（七）即期利率和远期利率

按照给定的不同期限分为即期利率和远期利率。

即期利率是指给定的各种期限借贷活动的利率。远期利率是指隐含在即期利率中的从未来某一时点到另一时点的利率。例如，1 年期定期存款利率为 3%，2 年期定期存款利率为 3.75%，这些就是即期利率。2 年期存款利率可以分解为第 1 年的利率和第 2 年的利率，第 2 年的利率就是远期利率，是从即期利率中推算出来的。以存款金额为 10 000 元的 2 年期定期存款为例，其即期利率为 3.75%，2 年到期的本利和为：

$$10\ 000 \times (1 + 0.037\ 5)^2 = 10\ 764.06（元）$$

2 年期存款的第 1 年，应该视为与存款 1 年期无差别，在理论上应该按照 1 年期定期存款计算利息，则第 1 年末其本利和为：

$$10\ 000 \times (1 + 0.03) = 10\ 300（元）$$

10 300 元再存 1 年，则第 2 年末存款的本利和为：

$$10\ 300 \times (1 + 0.03) = 10\ 609（元）$$

2 年期存款利率中所包含的第 1 年的利率应该与 1 年期存款利率相同，则 2 年期定期存款第 2 年的利率应为：

$$(10\ 764.06 \div 10\ 300 - 1) \times 100\% = 4.51\%$$

4.51% 即为第 2 年的远期利率。用 f_i 代表第 i 年的远期利率，用 r_i 代表 i 年期的即期利率，则 n 年期的即期利率与各年的远期利率之间存在着如下的关系：

$$(1 + r_n)^n = (1 + r_{n-1})^{n-1}(1 + f_n) = (1 + r_1) \prod_{i=2}^{n} (1 + f_i)$$

$$= (1 + r_1)(1 + f_2)(1 + f_3) \cdots (1 + f_n) \tag{5-10}$$

则第 n 年远期利率的计算公式为：

$$f_n = \frac{(1 + r_n)^n}{(1 + r_{n-1})^{n-1}} - 1 \tag{5-11}$$

第 n 年的远期利率是通过推算得到的，我们通常称之为隐含的远期利率。远期利率与即期利率之间的关系以及上述计算公式，是理解本章稍后的利率期限结构及相关理论的重要基础。

二、利率与收益率

收益率与利率都是广泛使用的概念，两者常常结合使用。从本质上讲，收益率实质上就是利率，在理论探讨和学术研究中，通常不对其加以区分。但在实际投资的过程中，利率被定义为利息与本金的比率；收益率的影响因素较多，不仅受利息和本金的影响，还受资本利得等因素的影响，因此收益率与利率之间通常会存在差异。

（一）收益率的计算

收益率包括两个部分：一是每年的利息收入与证券购买价格的比率，通常称为当期收益率。二是证券价格变动所导致的收益或损失，称为资本利得率。例如，投资者在时间 t 和时间 $t+1$ 期间持有某债券，该债券支付的息票利息为 C，在时间 t 该债券的价格为 P_t，在时间 $t+1$ 该债券的价格为 P_{t+1}，则投资者投资该债券的收益率 RET 为：

$$RET = \frac{C + P_{t+1} - P_t}{P_t} = \frac{C}{P_t} + \frac{P_{t+1} - P_t}{P_t} \tag{5-12}$$

式中：$\frac{C}{P_t}$—— 当期收益率；

$\frac{P_{t+1} - P_t}{P_t}$—— 资本利得率。

例如，某公司在期初以 96 元的市场价格购买了面值为 100 元、每年支付 8 元利息的企业债券，该公司在持有期内共得到了 8 元的利息支付，最后以 101 元的价格将该债券出售，试计算债券的利率、该公司投资该债券的当期收益率、资本利得率和总收益率。

该债券的利率为利息与面值之别，即为 8%。投资的当期收益率为：

$$\frac{C}{P_t} = \frac{8}{96} = 8.33\%$$

资本利得率为：$\frac{P_{t+1} - P_t}{P_t} = \frac{101 - 96}{96} = 5.21\%$

则总收益率为：$RET = \frac{C + P_{t+1} - P_t}{P_t} = \frac{C}{P_t} + \frac{P_{t+1} - P_t}{P_t} = 13.54\%$

通过比较可以知道，这里的利率为 8%，而总收益率为 13.54%，二者相去甚远。这表明票面利率并不是一个表示投资者实际回报的好指标。相比较而言，收益率指标更能够反映投资者的实际回报水平。但是上面的计算公式没有考虑利息支付和债券买卖时点的差异，为精确计算收益率，需要引入到期收益率和持有期收益率。

（二）到期收益率和持有期收益率

到期收益率是指投资者购买债券并持有到期的前提下，未来各期利息收入、到期本金收入的现值之和等于债券购买价格的贴现率。到期收益率的计算公式为：

$$\sum_{i=1}^{r} \frac{C}{(1+y_{TM})^i} + \frac{FV}{(1+y_{TM})^T} - P = 0 \tag{5-13}$$

其中，C 为该债券每年定期支付的利息；P 表示债券的购买价格；FV 为到期应该支付的面值；y_{TM} 表示该债券的到期收益率；T 表示该债券的到期年限。

持有期收益率是指现在买进某一证券，持有一段时间后，然后以某个价格卖出该证券，在整个持有期，该证券所提供的平均回报率，是使投资者在持有证券期间各种现金流的净现值等于 0 的贴现率。持有期收益率的计算公式为：

$$\sum_{i=1}^{t} \frac{C}{(1+y_{HP})^i} + \frac{P_t}{(1+y_{HP})^t} - P = 0 \tag{5-14}$$

其中，P_t 为证券的出售价格，y_{HP} 表示该债券的持有期收益率（其他符号的意义同到期收益率计算公式）。

第三节　利率的决定及影响因素

一、利率决定的主要理论解说

（一）马克思的利率决定理论

马克思对利率决定的研究是以在社会化大生产条件下的借贷资本为对象的。他认为利润是剩余价值的转化形式，而利息是贷出的借贷资本家从借入的职能资本家那里分割出来的一部分剩余价值。利息的这种质的规定性决定了它的量的规定性，即利息量的多少取决于利润总额，平均利润率成为利率的最高界限。至于利率的最低界限，主要取决于职能资本家与借贷资本家之间的竞争，但不会等于零，否则借贷资本家就不会把资本贷出。因此，利率的变化范围在零与平均利润率之间。此外，法律、习惯等也有较大作用。

（二）古典学派的实际利率理论

古典学派非常注重非货币的实际因素对利率决定的影响。古典学派认为投资引致的资金需求是利率的减函数，而储蓄形成的资金供给则是利率的增函数，利率的变化则取决于投资与储蓄的均衡。利率决定中的这种关系如图 5-2 所示。

图 5-2 中，II 曲线为投资曲线，SS 曲线为储蓄曲线。II 曲线向下倾斜，表明投资是利率的减函数；SS 曲线向上倾斜，表明储蓄是利率的增函数。投资曲线和储蓄曲线的交点意味着投资量和储蓄量正好相等，对应的利率水平为均衡利率 r_0。在投资需求不变的情况下，储蓄意愿增强会导致 SS 曲线右移至 $S'S'$，新的均衡利率随之下降为 r_1；在储蓄意愿不变的情况下，如果投资需求增加，则会导致 II 曲线上移至 $I'I'$，新的均衡利率也随之提高至 r_2。

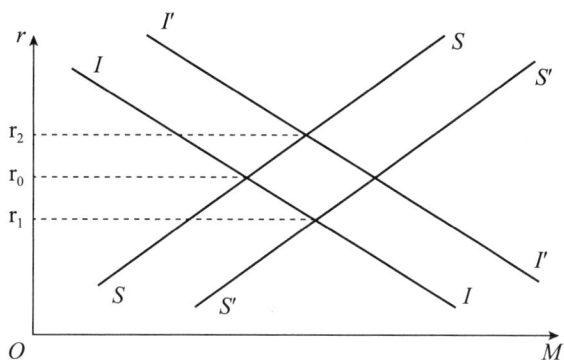

图 5-2 古典学派的实际利率理论

（三）凯恩斯的流动性偏好理论

英国著名学者凯恩斯（Keynes）提出的流动性偏好理论更加重视货币因素对利率水平的影响。凯恩斯认为，利率取决于货币供求数量的对比，货币供给量由货币当局决定；而货币需求取决于人们的流动性偏好。在货币供给不变的情况下，人们的流动性偏好增强，愿意持有的货币数量（货币需求）随之上升，利率也会随之走高；反之，人们的流动性偏好减弱，会导致愿意持有的货币数量下降，利率也会随之走低。

如图 5-3 所示，货币供给曲线是由货币当局决定的外生变量，它是一条垂直于横轴的直线，货币供给增加会导致供给曲线右移和均衡利率走低，货币供给减少则会导致供给曲线左移和均衡利率走高。流动性偏好曲线即货币需求曲线，它是一条向右下方倾斜的曲线，流动性偏好增强会导致货币需求曲线上移和均衡利率走高，流动性偏好减弱则会导致货币需求曲线下移和均衡利率走低。凯恩斯认为，随着利率不断下降至非常低的位置，以至于不可能再下降时，人们就会产生利率将会上升、债券价格将会下跌的预期，人们对货币流动性的偏好就会极为强烈，货币需求的利率弹性也会变得无穷大，此时无论增加多少货币供给，都会被人们储存起来，这就是著名的流动性陷阱假说。图 5-3 中流动性偏好曲线右方趋于平行的部分即"流动性陷阱"，此时供给再多的货币也无法使利率下降。

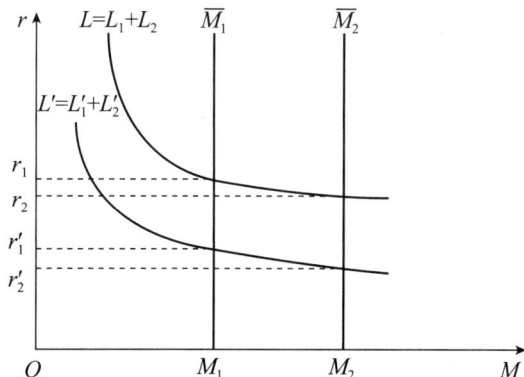

图 5-3 凯恩斯的流动性偏好理论

（四）新剑桥学派的可贷资金理论

可贷资金理论是在批判并综合实际利率理论和流动性偏好理论的基础上提出来的。该理论认同实际利率理论提出的储蓄和投资决定利率的观点，但认为完全忽视货币供求因素是不当的。同时认为凯恩斯指出货币因素对利率决定的影响是可取的，但完全否定储蓄投资等实际因素是错误的。可贷资金理论试图在实际利率理论的框架内，纳入货币供求变动的因素，在利率决定问题上同时考虑货币因素和实际因素的影响。

该理论认为利率是借贷资金的价格，因而取决于可贷资金的供求状况。可贷资金的供给 F_s 来自某一时期的储蓄流量 S 和货币供给的增量 ΔM_s，与利率水平正相关；借贷资金的需求 F_d 则取决于同一时期的投资流量 I 和人们希望保有的货币余额的变化 ΔM_d，与利率水平负相关。因此，均衡式可以表达为：

$$F_s = F_d \tag{5-15}$$

$$S + \Delta M_s = I + \Delta M_d \tag{5-16}$$

该理论认为，由于投资和储蓄这两个实际因素是相对稳定的，而货币供求则是经常变化的，从这个意义上看，利率变动在一定程度上受货币因素的影响更大。同时可贷资金总量在很大程度上受制于中央银行，货币政策也就成了利率决定中必须考虑的重要因素。

（五）IS-LM 模型与利率决定

IS-LM 模型是由英国经济学家约翰·理查德·希克斯（John Richard Hicks）根据凯恩斯宏观经济理论框架创建，后经美国经济学家阿尔文·汉森（Alvin Hansen）加以完善和发展的一个经济模型。

IS-LM 模型将市场划分为商品市场和货币市场，认为国民经济一般均衡应该是商品市场和货币市场同时实现均衡。该模型在进行利率分析时，加入了国民收入这一重要因素，认为利率是在既定的国民收入下由商品市场和货币市场共同决定的。

如图 5 - 4 所示，IS 曲线是商品市场均衡时利率 r 与收入 Y 的组合，由于利率与市场需求呈负相关，从而 r 与 Y 负相关。LM 曲线为货币市场均衡时，利率 r 与收入 Y 的组合。根据凯恩斯的货币需求函数，货币需求是 Y 和 r 的函数，且与 Y 正相关，与 r 负相关。在货币供给为外生变量的假设前提下，必须使 Y 和 r 同向变动才能保持货币市场的均衡，亦即在 LM 曲线上 r 与 Y 正相关。

将 IS 曲线和 LM 曲线放到同一图上，二者的交点即商品市场和货币市场同时达到均衡时的利率和收入水平，这对宏观经济问题的分析具有非常重要的意义。当 IS 曲线和 LM 曲线发生移动时，均衡利率也必然会发生变动。由于 IS 曲线的移动是由投资和储蓄变动引起的，LM 曲线的移动是由于货币供求的变化引起的，因此，这些变量的变动都将改变均衡利率的位置，并引起均衡收入的变化。由图 5 - 4 可知，在 LM 曲线保持不动时，IS 曲线的右移将推高均衡利率和收入水平；而在 IS 曲线保持不动时，LM 曲线的右移则会在导致利率走低的同时，使收入水平随之增加。

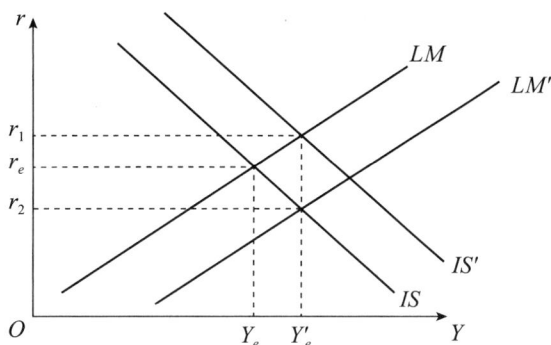

图 5-4 新古典综合派的 *IS-LM* 模型

原理 5-1：
利率主要由储蓄、投资、货币供给、货币需求和国民收入等因素共同决定。

二、利率变化的影响因素

（一）影响利率的宏观因素

影响利率的宏观因素很多，国民收入、储蓄、投资、货币供给、货币需求的变化等都会引起利率的变化，各种宏观经济政策的调整也会影响利率的走势。这些影响在经济周期中更为明显。

在宏观经济周期的波动中，社会再生产过程会表现为危机、萧条、复苏、繁荣四个循环往复的阶段。在经济周期的不同阶段，商品市场和资金市场的供求关系会发生相应的变化，包括财政货币政策在内的宏观经济政策也会随之做出相应调整，从而会对利率高低及其走势产生重要影响。如在危机阶段，工商企业由于商品销售困难而导致库存增加、资金紧张的局面，以赊销方式出售商品的意愿大幅降低，要求现款支付的比率大幅提高，从而导致对资金需求的急剧增加、借贷资金供不应求、利率节节走高的局面。进入萧条阶段，一方面，由于对经济前景缺乏信心，企业对资金的需求大幅降低；另一方面，由于针对危机推出的扩张性财政货币政策，企业会导致市场上出现大量游资。这两方面都会使得利率不断走低，一些国家在极端情况下甚至会出现零利率的情况。在复苏阶段，随着企业和居民信心的逐渐恢复，消费和投资需求都逐步回升，对借贷资金的需求也相应增加，利率水平逐渐上升。进入繁荣阶段，生产迅速发展，物价稳定上升，利润急剧增长，新企业不断建立，对借贷资金的需求很大，利率水平也会因此而不断上升。在经济繁荣和高涨时期，货币当局为抑制经济过热而不得不采取的紧缩性货币政策，也会在一定程度上抑制货币供给的增加，加大利率上升的压力，并为下一轮危机的到来埋下伏笔。

（二）影响利率的风险因素——利率的风险结构

相同期限的金融资产，可能因违约风险、流动性风险和税收风险等方面的差异，形成不同的利率，亦称利率的风险结构。

1. 违约风险

违约风险又称信用风险，是指不能按期偿还本金和支付利息的风险。违约风险低的债务利率较低，违约风险高的债务利率也相对较高。

2. 流动性风险

流动性风险是指因资产变现能力弱或者变现速度慢而可能遭受的损失。利率会与流动性风险同方向变化，流动性风险越大，利率越高。

3. 税收风险

根据各国的规定，债权人获得的利息收益通常必须纳税。因此，债权人真正关心的是税后的实际收益率。由于各国政府在税收上采取不同的政策，税率也会经常调整，这会给债权人造成税收风险。一般来说，税率越高的债券，其税前利率也应该越高，而低税率或者免税债券的利率则可以相对低一些。

4. 购买力风险与"费雪效应"

购买力风险是指由于通货膨胀，货币购买力下降而造成利息贬值的损失。为了弥补这种损失，在确定借贷利息时需要考虑通货膨胀的影响，并采取提高名义利率的方式来降低损失。著名经济学家欧文·费雪认为，当预期通货膨胀率上升时，利率也将上升，这就是著名的费雪效应（Fisher Effect）。因此，由于通货膨胀预期所导致的名义利率上升的部分，也可以被视为对购买力风险的补偿。

5. 汇率风险与利率平价

在当前的浮动汇率体制下，汇率剧烈波动增加了跨国资本流动以及套利的风险。资本由低利率国家流向高利率国家进行套利活动时，不仅要关注两国利差的大小，还要考虑汇率变动可能导致的预期汇兑损益，汇率风险越大，预期的汇兑损失越大，套利活动需要的利差也就越大；汇率风险越小，预期的汇兑损失越小，套利活动需要的利差也就越小。

（三）影响利率的时间因素——利率的期限结构

利率的期限结构表现为某一时点上因期限差异而有所不同的一组利率所构成的利率体系。例如存款有不同期限，如1年期、2年期、3年期等，对应不同的存款利率，就构成了存款利率的期限结构。因为利率就是收益率，所以利率与期限的关系也反映为收益率与期限的关系。根据利率和收益率期限结构描绘的曲线被称为收益率曲线。图5-5给出了不同时点上我国银行间市场国债收益率曲线的变化情况。

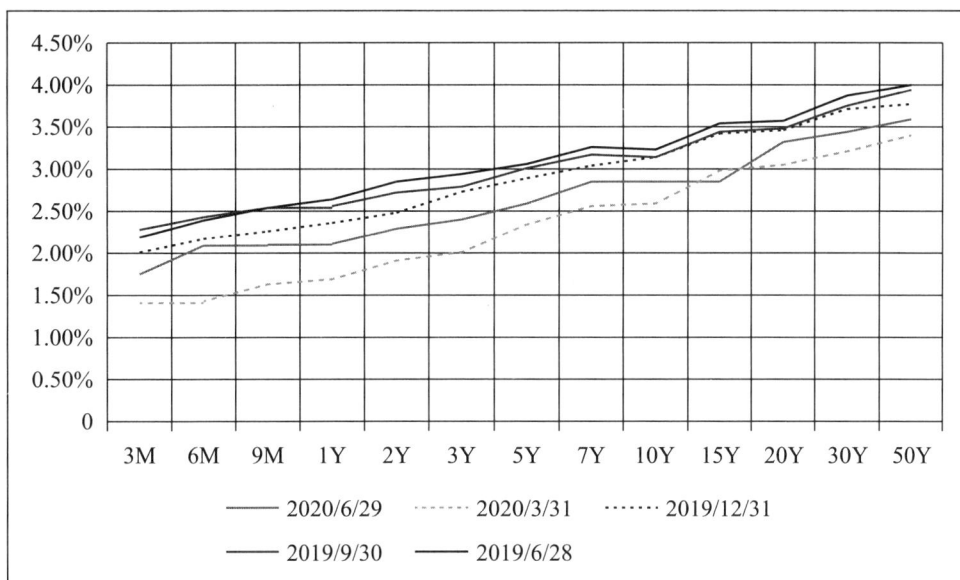

注：M 为月，Y 为年。

图 5-5　不同时点我国银行间市场国债收益率曲线的变化情况

　　根据经验，事实上不同的收益率曲线常常呈现出三个共同特征：①不同期限的债券，其利率随时间变化一起波动。②如果短期利率低，收益率曲线更倾向于向上倾斜；如果短期利率高，收益率曲线可能向下倾斜。③收益率曲线通常是向上倾斜的。在解释收益率曲线的上述三个经验事实时，由于基本假设的不同，形成了三种不同的理论，即预期假说、市场分割理论、期限选择和流动性升水理论。

　　1. 预期假说

　　预期假说的基本假设是：不同债券完全可替代，投资者并不偏好于某种债券。在这一基本假设前提下，短期债券价格和长期债券价格就能够产生相互影响，因为投资者会根据不同债券收益率的差异在不同期限的债券之间进行套利，从而使得不同期限的债券价格具有相互影响、同升同降的特性，这也就解释了第一个经验事实。

　　此外，由于长期债券的到期收益率 r_n 取决于长期债券到期前人们对于短期利率预期的几何平均值，即 $(1 + r_n)^n = (1 + r_1)(1 + f_2)(1 + f_3)\cdots(1 + f_n)$。因此，已知短期利率 r_1，长期债券的到期收益率 r_n 也就在很大程度取决于投资者对于未来各个年度远期利率 f_i 的预期。如果短期利率处于高位，则未来各年度远期利率下降的可能性要远高于趋于上升的可能性，从而使得长期债券的到期收益率要低于短期债券的到期收益率，收益率曲线倾向于向下倾斜。反之，如果短期利率处于低位，则未来各年度远期利率上升的可能性要远高于趋于下降的可能性，从而导致长期债券的到期收益率要高于短期债券的到期收益率，收益率曲线更可能向上倾斜。因此，预期假说也能够很好地解释第二个经验事实。

尽管预期假说能够很好地解释前两个经验事实，但是无法解释第三个经验事实，即收益率曲线通常会向上倾斜。因此，有人提出市场分割理论来解释第三个经验事实。

2. 市场分割理论

市场分割理论又称期限偏好理论，其假设前提是：不同期限的债券不是替代品，不同投资者会对不同期限的债券具有特殊偏好。一般来说，人们偏好期限较短、利率风险较小的证券。要使投资者持有长期债券，必须提供更高的收益率。因此，市场分割理论能够很好地解释第三个经验事实。但由于该理论的假设过于极端，认为不同期限的债券根本不可替代，长、短期债券也就处于相互不受影响的分割状态，无法解释长、短期债券收益率会相互影响的第一个和第二个经验事实。

3. 期限选择和流动性升水理论

期限选择和流动性升水理论是在综合不同的理论，即预期假说、市场分割理论的基础上提出来的，它在假设前提下对上述两个理论进行了综合与折中：该理论认为不同期限的债券是替代品，但并不完全可替代，要让投资者持有风险较大的长期债券，必须向其支付流动性升水以补偿其增加的风险。由于不同期限的债券是替代品，长、短期债券的收益率可以出现联动，预期因素也能够实现长、短期利率之间的关联和传递，从而能够解释前两个经验事实。而对于第三个经验事实，该理论是这样解释的：由于短期利率所处位置的不同（高位或者低位），收益率曲线可能向上倾斜，也可能向下倾斜。一旦加入期限选择和流动性升水的因素，则需要对流动性较低的长期债券提供收益补偿，向上倾斜的收益率曲线仍会保持向上倾斜，但会变得更加陡峭。向下倾斜的收益率曲线则有可能出现三种情况：变为向上倾斜；变成平直的直线；仍向下倾斜但变得平缓。也就是说，当考虑期限选择和流动性升水因素时，收益率曲线向下倾斜的概率会大大降低，向上倾斜的概率则会大为增加，亦即收益率曲线通常会表现为向上倾斜。这也使得该理论能够很好地同时解释以上三个经验事实。

（四）利率管制

以利率管制为代表的制度性因素也是直接影响利率水平的重要因素。利率管制的基本特征是由政府有关部门或中央银行直接制定利率或规定利率的上下限。

管制利率具有高度的行政干预力和很强的法律约束力，会弱化甚至排斥各类经济因素对利率决定和变动的影响，能够直接决定利率水平与结构。发达的市场经济国家也实行过利率管制，但其范围通常会相当有限，而且经济非常时期一旦结束就会很快解除利率管制。相比之下，发展中国家由于经济落后、资金严重不足，大多通过利率管制的方式来促进经济发展，一般都是通过压低居民储蓄存款利率的方式为企业提供低成本的借贷资金，以促进投资和经济增长。但在市场经济体制中，利率管制会产生利率水平或高或低、难以灵活变化以反映资金供求和风险状况、扭曲利率作用等诸多不良影响，因此，在市场经济体制下，利率作为最重要的金融价格，其形成机制的市场化是非常必要的。

第四节 利率的作用及其发挥

从第一章的开放框架下金融体系运行的内外部关系示意图（图1-5）中可见，利率不仅在宏观方面影响金融总量和经济运行，而且在微观层面直接对金融机构、金融市场、企业及个人的经济活动产生重要影响。因此，在现代市场经济中，利率作为最重要的金融价格和经济杠杆，具有牵一发而动全身的效应，对一国的金融发展和经济发展具有极为重要的影响。

一、利率与宏观经济

（一）利率对储蓄和投资的影响

利率的高低会对居民部门的储蓄产生重要影响。合理的利率能够增强居民部门的储蓄意愿，不合理的利率则会削弱其储蓄热情。因此，利率变动会在一定程度上调节居民消费和储蓄的相对比重，还会在很大程度上影响人们的资产持有结构。

利率对投资的规模和结构都具有非常直接的影响。利率作为企业借款的成本，是影响企业投资决策和借款规模的重要因素。当投资项目收益既定时，是否进行投资的重要考虑因素是现行利率及其未来变化的预期，因此利率水平与变化趋势会影响社会投资规模。利率变动还会影响资本流动的方向与规模，从而会对投资结构产生重要影响。因此，政府可以通过差别化的利率政策调节国民经济的产业结构。

（二）利率与借贷资金供求

利率的高低会影响借贷资金供求。利率与资金需求存在负相关关系：高利率增加了企业和个人借入资金的成本，会抑制资金需求；反之，低利率会导致资金需求的增加。但高利率有利于动员储蓄，增加借贷资金的供给；低利率则会导致借贷资金供给的减少。但在现实生活中，利率升降对借贷资金供给的影响是有限的，这主要是因为一国借贷资金供给，主要取决于该国经济发展和积累的规模以及中央银行的货币政策操作，因此借贷资金供给的利率弹性通常较低。

（三）利率与社会总供求的调节

利率对社会总供求起着重要的调节作用。从总需求角度看，利率降低，会增强居民的消费需求和企业投资需求，导致总需求增长；反之，则反。从总供给角度看，低利率导致的企业投资规模扩张会有利于增加总供给，而利率上升会在长期内导致总供给的下降。当然，利率升降变化对社会总供求及其平衡状况的影响则需要从动态的视角加以把握。

（四）利率与资源配置效率

现代经济具有资金流动决定物质流动，即"物随钱走"的特征。利率高低及其变化能够引导资金流动，从而对实物资源流动和配置效率产生重要影响。较高水平的利率，会将经营效率低、盈利能力弱的企业淘汰出局，将资源更多地集中于优质、高效企业，有利于提高资源配置效率。低利率使经营效率低、盈利能力弱的企业也能够维持生存，延缓了资源向优质、高效企业集中的进程，在一定程度上降低了资源配置效率。

（五）利率与宏观经济政策

现行利率的高低对于宏观经济政策的制定和实施具有重要影响。首先，利率会影响宏观经济政策的决策。例如，当现行利率处于较高水平时，税收政策就会受到制约，如果此时再提高税率，企业和负债人就会难以承受；货币政策也会受到牵制，如果高利率时再推出紧缩性的政策措施，对于企业和负债人无疑是雪上加霜。其次，利率会影响政策传导及其效果，尤其是货币政策将利率作为中介目标时，利率能否顺畅地将政策意图传导到实体经济，是货币政策是否有效的重要环节。这些问题在本书第十三章中还有讨论。

二、利率对金融机构经营管理的影响

作为经营货币信用的特殊企业，利率对于金融机构的经营管理具有重大影响，金融机构是利率敏感性最为明显的企业。

（一）利率与金融机构负债

在金融机构的经营活动中，能否以较低成本获得长期稳定的资金来源是至关重要的。以银行为例，吸收存款的利率高低决定了其主要资金来源的成本；债券市场现行利率及其变化对银行发债融资的成本和种类选择具有决定性影响；货币市场的利率对于银行的流动性负债规模及其成本影响很大；中央银行利率是商业银行流动性管理的重要考虑因素；而资本市场长期利率对于银行发行资本性债务工具的成本和种类选择也有决定性影响。

（二）利率与金融机构资产

金融机构在经营资产项目时首先要考虑利率，因为资金来源与资金运用的利差是金融机构获利的主要来源。因此，当资金来源的利息成本既定时，能否通过资产运用获得较高收益就成为金融机构资产管理的重要内容。例如，当市场利率水平较高时，金融机构的放贷意愿就会比较强烈。利率也是金融机构资产经营的重要手段，银行既会根据申请人的情况采用不同利率向授信对象提供借款，也会通过利率浮动来对客户进行筛选。

（三）利率与金融机构的风险

利率风险是指因利率变化所造成损失的可能性。由于市场利率是灵活多变的，而利率的变化会改变金融机构的净利息收益和其他利率敏感性负债与资产的内在价值，一旦利率出现不利的变化，就会给金融机构造成损失。所以，无论是金融机构的负债还是资产运营，利率风险始终是最为重要的管理内容。正因为如此，在巴塞尔银行监管委员会发布的银行监管要求中，一直把利率风险管理作为重要的监管内容。

三、利率与金融资产的价值与价格

在金融市场上，利率不仅是金融交易和借贷的价格，而且是金融工具定价的基本要素。利率水平合理与否，将直接决定金融工具的定价是否合理，以及通过该金融工具导致的资金流动是否合理，否则就会扭曲市场参与主体的投融资行为和投融资决策。

（一）利率与有价证券价值评估

有价证券价值评估是金融市场投资分析的主要内容，其通过对有价证券的内在价值做出科学合理的评判，进而找出市场价格与理论价值之间的偏离程度，为投资决策提供依据。在第四章中已经介绍过有价证券价值评估的方法大体可分为绝对价值评估和相对价值评估，其中绝对价值评估是运用现金流贴现法，通过估算投资对象的未来现金流，找到能够反映投资风险的贴现率，对未来现金流进行贴现，因此，利率在有价证券绝对价值评估中发挥着重要作用。

1. 债券的价值评估

债券的价值评估需要确定每期的现金流，用合适的贴现率折算为现值即可。贴现率往往依据债券的信用等级确定。在收益相同的条件下，贴现率的高低直接影响债券价值的大小。

对于到期一次性支付本息的债券：

$$P_B = \frac{A}{(1+r)^n} \tag{5-17}$$

式中：P_B——债券价值；

A——到期本利和；

r——贴现率；

n——债券到期前剩余期限。

对于分期付息，到期一次还本的债券：

$$P_B = \sum_{t=1}^{n} \frac{C}{(1+r)^t} + \frac{M}{(1+r)^n} \tag{5-18}$$

式中：C——每期支付的利息；

t—— 未来各期；

M—— 债券的面值。

对于分期付息的永久性债券：

$$P_B = \frac{C}{r} \tag{5-19}$$

例如，面值为 100 元的 1 年期国债、5 年期金融债券和永久性企业债券，票面利率均为 8%，按年支付利息。当市场利率分别为 5%、8% 和 10% 时，它们的理论价值是不同的，计算结果如表 5-1 所示。

表 5-1 债券的理论价格计算 单位：元

债券	按不同市场利率贴现折算出的理论价格		
	5%	8%	10%
1 年期国债	102.86	100	98.18
5 年期金融债券	112.99	100	93.32
永久性企业债券	160	100	80

2. 股票的价值评估

由于股票的收益一般是不稳定的，而且没有到期日，现金流贴现法的计算过程需要做更多的工作，如判断每股收益，确定合理的贴现率等。优先股的收益是固定的，它的价值评估方法与永久性企业债券的价值评估方法相同 [见公式（5-19）]。普通股价格评估方法是将股票的未来预期收益全部折算为现值，用 P_S 表示，预期收益用 D_t 表示，t 为未来各分红期，贴现率为 r，计算公式为：

$$P_S = \sum_{t=1}^{\infty} \frac{D_t}{(1+r)^t} \tag{5-20}$$

如果分红是成等比上升的趋势，预期增长率为 g 且假定 r 大于 g，D_0 为当期的每股收益，那么股票的理论价值应该是：

$$P_S = \sum_{t=1}^{\infty} \frac{D_0(1+g)^t}{1+r^t} \tag{5-21}$$

即

$$P_S = \frac{D_0(1+g)}{r-g} \tag{5-22}$$

由此可见，利率对股票价值具有直接影响，股票价值与利率呈反方向变动，符合收益资本化的基本规律。

（二）利率对金融资产价格的影响

金融资产价格可以视为该项资产未来现金流收入的贴现值。在收益资本化规律的作用下，利率变化与金融资产价格的变化通常是反方向的：利率升高，金融资产价格下跌；利率降低，金融资产价格上升。利率变化对金融资产价格的影响机制主要通过三个途径发挥作用：

1. 预期的作用

金融资产价格主要受市场预期的影响，金融市场投资者预期是对投资资产未来前景的判断。利率具有经济运行风向标的功能，故其成为投资者预期的主要考虑因素。一般而言，市场利率上升时，多数人预期未来上市公司的盈利水平有可能降低，会导致资产价格下跌；反之，利率下调时，大部分人预期经济景气上升，企业盈利能力提高，资产价格就会上升。

2. 供求对比变化

金融资产价格变化主要受制于资金供给与需求之间的力量对比，而利率则对资金供求具有重要的影响。一般来说，当利率上升时，金融资产交易的供给相对于需求存在过剩，价格就会下跌。而当利率下降时，交易性货币需求的机会成本下降，会吸引一部分货币流入资本市场，金融资产交易的供求力量对比发生变化，需求增加，价格就会上涨。

3. 无套利均衡机制

利率变动会使股票、债券和存款等金融资产收益的均衡被打破，产生套利空间。如利率上升，银行存款收益提高，由于债券票面收益固定，人们会增加存款，抛售债券，固定收益债券的价格就会下跌。同样，股票的相对收益也会由于利率上升而受到影响，使得股票价格出现调整。

> **原理 5-2：**
> 　　利率对于宏观经济各变量和金融机构的经营管理具有重大的影响。利率变化通过预期、市场供求机制、无套利均衡机制作用于金融资产价格，使金融资产价格出现反方向变化趋势。

四、利率发挥作用的环境与条件

上述的利率作用不是在任何情况下都可以自然发生的。利率发挥作用需要一定的环境与条件。

（一）利率发挥作用的基础性条件

1. 独立决策的市场主体

利率要发挥应有的作用，首先需要各个微观行为主体是能够独立决策、独立承担责任的市场行为主体。只有市场参与者的投资决策与其自身利益息息相关，且需要为决策所导致的后果承担责任时，利率的高低才能够通过对市场参与者投资收益和利润的影响，产生行之有效的激励和约束。如果市场参与者不满足这一基本条件，利率的作用也就无法有效发挥。

2. 市场化的利率决定机制

在市场化的利率决定机制下，利率高低能够真实地反映资金的稀缺程度及其机会成本。市场参与者可以根据市场利率高低做出理性的决策，通过利率信号，就能够有效地筛选优质项目，从而将资金配置到那些最需要资金、具有良好经济效益的投资项目。

3. 合理的利率弹性

利率弹性是指其他经济变量对利率变化的敏感程度。利率弹性越大，经济变量对利率的变化越敏感，通过利率变动引导其朝着预期目标变化的意图就越容易实现。反之，如果经济变量对利率的变动缺乏弹性，对利率变动不敏感，利率变动对经济变量的影响就极其微弱，通过利率变动就很难达到预期的目标。

4. 灵活的利率联动机制

利率联动机制是指各种利率之间相互关联的变动关系。在市场化的利率体系中，需要一套完善、有效的利率联动机制来传递各种信息，使各种利率能够迅速地反映出市场流动性的变化，进而传递至整个经济系统中，各类参与主体根据利率的变化调整自身的行为，从而对宏观经济产生影响。

（二）经济制度与经济环境对利率作用发挥的影响

1. 市场化改革与利率作用的发挥

对于实行计划经济的国家，市场化改革是利率发挥作用的前提。因为市场化改革以后才有独立决策、独立承担责任的市场行为主体，他们才会对利率及其变化做出反应。如果企业不关心自身利益，利率就不能发挥应有的作用。

2. 市场投资机会与资金的可得性

在西方发达国家，市场充分竞争导致的投资机会减少和盈利空间收窄，使得利息成本成为制约企业投资及其利润状况的重要因素，利率的升降也就会直接影响企业的投资决策。但在市场竞争不充分以及大量投资机会存在的国家，不少项目都具有很高的投资收益率，利息尽管也会对投资决策产生影响，但不是决定项目是否值得投资的主导因素。对投资具有真正影响的是能否获得足够的资金，即资金的可得性问题。也就是说，发展中国家相对较高的投资收益率和较严格的利率管制导致的低利率，使得相对于利率高低来说，资金的可得性对项目投资决策来说是一个更具实质性的约束。

3. 产权制度与利率作用的发挥

微观行为主体对利率作用的发挥具有至关重要的制约作用。在不同的产权制度下，微观行为主体面临的激励和约束明显不同。在公有产权和国有企业制度下，由于预算约束软化，管理者往往会具有资源掌控最大化与成本费用最大化的动机，而对利润水平的关注明显不足。产权制度的改革，在规范和发展非公有产权制度的同时，还通过诸多制度设计明显强化了公有产权背景下的激励和约束，微观行为主体的逐利动机明显增强，其对利率变化的敏感性自然也会随之提高。

五、我国的利率市场化改革

中华人民共和国成立之初，针对严重通货膨胀、囤积居奇和高利贷盛行的状况，政府采取了包括利率管制在内的经济管制措施，收到了较为理想的效果。随着高度集中的中央计划经济管理体制的建立，管制利率的做法得到了进一步强化。这一阶段，利率管制具有"利率档次少、利率水平低、利差小、管理权限高度集中"的典型特征。由于计划体制下的生产、销售、分配和资金供求基本上取决于国民经济计划，利率高低对经济变量几乎不起作用。在当时的历史背景下，利率作为国家可控制、可管理的经济杠杆，成为体现政策意图和实施计划的重要工具。例如，中华人民共和国成立之后至改革开放之前，我国长期实行管制利率政策，对于稳定物价、稳定市场和促进工农业生产的发展都发挥过积极的作用。

改革开放以后，随着我国经济体制从计划经济逐步向市场经济转轨，利率对宏观经济和微观行为主体的影响逐步增强，利率体制僵化逐渐成为经济优化和良性发展的严重障碍。利率管制既不利于储蓄的动员和资本的形成，又容易导致企业对资金的过度需求，诱导并加重企业的"投资饥渴症"，利率作为市场资金供求指针的作用几近丧失，金融工具的定价也因此出现扭曲，导致资金错配和实物资源的错配。因此，随着改革开放的推进，利率市场化改革势在必行。

所谓利率市场化，是指通过市场和价值规律机制，在某一时点上由供求关系决定的利率运行机制。利率市场化实际上就是将利率的决策权交给金融机构，由金融机构自己根据资金供求状况及其对金融市场走势的判断，自主调节利率水平，最终形成以中央银行基准利率为基础，以货币市场利率为中介，由市场供求决定金融机构存贷款利率和金融市场利率的市场化利率形成机制和市场化利率体系。

与我国渐进式改革战略相适应，利率市场化也具有渐进式改革的特征。根据十六届三中全会精神，结合我国经济金融发展和加入世界贸易组织后开放金融市场的需要，中国人民银行按照"先外币、后本币，先贷款、后存款，存款先大额长期、后小额短期"的基本步骤，逐步建立由市场供求决定金融机构存、贷款利率水平的利率形成机制，并通过中央银行调控和引导市场利率，使市场机制在金融资源配置中发挥主导作用。2015年10月，中国人民银行宣布取消存款利率上限，这标志着我国的利率管制已经基本放开，利率市场化改革迈出最为关键的步伐。2019年8月，中国人民银行发布改革完善贷款市场报价利率（loan prime rate，LPR）形成机制的方案，有利于提高利率决定的市场化程度和利率传导效率。

本章小结

1.利息是借贷关系中资金借入方支付给资金贷出方的报酬，是货币的时间价值的具体体现。利息转化为收益的一般形态，其主要作用在于导致收益的资本化。利息的计算有两种基本方法：单利法和复利法。

2. 利率是指借贷期满的利息总额与贷出本金总额的比率。收益率实质上就是利率，但收益率能够更加准确地衡量一定时期内投资人获得收益的水平。

3. 马克思的利率决定理论、古典学派的实际利率理论、凯恩斯的流动性偏好理论、新古典学派的可贷资金理论以及 *IS-LM* 模型对决定利率的因素进行了分析。此外，宏观经济周期、风险因素、时间及期限因素以及利率管制等也会对利率产生重要的影响。

4. 相同期限的金融资产，因违约风险、流动性风险、税收风险、购买力风险、汇率波动风险等方面的差异而形成不同的利率，称为利率的风险结构。

5. 利率的期限结构是指违约风险相同，但期限不同的证券收益率之间的关系。三个利率期限结构理论，即预期假设、市场分割理论、期限选择和流动性升水理论解释了收益率曲线所表现出来的经验特征。

6. 利率是现代市场经济中最为重要的经济杠杆，其作用不仅表现为影响宏观层面，也会对经济的微观层面产生重要影响。利率作用的发挥需要满足一些基础性条件，经济制度环境也会对利率作用的发挥产生重要影响。

7. 利率市场化是指通过市场和价值规律，在某一时点上由供求关系决定利率的运行机制。利率市场化是社会主义市场经济及金融经济发展的内在要求与重要内容。

思考题

1. 如何认识货币的时间价值与利息及利率之间的关系？
2. 什么是收益的资本化？
3. 利率和收益率之间存在着怎样的关系？
4. 利率分为哪些种类？
5. 什么是利率的风险结构？对比国债和企业债券说明利率风险结构的主要影响因素。
6. 联系实际分析利率变化如何影响金融资产价格。
7. 利率作为经济杠杆有哪些重要作用？试从金融学理论框架的各个部分来找出利率作用的方方面面。
8. 利率发挥作用应具备哪些基础性条件？
9. 什么是利率市场化？请结合我国的利率市场化改革进程论述其必要性。

第六章　金融市场

📑 **问题导入**

2014 年开始，我国债权市场进入新一轮快速上涨的通道，债券发行量从 2014 年的 12.2 万亿元快速增长到 2019 年的 45.3 万亿元，货币市场的交易额也从 2013 年的 104.4 万亿元跃增到 2019 年的 961.8 万亿元。哪些原因推动了债券市场和货币市场的爆发性增长？与此同时，人民币汇率在短期内有进一步走弱的趋势，黄金价格连续下跌。为什么会出现这样的市场特征？金融市场究竟具备什么功能？这些功能的发挥需要什么条件？2010 年以来，我国先后推出了股指期货、国债期货和股票期权等金融衍生工具交易，衍生工具具备什么功能？本章将阐释金融市场的构成要素、主要种类、功能、衍生工具市场的规律。

📑 **学习目标**

1. 了解金融市场的分类和构成要素，熟悉我国金融市场体系的发展和现状，掌握金融市场的功能，了解金融市场功能发挥的条件；

2. 理解金融市场体系的构成和产生，掌握外汇市场、黄金市场、衍生工具市场的基本特征，了解市场交易的基本原理与主要方式；

3. 从我国国情出发，了解金融市场、衍生工具市场发展的历史机遇和时代特点。

第一节　金融市场的构成及其功能

金融市场是资金供求双方借助金融工具进行各种投融资活动的场所。广义的金融市场是货币借贷、资金融通、票据和有价证券买卖等所有金融交易活动的总称，包括直接融资和间接融资在内的所有金融投融资活动；狭义的金融市场专指以金融工具为载体的交易活动，即直接融资活动。本章主要讨论狭义的金融市场。

一、金融市场的构成

（一）金融市场的构成要素

1. 市场参与者

目前，金融市场的参与者非常广泛，包括政府、中央银行、金融机构、企业和居民。在开放的金融市场上，还包括国外金融交易者。

（1）政府。政府是一国金融市场上主要的资金需求者，为了调节国库收支、建设公共工程、干预经济运行、弥补财政赤字，通常需要通过发行公债筹措资金。在货币市场上，政府通过发行国库券借入资金；在资本市场上，政府通过发行国债满足其对中长期资金的需求。

（2）中央银行。中央银行既是国家重要的宏观经济管理部门，也是金融市场的重要参与者。中央银行与政府一样，参与市场的目的是实现国家宏观经济目标，但参与市场的方式不同。中央银行在金融市场上进行公开市场操作，通过买卖有价证券，吞吐基础货币，调节市场上的货币供应量。

（3）金融机构。在金融市场上，金融机构的作用较为特殊。一方面，它是金融市场上最重要的中介机构，是储蓄转化为投资的中介机构。另一方面，金融机构在金融市场上同时充当资金的供给者和需求者，它既发行、创造金融工具，也在市场上购买各类金融工具。具体内容参见第八章至第十章。

（4）企业。企业是微观经济活动的主体，是股票和债券市场上的主要筹资者，也是货币市场的重要参与者。企业既利用现金余款来进行短期投资，也利用货币市场融入短期资金来满足季节性、临时性的融资需求，还可以通过资本市场筹措长期资金，是金融市场最活跃的主体。

（5）居民。居民是金融市场主要的资金供给者。居民出于预防未来支出的不确定性或节俭等考虑，将收入的一部分用于储蓄。与此同时，居民可将储蓄资金投资于资本市场、保险市场或黄金市场，通过金融资产的投资组合，实现收益和风险的最佳匹配。居民是金融市场供求均衡的重要力量。

2. 金融工具

从本质上说，金融市场的交易对象是货币资金。但由于货币资金的交易通常需要借助金融工具来进行，因此，金融工具成为金融市场上的交易载体。不同的金融工具具有不同的特点，能满足资金供求双方在数量、期限和条件等方面的需要，在不同的市场上为不同的交易者提供服务，具有广泛的社会可接受性。

3. 金融工具的价格

金融工具的价格是金融市场的另一个重要构成要素。价格反映资金的供求关系，也影响和制约资金供求双方的交易活动；政府对宏观经济的调节也通过间接调控金融工具的价格来实现。有关金融工具、金融资产价格等内容见第五章。

4. 金融交易的组织形式

受市场本身的发育程度、技术的发达程度以及交易双方交易意愿的影响，金融交易主要有以下三种组织方式：一是在固定场所有组织、有制度、集中进行交易的方式，即交易所交易方式；二是在各个金融机构柜台上进行面议、分散交易的方式，即柜台交易方式；三是没有固定场所，交易双方主要借助电子通信或互联网等手段完成交易的无形方式。这几种组织方式各有特点，分别可以满足不同的交易需求。在完善的金融市场上，这几种组织方式通常是并存的。

5. 金融市场的基础设施

金融市场的基础设施主要包括金融资产登记托管系统、清算结算系统（含开展集中清算业务的中央对手方）、交易设施、交易报告库、重要支付系统、基础征信系统。

（二）金融市场的分类

按照不同的标准可以对金融市场进行不同的分类。常见的有以下几种：

1. 按照市场交易工具的功能分类

按照市场交易工具的功能，金融市场分为货币市场、资本市场、外汇市场、黄金市场和保险市场。

货币市场又称短期金融市场，是指专门融通 1 年以内的短期资金的场所，其主要功能是满足市场参与者对资金短期性的周转和余缺调剂等需求。货币市场主要包括票据市场、同业拆借市场、回购市场、短期政府债券市场、大额可转让存单市场等。

资本市场又称长期金融市场，是指专门融通 1 年以上的中长期资金的场所。广义的资本市场包括两部分：一是银行中长期存贷款市场，二是证券市场；狭义的资本市场专指证券市场，主要包括股票市场和中长期债券市场。资本市场的主要功能是满足长期的投融资需求。

外汇市场有广义和狭义之分，狭义的外汇市场是指银行间的外汇交易市场，包括外汇银行间的交易、中央银行与外汇银行的交易以及各国中央银行之间的外汇交易活动市场，通常称为外汇批发市场。广义的外汇市场是指各国中央银行、外汇银行、外汇经纪人及客户组成的外汇买卖、经营活动的总和，包括狭义的外汇市场以及银行同企业、个人之间进行外汇交易的零售市场。外汇市场的主要功能是为交易者提供外汇资金融通的便利，也可以满足外汇保值和投机的需求。

黄金市场是专门进行黄金买卖的交易中心或场所。黄金市场形成于 19 世纪初，是最古老的金融市场。随着黄金非货币化，其市场地位也随之下降。目前，黄金仍是国际储备资产之一，因此，黄金市场仍被看作金融市场的组成部分。黄金市场的主要功能除了解决黄金供求矛盾，还为广大投资者增加了一种投资渠道，为中央银行提供了调节国际储备的场所。

保险市场是以保险单为交易对象的场所。保险市场的主要功能是满足保险单的流动性需求，同时为保险单的市场化定价提供场所。

2. 按照交易标的物的层次分类

按照交易标的物的层次，金融市场分为原生金融工具市场和衍生金融工具市场。

原生金融工具市场是各种原生金融工具进行交易的市场。所谓原生金融工具，是指在实际信用活动中出具的能证明债权债务关系或所有权关系的合法凭证，主要包括各种票据、债券等债权债务凭证和股票、基金等所有权凭证。原生金融工具是最基础、最本源的金融工具，是货币市场和资本市场上的主要交易对象，也是衍生金融工具赖以生存的基础。

衍生金融工具市场是各种衍生金融工具进行交易的市场。衍生金融工具市场的功能主要是满足套期保值和防范风险的需求。衍生金融工具包括远期合约、期货合约、期权合约、互换协议等各种标准化合约。但因其自身的特点，衍生金融工具已经成为一种投机对象，由于杠杆化比率较高，其交易风险远远大于基础性金融工具的风险，重要性也越来越明显，我们在下一节中再做专门讨论。

二、金融市场的功能及其发挥

（一）金融市场的一般功能

1. 资源配置与转化功能

金融市场上多种形式的金融交易形成纵横交错的融资活动，可以不受行业、部门、地区和国家的限制，灵活地调度资金，充分运用不同性质、不同期限、不同额度的资金，实现资金性质和期限的转化。例如，股票、债券的发行能将储蓄转化为投资资金，将流动的短期资金转化为相对固定的长期资金；证券的转让出售能将投资者的长期投资转化为现金；远期票据的贴现能使将来的收入转化为现金收入。

金融市场通过收益率的差异，通过市场上优胜劣汰的竞争以及对有价证券价格的影响，能够引导资金流向那些经营管理好、产品畅销、有发展前途的经济单位，从而有利于提高投资收益，实现资金在各地区、各部门、各单位间的合理流动，完成社会资源的优化配置。

2. 价格发现功能

金融产品的价格是所有参与市场交易的经济主体对这些产品未来收益的期望。交易双方会根据自身立场和所掌握的市场信息，对过去的价格表现加以研究，做出买卖决定。而交易所则通过公开竞价得出的价格进行交易。可以说，金融市场具有价格发现功能。

3. 风险分散和规避功能

金融市场灵活多样的融资形式和各种金融工具的自由买卖使资金供应者能够灵活地调整其闲置资金的保存形式，增强了金融交易的安全性，提高了融资效率，达到了安全性、流动性和盈利性的统一。虽然金融市场并不能最终消除金融风险，但是为金融风险的分散和规避提供了丰富的手段和平台。

4.宏观调控传导功能

现代金融市场是中央银行实施宏观经济调控的场所。首先，金融市场为货币政策提供了传导路径。中央银行通过货币市场进行公开市场业务，买卖有价证券以调节货币供应量；实施再贴现政策，调整再贴现率以影响信用规模。其次，财政政策的实施也离不开金融市场，在金融市场上发行国债成为当代各国政府筹集资金的重要方式，是财政政策发挥积极作用的前提条件。而国债的发行又为中央银行提供了公开市场操作的工具，从而为货币政策创造手段。最后，金融市场可以为政府产业政策的实施创造条件，政府可以通过设立创业板市场鼓励高新技术企业和中小企业发展。

> **原理 6-1：**
> 金融市场具有资源配置与转化、价格发现、风险分散和规避以及宏观调控传导等功能。

（二）金融市场功能发挥的条件

金融市场具备了基本要素并不意味着一定能发挥应有的功能。金融市场功能的发挥，首先取决于市场的建立基础与发展方向。各国金融市场发展的历史和现实表明，金融市场只有建立在真实信用和现实社会再生产的基础上，坚持与生产流通紧密相关并为之服务的发展方向，才能在经济发展中充分发挥其功能。如果金融市场的活动脱离了上述市场建立基础与方向，不仅不能发挥其基本功能，还会加大金融风险，破坏金融市场的正常运作和经济的稳定，继而引发经济危机。其次，金融市场功能的发挥，还需要具备以下的外部和内部条件。

1.外部条件

（1）法制健全。从某种程度上说，市场经济就是法制经济。完备的法律和规章制度，不仅是金融市场参与主体的行为规范，而且是行政及执法部门的行动指南。金融市场是一个风险与收益并存的市场，全面、系统、完善的法律法规是规范市场秩序、充分发挥市场功能的基础。

（2）信息披露充分。金融市场是一个信息不对称的市场。如在借贷市场上，借款人比银行拥有更多的有关借款人自身的信息；在证券市场上，上市公司比投资者拥有更多有关公司本身的信息，他们往往将最有利于公司形象、最能吸引投资者的信息公之于众，而将那些对公司可能产生负面影响的信息加以隐瞒，误导投资者尤其是中小投资者，损害他们的利益。因此，金融市场比较发达的国家都将监管的重点放在证券发行人的信息披露方面，规定披露的信息要充分、及时、真实，否则就要受到处罚。

（3）市场进退有序。能正常发挥功能的金融市场应该是一个充分竞争的市场。从市场准入来看，在准入条件面前人人平等，不存在超市场力量（如行政权力）决定的准入标准；在市场运作过程中，各主体平等展开竞争，由市场评判孰优孰劣，优者胜、劣者汰；从退出市场的角度看，在竞争中被淘汰者已经丧失生存能力，应该退出市场，不存在政府或其他组织以补贴等形式延缓甚至阻拦被淘汰者退市的做法。

2. 内部条件

（1）国内、国际统一的市场。金融市场要正常发挥功能，不能是地区分割或者行业分割的市场，否则金融资源就难以合理配置到最需要和最能发挥效益的地方。随着经济全球化和金融全球化的推进，国内外金融资源的流入与流出日益频繁，国内市场与国际市场的统一成为金融市场发挥作用的必要条件。

（2）丰富的市场交易品种。交易品种的丰富程度是衡量金融市场发达程度的重要标志，也是金融市场功能能否发挥的重要基础。交易品种越丰富，市场参与主体的目标就越容易实现，市场效率也就越高；反之，有限的金融工具不但不能促进市场功能的实现，反而容易成为金融投机的对象，阻碍市场的正常运行。

（3）健全的价格机制。健全的价格机制主要体现在两个方面：一是合理的定价机制，包括交易定价的制度安排，如询价、议价、竞价机制等；二是灵活的价格机制，即价格能够及时、真实地反映供求关系，从而能够调节资金供求双方的行为，并使金融资源在价格的引导下流向能够有效使用资金、最能产生效益的行业和企业。价格机制灵活还意味着政府可以通过价格波动，相应增减市场主体的融资成本或投资收益，调节市场上的货币供应量，最终实现宏观经济政策目标。

（4）必要的技术支持。在国内和国际市场一体化程度不断加深的背景下，瞬息万变的市场走势往往在很短的时间内决定参与主体的盈亏状况、金融资源的运用效率，以及政府进行宏观调控的效果，这些都依赖于必要的技术条件，包括计算机硬件和软件以及金融工程技术等。

> **原理 6-2：**
> 金融市场功能的发挥既需要具备必要的外部和内部条件，也应该建立在真实信用和现实社会再生产的基础上，坚持与生产流通紧密相关并为之服务的发展方向。

第二节　金融市场体系

一、金融市场体系的组成

（一）金融市场体系的形成与发展

随着商品经济的发展，商业信用、银行信用和政府信用等多种信用形式日益发展，催生了金融市场。投融资活动的多样性促使金融工具不断创新，金融交易活动规模日益扩大，逐步形成了多元化的金融市场体系。

从时间上考察，广义的金融市场的源头可以追溯到公元前 2000 年巴比伦寺庙经营的货币保管和收取利息的放款业务。货币兑换业和金匠业从 11 世纪开始向近代银行业过渡。狭义的金融市场的起点一般认为是票据市场的出现。12 世纪初，汇票等信用工具出现。中世纪欧洲已经出现国债发行市场。14 世纪至 15 世纪，热那亚出现了认股文书作为个人财产凭证及其转让活动。16 世纪初，在伦敦和安特卫普等主要商业金融中心出现了外币交易所。而 1613 年开市的阿姆斯特丹证券交易所通常被认为是以股票交易为中心的证券市场的开端。

随着社会化大生产和信用的广泛发展，投融资活动日益活跃，金融市场迅速发展起来。第二次世界大战前，金融市场的发展主要以扩大金融与其他经济活动的联系面为特征。第二次世界大战后，特别是 20 世纪 60 年代以来，金融市场的发展则主要以深化金融对其他经济活动的渗透为特征。

我国金融市场的发展也有着久远的历史。广义的金融市场可以上溯到公元前 11 世纪的周朝，当时以"泉府"为中心的赊贷业务开始发展。到汉唐时期，金融市场已有较大的规模。我国金融市场的雏形是在明代中叶以后出现在浙江一带的钱业市场，它兼有早期银行与早期金融市场的功能。20 世纪 30 年代，我国沿海地区形成了较为完善的金融市场体系。

中华人民共和国成立之初，金融市场在我国曾短暂存在过。随着高度集中的计划经济体制的建立，信用集中于银行，财政拨款代替了企业的股票和债券融资，金融市场基本消失。

改革开放以来，我国的金融市场发展很快。商业票据市场起步于 20 世纪 80 年代初，1994 年后，中国人民银行大力推广使用商业汇票，票据市场开始以较快的速度发展；全国银行间拆借市场于 1996 年 1 月 3 日开始运行；全国银行间债券市场于 1997 年 6 月 16 日开始运行；1981 年，国家开始发行国库券；1985 年，银行开始发行金融债券；之后，企业债券、股票、各种政府债券等金融工具也陆续出现。上海证券交易所和深圳证券交易所分别于 1990 年 12 月和 1991 年 6 月成立。1994 年人民币汇率并轨后，全国统一的外汇交易市场在上海成立并运行。2001 年 10 月，上海黄金交易所成立，在试运行一年后于 2002 年 10 月正式开业。至此，我国的货币市场、资本市场、外汇市场、保险市场、黄金市场、期货市场等主要金融市场全部形成。

（二）市场体系与金融市场

在市场经济条件下，各类市场在资源配置中发挥着基础性作用，这些市场共同组合成一个完整、统一且相互联系的有机整体。市场体系分为两大类：一是产品市场，如消费品市场、生产资料市场、旅游服务市场等；二是为这些产品提供生产条件的要素市场，如劳动力市场、土地市场、金融市场等。

金融市场是统一市场体系的一个重要组成部分，属于要素市场。在整个市场体系中，金融市场是最基本的组成部分之一，是联系其他市场的纽带。因为在现代市场经济中，无论是消费资料、生产资料的买卖，还是技术和劳动力的流动等，都要通过货币的流通和资金的运动来实现，都离不开金融市场的密切配合。从这个意义上说，金融市场的发展对整个市场体系的发展起着举足轻重的作用；市场体系中其他各市场的发展则为金融市场的发展提供了条件和可能。

（三）金融市场体系的主要构成

按照金融市场的主要功能，一国金融市场体系构成大致如图 6-1 所示。

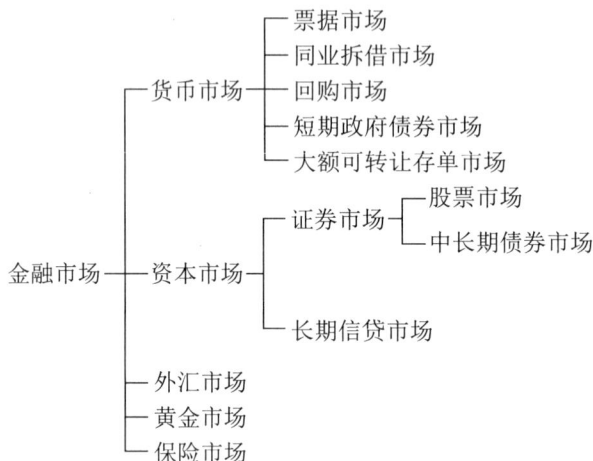

图 6-1　一国金融市场体系构成

随着经济和金融发展的不断深化，金融市场逐渐演变成种类齐全、专业分工明确的金融市场体系。由于货币市场与资本市场的特殊重要性，本书在第七章、第八章中专门讨论，此处简要介绍外汇市场、黄金市场、保险市场、金融资产交易市场和比较特殊的衍生工具市场。

二、外汇市场

（一）外汇市场的分类

按不同的标准，外汇市场可以有多种分类，最常见的是划分为外汇零售市场和外汇批发市场。

银行与客户间的外汇交易构成了外汇零售市场。在外汇交易中，由于外汇买卖双方资信、偿还能力的差异，外汇买卖通常是由承办外汇业务的银行承担。外汇供给方将外汇卖给银行，银行支付本国货币；外汇需求方向银行买入自己所需要的外汇。其中，对法人的外汇交易，多采用转账结算，而对居民个人的外汇交易通常在银行柜台上结算，由于金额较小、笔数较多，故称为零售外汇交易。

银行同业间的外汇交易构成外汇批发市场。银行在向客户买入或卖出外汇后，其自身所持有的外汇就会出现多余或短缺，意味着有出现损失的可能性，因此，银行在与客户完成外汇交易后，就会在本国银行同业外汇市场上，或在某种外币发行中心国的银行同业市场上，做外汇即期或远期的抛补，以保持银行资产负债的合理配置，保持银行外汇头寸的平衡，将风险降到最低，这种银行与银行或其他金融机构之间的外汇交易就称为外汇批发交易。

（二）外汇市场的地位与发展

外汇市场是国际金融市场的一个重要组成部分。在外汇市场上，可以实现购买力的国际转移，为交易者提供外汇保值和投机的场所，也可以向国际交易者提供资金融通的便利，从而有效推动国际借贷和国际投资活动。

近年来，外汇市场发展呈现出以下主要特点：一是全球化。第二次世界大战后，新加坡、中国香港、马尼拉、开曼群岛和巴林等新兴外汇市场迅速崛起，交易规模急剧增加，外汇市场已经是全球化的市场。二是复杂化。布雷顿森林体系崩溃后，国际范围内的汇率稳定机制不复存在，新的交易工具和交易方式不断涌现，使得外汇市场成为 24 小时连续运行的市场。

（三）中国的外汇市场

1994 年，中国实行结售汇制度，建立了统一的银行间外汇市场，人民币汇率实现了有管理的浮动。2005 年 7 月 21 日，中国外汇市场又进行了一次重大改革，其目的是增强人民币汇率弹性，充分发挥市场机制调节外汇供求的作用，为实现资本和金融项目的可兑换创造条件。2015 年 8 月 11 日，中国启动新一轮汇率改革，中国人民银行宣布即日起进一步完善人民币汇率中间价报价，中间价将参考上日银行间外汇市场收盘汇率。这意味着人民币汇率将相当程度上与美元脱钩，汇率决定的市场化程度提高。2016 年 10 月 1 日，人民币正式加入国际货币基金组织特别提款权（special drawing right，SDR）货币篮子，成为继美元、欧元、日元和英镑之后的又一个国际储备货币，并成为其中唯一的新兴经济体货币。人民币正式"入篮"也被各方视为中国资本账户开放和金融改革的新起点。

目前，中国外汇市场由外汇零售市场和外汇银行间市场两部分构成。在外汇零售市场上，企业和个人按照《中华人民共和国外汇管理条例》和结售汇政策规定通过外汇指定银行买卖外汇。外汇银行间市场则由外汇指定银行、具有交易资格的非银行金融机构和非金融企业所构成。外汇指定银行是连接零售市场和银行间市场的主要机构。在新的制度安排下，外汇市场引入了做市商制度，货币当局同时增加了外汇做市商的头寸额度，中国人民银行不再直接参与外汇市场的日常交易，而是通过外汇交易商进行间接调控。可见，随着商业银行在市场供求方面的影响力加大，市场因素对人民币汇率的影响力也不断增强。

三、黄金市场

黄金市场是集中进行黄金买卖和金币兑换的交易中心。历史上，黄金曾经作为货币在市场上流通，现在虽然普遍实行信用货币制度，但是各国仍然保留一定的黄金储备。当本国货币汇率大幅波动时，政府仍然会利用增减黄金储备、吸纳或投放本币的方法来稳定汇率。20

世纪 70 年代以来，黄金市场发生了巨大变化，不但市场规模扩大、交易量猛增，而且投机活动日益频繁，黄金期货市场不断壮大。

黄金市场上的供给者主要是各国中央银行、黄金生产企业、预测金价下跌做空头的投机商，另外还有一些拥有黄金需要出售的企业或个人；需求者则包括为增加本国黄金储备的中央银行、预测金价上涨而做多头的投机商以及以保值、投资或生产为目的的企业或个人。一些国际金融组织（如国际货币基金组织）也是黄金市场的参与者。

黄金的价格经常发生波动，除了受供求关系影响，受经济周期的影响也很大。在经济复苏和繁荣时期，由于人们投资的欲望强烈，纷纷抛出黄金，换取纸币以追求利润，金价下跌；反之，在萧条或衰退期，金价上涨。此外，通货膨胀与利率的对比关系也影响黄金价格。当利息收入无法抵补通货膨胀造成的纸币贬值的损失时，人们对纸币失去信心，就会转而买入黄金以保值，金价上涨；反之，当利息收入高于纸币贬值的损失时，金价就会受到抑制。与此同时，外汇价格变动也会影响黄金价格，一种外汇下跌，人们就有可能抛出该种外汇而买入黄金，刺激金价上涨。政治局势与突发事件也会影响金价，如果政局动荡引起人们对资产贬值的恐惧，他们就会大量抢购黄金，导致金价上涨。

1999 年以前，我国一直对黄金实行严格的"统收统配"制度，取缔了黄金的市场交易，金、银收购均由中国人民银行统一审批和供应。1999 年，我国放开了白银市场。2001 年 6 月，取消黄金定价制，对黄金收售价格实行周报价制度；同年 8 月，取消黄金制品零售业务许可证管理制度，实行核销制。2002 年 10 月，上海黄金交易所正式运营。截至 2019 年，上海黄金交易所黄金成交额为 29 万亿元，现货黄金场内交易额已连续八年排名第一，蝉联世界最大的黄金现货交易市场。

四、保险市场

保险市场是以保险单为交易对象的场所。传统的保险市场大多是有形市场，如保险交易所。随着社会的进步和科学技术的发展，尤其是信息产业的高速发展，现代通信设备和计算机网络技术的广泛运用，无固定场所的无形保险市场已成为现代保险市场的主要形式。世界上最早的保险市场是 1568 年伦敦开设的专门提供保险交易的皇家交易所。1771 年成立的英国劳埃德保险社很快发展成英国保险交易的中心，至今为止仍然是世界上最大的保险市场。

根据不同的标准，可对保险市场进行不同的分类。

1. 根据保险交易对象分类

根据保险交易对象的不同，可以将保险市场分为财产保险市场和人身保险市场。

财产保险市场为各类有形的物质财产和与有形的物质财产相联系的经济利益及损害赔偿责任提供保险交易场所，而人身保险市场则为健康、安全、养老等保险提供交易场所。

2. 根据保险交易主体分类

根据保险交易主体的不同，可以将保险市场分为原保险市场和再保险市场。

原保险市场是保险人与投保人进行保险交易的市场，可以视为保险的一级市场。再保险市场是保险人之间进行保险交易的市场，即保险人将自己承保的部分风险责任向其他保险人进行再保险，分出保险业务的保险人称为原保险人，接受分保业务的保险人称为再保险人。再保险市场可以视为保险的二级市场。

3. 根据保险交易地域分类

根据保险交易地域的不同，可以将保险市场分为国内保险市场和国际保险市场。

国内保险市场和国际保险市场的主要差异：一是交易者是否为本国居民；二是交易活动是受本国还是多国法律法规的约束；三是保险市场活动是否会引起资本的国际流动。

保险市场除了具备一般金融市场的功能，还具有一些特殊的功能：首先，保险市场能提供有效的保险供给。保险市场提供的竞争机制能使保险经营者不断开发新险种，提高保险服务质量，满足人们的保险需求。其次，保险市场能提高保险交易的效率。保险市场如保险产品的集散地，保险交易双方在市场上可以自由选择、公平竞争，促使保险经营者尽可能地降低交易成本，从而在客观上提高了保险交易的效率。再次，保险市场上由于交易双方的相互作用以及保险人之间的相互竞争，可以形成较为合理的交易价格。最后，保险市场的保险和再保险业务可以为投保人、保险人提供最广泛的风险分散机制。

改革开放以来，我国的保险市场得到了快速发展，保险业务品种日益丰富，保险业务范围逐步扩大，保费收入增长较快。商业保险已经成为我国社会保障体系的一个重要组成部分。截至 2019 年底，保险公司总资产 20.6 万亿元，原保险保费收入 4.3 万亿元。保险市场的发展在保障经济、稳定社会、造福人民等方面发挥了重要的作用。

五、金融资产交易市场

金融资产是指金融体系里的一切金融工具或金融合约。金融资产交易市场是以金融资产为交易标的而形成的场外交易市场。在我国，金融资产交易市场主要以金融资产交易所（中心）形式出现，是地方政府批准设立的综合性金融资产交易服务平台。

我国金融资产交易市场的发展起步较晚。脱胎于产权交易所原有的金融资产交易业务，2010 年 5 月开业的北京金融资产交易所是国内第一家正式揭牌运营的金融资产交易平台。随后，天津、重庆、上海等地纷纷跟进，其他主要省份也设立了区域性金融资产交易平台。截至 2017 年 3 月 1 日，全国共有金融资产交易平台 79 家。从市场影响力来看，我国金融资产交易市场不仅为应收账款、存单等低流动性金融资产提供了交易场所，而且其发现金融资产价格、分散金融资产风险的功能均逐步显现。

目前，我国金融资产交易市场上的交易品种十分丰富，主要包括三个方面：一是金融资产公开交易业务，包括金融企业国有产权转让、不良金融资产转让、债转股以及其他金融产权转让交易；二是金融产品非公开交易业务，包括信贷资产、银行理财产品、股权投资基金权益、信托产品的募集和凭证、资产权益份额转让等金融产品交易；三是其他标准化金融创新产品的咨询、开发、设计、交易和服务。在实际经营中，各金融资产交易市场偏向于不同的业务侧重点，并致力于开发创新性金融产品和交易模式。

六、衍生工具市场

衍生工具是相对于原生工具而言的。目前在全球金融交易中，期货、期权等衍生品的交易规模大大超过了股票、债券等原生金融工具的交易量，衍生工具市场的重要性与影响力日益增加，同时因其市场活动的特殊性，我们在此专门进行讨论。

（一）衍生工具及其功能

衍生工具是指在一定的原生工具或基础性工具之上派生出来的金融工具，其形式是载明买卖双方交易品种、价格、数量、交割时间和地点等内容的规范化或标准化的合约与证券，交易受有关法律和交易所制度规则的保护。衍生工具的标的物通常有农产品、有色金属、能源产品、金融产品等。随着金融创新的不断推进，天气指标、环境指标等也成为衍生工具的标的物进行交易。另外，衍生工具本身也可作为合约标的物，产生了复杂衍生工具，如期货期权、互换期权等。衍生工具的功能主要有：

1. 套期保值

套期保值是衍生工具为交易者提供的最主要的功能，也是衍生工具产生的原动力。最早出现的衍生工具——远期合约，就是为适应农产品的交易双方出于规避未来价格波动风险的需要而创设的。现货供应商和采购商通过远期合约将未来的价格事先确定下来，这一合约对交易的货物发挥了套期保值的功能。其他衍生工具也是通过事先约定价格，实现标的物的保值目的。

2. 价格发现

预测未来往往是一件比较困难的事情，尤其是对千变万化的市场价格进行预测。但是，衍生工具具有预测价格的优势。衍生工具交易价格是对合约标的物未来价格的事先确定，如果市场竞争是充分的和有效的，衍生工具价格就是对标的物未来价格的事先发现。现货市场价格发现只是一个即时的价格，而衍生工具交易所发现的价格是未来的价格。由于大部分衍生工具交易集中在有组织的交易所内进行，市场参与主体比较多，通过竞价方式形成市场价格，能够相对准确地反映交易者对标的物未来价格的预期。

3. 投机套利

只要商品或资产存在价格的波动就有投机与套利的空间。衍生工具交易采用现金清算，而不实行强制交割，这就使衍生工具成为事实上的一类投资品。衍生工具将大宗商品细化为标准化的可交易合约，使交易双方买卖更加便利。衍生工具都是跨期交易，存在一个期限，相同期限的不同衍生品、不同期限的同一衍生品之间往往存在套利的可能。例如，同样是 3 个月的外币期货与期权，执行价格不同，如果期货价格高就可以做空，买入看涨期权。3 个月后，无论汇率如何变化，套利者都可以获得两个合约的价差。单向交易衍生工具者是市场的投机者，衍生工具为其提供了投机的对象。投机者的目的就是博取价差，他们认为价格会上涨时做多，价格会下跌时做空。

（二）主要的衍生工具

1. 可转换债券

可转换债券是一种被赋予了股票转换权的公司债券。发行公司规定债权人可以选择时机，按发行时规定的条件把其债券转换成发行公司的等值普通股票。可转换债券最早出现在英国，现已成为各国债券市场的重要交易品种。

2. 权证

权证是由上市公司发行，赋予持有人能够按照特定的价格在特定的时间购买或出售一定数量该公司普通股票的选择权凭证。上市公司通常把权证作为新股配售的一部分，用来吸引投资者认购新股。权证按照持有人的买卖权利分为认购权证和认沽权证，按行权时间分为美式权证、欧式权证和百慕大式权证。

3. 远期合约

远期合约指合约双方承诺以当前约定的条件在未来规定的日期交易商品或金融工具的合约。远期合约是必须履行的协议，其合约条件是为买卖双方量身定制的，合约条款因合约双方需要的不同而不同，通过场外达成交易。交易品种主要有远期利率协议、远期外汇合约、远期股票合约等。

4. 期货

期货是指交易的标的物由有组织的期货交易所统一制定的标准化合约。期货价格通过公开竞价达成，一般分为商品期货、金融期货和其他品种期货。期货合约是标准化的远期合约，比普通远期合约更规范，风险由期货交易所和经纪公司控制。

5. 期权

期权也称选择权，是指在未来一定时期可以买卖某种商品或资产的权利。作为衍生工具，期权是一种标准化合约，一般在有组织的交易所或银行柜台交易。合约的持有人向签发人支付一定数额的权利金后拥有在未来某一段时间内（美式期权）或未来某一特定日期（欧式期权），以事先约定的执行价格向卖方购买或出售一定数量的标的物的权利，也可以放弃这种权利。期权合约的持有人是合约的购买者，拥有的权利可能是买权，称为看涨期权，也可能是卖权，称为看跌期权。双重期权是指期权买方在一定时期内有权选择以预先确定的价格买进，也有权选择以该价格卖出约定数量标的物的期权合约。合约的签发人是合约的卖方，获得期权费收入，在合约的执行日只能被动卖出或买入合约标的物，承受较大的价格波动风险。

6. 互换

互换是交易双方通过签订合约形式在规定的时间调换货币或利率，或者同时交换货币与利率，达到规避管制、降低融资成本的目的。互换交易是 20 世纪 80 年代初出现的金融创新业务。目前，互换交易已经由量向质的方面发展，出现了互换同业交易市场。互换最初只在融资领域进行，后来拓展到商品互换、股权互换、信用互换、天气互换、互换期权等。

（三）衍生工具市场的产生与发展

1. 商品期货市场的产生

最早出现的衍生工具是商品远期合约。19 世纪上半叶，农业发达的美国五大湖流域逐步形成了以芝加哥为中心的重要粮食集散地。由于农产品生产受气候等因素影响比较大，商人和农民经常会遇到价格风险。为改变这种状况，1848 年 82 位商人发起组建了芝加哥谷物交易所，后芝加哥谷物交易所发展为芝加哥期货交易所（Chicago Board of Trade，CBOT），事先将农产品的价格、数量、交割方式约定下来。粮食远期合约交易成为最大的交易品种。之后，远期合约逐步规范化、标准化，并在有组织的交易所内挂牌交易，演变为期货合约。

2. 金融期货市场的出现

金融衍生工具是金融创新产品，它基于商品类衍生工具的发展而发展。20 世纪 70 年代，美元大幅度贬值，汇率体系进入浮动汇率时代，金融自由化浪潮推动各国放松管制，利率市场化改革不断在新兴工业国家推进，这促使人们通过金融创新来规避损失。1972 年 5 月 16 日，美国芝加哥商品交易所（Chicago Mercantile Exchange，CME）率先创办了国际货币市场（International Monetary Market，IMM），推出了货币期货合约。1975 年，芝加哥期货交易所推出了联邦抵押协会存单和财政部短期债券期货，这标志着利率期货的诞生。1982 年，美国堪萨斯农产品交易所（Kansas City Board of Trade，KCBT）率先推出股票指数期货，并将欧洲美元期货采用现金交割方式加以推广，打开了期货发展的空间。

3. 其他衍生工具市场的产生与发展

在实践需要和理论发展的推动下，金融衍生工具不断推陈出新。1973 年 4 月，美国芝加哥期权交易所推出了股票期权合约，标志着金融期权的诞生。20 世纪 80 年代是衍生工具创新发展最快的阶段，相继出现了利率互换、利率上限和下限期权、货币期货期权、股票指数期货期权、欧洲美元期权、互换期权、美元及市政债券期货、利率互换期货等衍生工具。20 世纪 90 年代以后，出现股票指数互换、证券组合互换和特种互换等衍生工具。

（四）我国衍生工具市场的发展

我国商品类衍生工具出现在 20 世纪 90 年代初，1992 年至 1995 年，上海、大连等期货交易所推出金属、石油、农资、粮油、建材、化工等期货品种。进入 21 世纪以后，国内期货市场又先后推出燃料油、橡胶、线型低密度聚乙烯、黄金等期货合约品种。

在金融期货试点方面，1992 年开始试点国债期货，在上海证券交易所、深圳证券交易所、武汉证券交易中心、广东联合期货交易所等挂牌交易。1995 年"327 国债事件"后，国债期货于当年 5 月暂停交易，直到 2013 年 9 月 6 日才正式在中国金融期货交易所上市交易。1993 年 3 月 10 日，海南证券交易报价中心在全国首次推出股票指数期货，但因问题频出于同年 10 月停止交易。直到 2010 年 4 月 16 日，沪深 300 股指期货才正式推出交易。

我国出现过类似于期权的工具主要是股票认购权和权证。股票认购权是最早出现的类似于期权的交易工具，是最原始的股票期权，该期权仅有唯一的买入期权。1993 年 11 月，由于通过认购权发行股票方式的风险显现，该发行方式取消，改为摇号中签方式发行。在权证交易方面，宝钢权证是上海证券交易所交易的第一个权证，之后经历了 2007 年至 2009 年的交易热潮，股票权证交易逐渐清淡。2015 年 2 月 9 日，上证 50ETF 期权在上海证券交易所正式上市，意味着我国股市正式进入股票期权时代。随着我国金融市场的逐步完善，多种金融衍生工具的运用条件日益成熟，衍生工具的种类正在逐渐增加，交易也将日益活跃。

本章小结

1. 金融市场按照不同的标准可以进行不同的分类，其中最重要的是根据交易对象的期限将金融市场划分为货币市场和资本市场。

2. 金融市场的构成要素主要有市场主体、金融工具、交易价格以及市场交易的组织形式。

3. 金融市场具有资源配置、价格发现、风险规避以及宏观调控传导等功能，这些功能的发挥必须具备法制健全、信息披露充分、市场进退有序等外部条件和统一的市场、丰富的交易品种、健全的价格机制和必要的技术支持等内部条件。

4. 外汇市场是国际金融市场的一个重要组成部分，可以实现购买力的国际转移，为交易者提供外汇保值和投机的场所，也可以向国际交易者提供资金融通的便利，从而有效推动国际借贷和国际投资活动。近年来，外汇市场发展呈现出全球化和复杂化的特点。

5. 黄金市场是集中进行黄金买卖和金币兑换的交易中心。黄金市场的交易不仅是政府增减黄金储备、稳定汇率的手段，而且为黄金供求者进行交易提供了场所，还是国际金融投机的重要市场。黄金价格的波动受供求关系、经济周期、通货膨胀与利率的对比关系和外汇价格变动的影响。

6. 保险市场是以保险单为交易对象的场所，根据不同的标准，保险市场有多种分类。保险市场除了具备一般金融市场的功能，还具有能提供有效的保险供给，提高保险交易的效率，可以形成较为合理的交易价格，可以为投保人、保险人提供最广泛的风险分散机制等特殊功能。

7. 衍生工具是在基础性商品或原生金融资产的基础上派生出来的金融工具，其形式是载明买卖双方交易品种、价格、数量、交割时间和地点等内容的规范化或标准化合约与证券。主要的衍生工具有可转换债券、权证合约、远期、期货、期权和互换等。衍生工具具有套期保值、价格发现和投机套利的基本功能。

思考题

1. 在按不同标准划分的金融市场中，你最熟悉哪一种市场？这种市场给你印象最深的是什么？

2. 你和你周围的人是否参加过金融市场活动？你们买卖过什么样的金融工具？是在什么场所买卖的？在其价格波动中，你是盈利了还是亏损了？你有什么样的感受？

3. 如何理解金融市场的基本功能和发挥作用的条件？

4. 简述衍生工具的功能与主要种类。

5. 试运用相关理论分析我国金融市场体系的结构是否合理。

第七章　货币市场

问题导入

2013 年 6 月 20 日，上海银行间同业拆放利率罕见"爆表"；中国银行业的"钱荒"同时引发了货币市场的震荡和社会的广泛关注。货币市场运行有何特点？货币市场的主要功能是什么？为什么负责公司资金运作的人就要格外关注货币市场的交易？美国联邦基金利率这类货币市场利率为什么这么重要？本章将系统介绍货币市场的特点、功能和货币市场的几个重要子市场：同业拆借市场、回购协议市场、国库券市场、票据市场、大额可转让定期存单市场等。

学习目标

1. 了解货币市场的特点，掌握货币市场的功能；
2. 了解同业拆借市场、回购协议市场、国库券市场、票据市场、大额可转让定期存单市场的特点，掌握市场运作的基本原理；
3. 了解我国货币市场的种类和发展现状；
4. 掌握货币市场利率的形成原理。

第一节　货币市场的特点与功能

一、货币市场的特点

货币市场具有以下几个特点。

（一）交易期限短

货币市场中的金融工具一般期限较短，最短的期限只有 2 小时，最长的不超过 1 年。货币市场上的资金主要来源于居民、企业和金融机构等暂时闲置的资金，调剂资金头寸是货币市场主要的功能之一。

（二）流动性强

金融工具的流动性与其偿还期限成反比，偿还期越短，流动性越强。货币市场金融工具的短期性决定了其较强的流动性。此外，货币市场活跃的二级市场交易进一步增强了货币市场的流动性。

（三）安全性高

货币市场是安全性较高的市场，这主要在于货币市场金融工具发行主体的信用等级较高。

（四）交易额大

货币市场是一个批发市场，其大多数交易的数额都比较大，个人投资者难以直接参与市场交易。

二、货币市场的功能

货币市场的功能主要体现在以下几方面：

（1）货币市场是政府和企业调剂资金余缺、满足短期融资需要的市场。

政府的国库收支经常面临先支后收的矛盾，解决这个矛盾的一个较好的方法就是政府在货币市场上发行短期政府债券——国库券。流动资金快速周转的特征决定了短期融资是企业生产经营过程中最经常的融资需求，通过签发合格的商业票据，企业可以从货币市场及时、低成本地筹集大规模的短期资金来满足这种需求。与此同时，流动资金暂时闲置的企业也可以通过购买国库券、商业票据等货币市场工具，实现资金合理的收益回报，达到安全性、流动性和收益性相统一的财务管理目的。

（2）货币市场是商业银行等金融机构进行流动性管理的市场。

商业银行等金融机构的流动性是指其能够随时应付客户提取存款或满足必要的借款及对外支付要求的能力。流动性管理是商业银行等金融机构资产负债管理的核心，流动性的缺乏意味着偿付能力的不足，有可能引发挤兑危机。商业银行等金融机构通过参与货币市场的交易活动可以保持业务经营所需的流动性。

（3）货币市场是一国中央银行进行宏观金融调控的场所。

在市场经济国家，中央银行为调控宏观经济运行所进行的货币政策操作主要是在货币市场中进行的。例如，公开市场业务作为一种货币政策操作手段就是由各国中央银行在货币市场上进行操作的。

（4）货币市场是基准利率生成的场所。

基准利率是一种市场化的无风险利率，被广泛用作各种利率型金融工具的定价标准，是名副其实的市场利率的风向标，货币市场交易的高安全性决定了其利率水平作为基准利率的地位。

> **原理 7-1：**
> 货币市场的主要功能是满足短期融资、流动性管理、宏观金融调控和基准利率生成的需求。

第二节　同业拆借市场

同业拆借市场是金融机构同业间进行短期资金融通的市场，其参与主体仅限于金融机构。同业拆借通常是在无担保的条件下进行的，因此市场准入条件往往比较严格。在美国，只有在联邦储备银行开立准备金账户的商业银行才能参加联邦基金市场（美国的同业拆借市场）的交易活动。我国同业拆借市场的主体目前包括所有类型的金融机构，但金融机构进入同业拆借市场必须经中国人民银行批准。

一、同业拆借市场的形成与功能

同业拆借市场的形成源于中央银行对商业银行法定存款准备金的要求。中央银行规定，商业银行吸收来的存款必须按照一定的比率缴存到在中央银行开立的准备金账户上，用以保证商业银行的清偿能力。如果商业银行缴存的准备金达不到中央银行规定的比率，商业银行将受到中央银行的处罚；如果商业银行缴存的准备金超过了中央银行规定的比率，对于超过部分的超额存款准备金，中央银行不支付利息或仅按照极低的利率支付利息。准备金不足的银行从准备金盈余的银行拆入资金，以达到中央银行对法定存款准备金的要求，准备金盈余的银行也因资金的拆出而获得收益。拆出拆入银行间资金的划转通过它们在中央银行开设的准备金账户进行，拆借期限很短，最常见的是隔夜拆借。由于同业拆借市场交易期限的短期性、市场的高流动性和资金的快速周转性，该市场又成为商业银行等金融机构进行短期资产组合管理的场所。

二、同业拆借的交易期限与同业拆借利率

（一）同业拆借的交易期限

同业拆借市场的拆借期限有隔夜、7天、14天、20天、30天、60天、90天、120天、

6 个月、9 个月和 1 年等，其中最普遍的是隔夜拆借。在美国的联邦基金市场上，隔夜拆借大致占到所有联邦基金交易的 75%；在 2016 年、2017 年我国的同业拆借市场交易中，隔夜拆借占到了 85% 以上，其次是 7 天拆借，交易额占比在 10% 左右。在中国人民银行 2007 年 7 月颁布的《同业拆借管理办法》中，不同类型的金融机构可拆入资金的最长期限有很大的不同。

（二）同业拆借利率

同业拆借利率是一个竞争性的市场利率和基准利率，在整个利率体系中处于相当重要的地位。它能够及时、灵敏、准确地反映货币市场的资金供求关系，对货币市场上其他金融工具的利率具有重要的导向和牵动作用，被视为观察市场利率趋势变化的风向标。

通常来说，中央银行对同业拆借利率具有重要的影响。比如，中央银行提高了法定存款准备金率，则商业银行等金融机构持有的超额准备金减少，同业拆借市场上的资金供给相应降低，同业拆借利率随之上升。

三、我国同业拆借市场的发展

1984 年，中国人民银行专门行使中央银行职能后，鼓励金融机构利用资金的行际差、地区差和时间差进行同业拆借。于是，一些地区的金融机构开始进行同业拆借活动，但拆借量很小，没有形成规模市场。

1986 年，我国同业拆借市场正式启动。该年 1 月，国务院颁布《中华人民共和国银行管理暂行条例》，对银行间资金的拆借做出了具体规定。从此，同业拆借在全国各地迅速开展起来。1988 年，部分地区金融机构违反资金拆借的有关规定，超过自己承受能力大量拆入资金，致使拆借资金到期无法清偿，拆借市场秩序混乱，国务院决定对同业拆借市场秩序进行整顿。1990 年，中国人民银行下发《同业拆借管理试行办法》，第一次用法规形式对同业拆借市场管理做了比较系统的规定。1992 年至 1993 年，受当时经济金融环境的影响，同业拆借市场又出现了严重的违规现象，影响了银行的正常运营，扰乱了金融秩序。1993 年 7 月，中国人民银行根据国务院整顿拆借市场的要求，把规范拆借市场作为整顿金融秩序的一个突破口，出台了一系列措施，再次对拆借市场进行整顿，撤销了各商业银行及其他金融机构办理同业拆借业务的代理中介机构，规定了同业拆借的最高利率，拆借秩序开始好转。

1996 年 1 月，全国统一的同业拆借市场网络开始运行，标志着我国同业拆借市场进入一个新的规范发展时期。1996 年 6 月，中国人民银行放开了对同业拆借利率的管制，拆借利率由拆借双方根据市场资金供求状况自行决定，由此形成了全国统一的同业拆借市场利率——中国银行间同业拆借利率（China Interbank Offered Rate，CHIBOR）。1998 年之后，中国人民银行不断增加全国银行间同业拆借市场的交易成员，保险公司、证券公司、财务公司等金融机构陆续被允许进入银行间同业拆借市场进行交易，市场交易量不断扩大，拆借期限不断缩短，同业拆借市场已经成为金融机构管理流动性的重要场所。

2007 年 1 月 4 日，上海银行间同业拆放利率（SHIBOR）正式运行，标志着中国货币市场基准利率培育工作的全面启动。经过几年的建设，SHIBOR 已经确立了货币市场基准利率的地位，在反映市场资金供求状况、为金融产品定价提供基准参考标准、促进金融机构提高自主定价能力、完善货币政策传导机制等方面发挥日益重要的作用。

原理 7-2：

同业拆借市场能够及时、灵敏、准确地反映货币市场的资金供求关系，同业拆借利率在整个利率体系中具有基准性作用。

第三节 回购协议市场

一、回购协议与回购协议市场

回购协议是指证券持有人在卖出一定数量证券的同时，与证券买方签订协议，双方约定在将来某一日期由证券的卖方按约定的价格再将其出售的证券如数赎回。从表面上看，回购协议是一种证券买卖，但实际上是以证券为质押品而进行的短期资金融通。证券的卖方以一定数量的证券进行质押借款，条件是一定时期内再购回证券，且购回价格高于卖出价格，两者的差额即为借款的利息。作为质押品的证券主要是国库券、政府债券或其他有担保债券，也可以是商业票据、大额可转让定期存单等其他货币市场工具。

与上述证券交易方向相反的操作被称为逆回购协议，即证券的买方在获得证券的同时，与证券的卖方签订协议，双方约定在将来某一日期由证券的买方按约定的价格再将其购入的证券如数返还。实际上，回购协议和逆回购协议是一个事物的两个方面。同一项交易，从证券提供者的角度看，是回购；从资金提供者的角度看，则是逆回购。一项交易究竟被称为回购还是逆回购主要取决于站在哪一方的立场上。

回购协议市场就是指通过回购协议进行短期资金融通的市场。

二、回购协议市场的参与者及其交易

回购协议市场的参与者十分广泛，中央银行、商业银行等金融机构及非金融企业都是这个市场的重要参与者，在一些国家（如美国），地方政府甚至也参与这个市场的交易活动。

中央银行参与回购协议市场的目的是进行货币政策操作。在市场经济较为发达的国家或地区，回购协议是中央银行进行公开市场操作的主要工具。同样的货币政策目标，中央银行可以通过买卖政府证券实现，也可以通过回购协议实现。回购协议交易对债券市场的冲击小

于直接买卖债券对市场的冲击，而且由于回购协议是自动清偿的，因此当经济形势出现新的变动时可以使中央银行具有更强的灵活性。

商业银行等金融机构参与回购协议市场的目的是在保持良好流动性的基础上获得更高的收益。因为同业拆借通常是信用拆借，无担保的特性使得中小银行很难从同业拆借市场上及时拆入自己所需的临时性资金，而回购协议的证券质押特征解决了这个问题。证券公司是回购协议市场的重要参与者，它们既可以用所持有的证券作为担保来获得低成本的融资，也可以通过投资组合来获利。非金融企业参与回购协议市场既可以使它们暂时闲置的资金在保证安全的前提下获得高于银行存款利率的收益，也可以使它们以持有的证券组合为担保获得急需的资金来源。

三、回购协议市场的利率

回购协议的期限从 1 天到数月不等，期限只有 1 天的回购协议称为隔夜回购协议，1 天以上的回购协议称为期限回购协议。最常见的回购协议期限在 14 天之内。

在回购协议的交易中，回购利率是交易双方最关注的因素。约定的回购价格与售出价格之间的差额反映了借出资金者的利息收益，它取决于回购利率的水平。回购利率与证券本身的年利率无关，它与证券的流动性、回购的期限有密切关系。完全担保的特点决定了回购利率通常低于同业拆借利率等其他货币市场利率。

第四节　国库券市场

一、国库券市场的特点与功能

（一）国库券市场的特点

国库券是国家政府发行的期限在 1 年以内的短期债券。国库券市场即发行、流通转让国库券的市场，具有以下三个特点：第一，高安全性。国库券的发行人或债务人是一国的中央政府，有政府信用做保障，一般不会出现违约风险。第二，高流动性。国库券市场是短期资金管理的市场，金融机构投资者占市场主体地位，交易活动频繁，交易规模大，流动性很高。第三，市场价格波动小。在市场上，投资者通常将国库券看作无风险债券。

（二）国库券市场的功能

国库券市场的功能主要体现在以下方面：

（1）对发行人财政部而言，国库券市场是其解决财政收支不平衡，应对短期流动性问题的重要场所，该市场有利于财政部用经济方法弥补国家财政收支差额，发挥国家财政在国家经济建设中的主导作用。

（2）对投资者来讲，国库券市场是短期资金运用，获取相对收益的重要市场。国库券在市场上之所以受到欢迎，是由它本身的特征所决定的。原则上任何人都可以参与认购，但大多数新债券都卖给了银行、债券商与其他金融机构。金融机构可以通过国库券市场管理自身的资金头寸，获得比活期存款利率高的收益率。

（3）对中央银行而言，国库券市场是执行货币政策，进行公开市场操作的重要场所。中央银行公开市场操作多以回购、逆回购的方式进行，回购与逆回购交易的标的债券一般以流动性较高、信用级别高的政府债券为主，国库券就是最佳回购交易标的债券。

二、国库券的发行市场

（一）国库券的发行人

国库券的发行人是财政部，发行国库券的主要目的有两个：一是为了融通短期资金，调节财政年度收支的暂时不平衡，弥补年度财政赤字。此外，通过滚动发行国库券，政府可以获得低息、长期的资金来源用以弥补年度的财政赤字。二是作为一种重要的财政政策工具，实现调控宏观经济的目的。

（二）国库券的发行方式

作为短期债券，国库券通常采取贴现方式发行，即政府以低于国库券面值的价格向投资者发售国库券，到期后按面值偿付，面值与购买价之间的差额即为投资者的利息收益。国库券通常采取拍卖的方式定期发行。财政部接收出价最高的订单，出价最高的购买者首先被满足，然后按照出价的高低顺序，购买者依次购得国库券，直到所有的国库券售完为止。在这个过程中，每个购买者支付的价格都不相同，这便是国库券发行市场中典型的"美国式招标"。如果国库券的最终发行价格按所有购买人实际报价的加权平均价确定，不同的购买人支付相同的价格，则称为"荷兰式招标"。

（三）国库券发行市场中的一级交易商

短期国库券的拍卖发行通常需要专门的中介机构进行，其中最重要的中介机构是一级交易商，即具备一定资格、可以直接向国库券发行部门承销和投标国库券的交易商团体，一般包括资金实力雄厚的商业银行和证券公司。

三、国库券的流通市场

国库券流通市场的参与主体十分广泛，中央银行、商业银行、非银行金融机构、企业、个人及国外投资者等都广泛地参与到国库券流通市场的交易活动中。在这个市场中，还有一级交易商充当做市商，通过不断买入和卖出国库券活跃市场，保持市场交易的连续性、及时性和平稳性，提高市场的流动性。

大部分国家的法律规定，中央银行不能直接在发行市场上购买国库券，因此，中央银行参与国库券的买卖只能在流通市场上。中央银行买卖国库券的市场被称为"公开市场"。商业银行等金融机构积极地参与国库券流通市场的交易活动。国库券的高安全性、高流动性和税收优惠的特点使各类金融机构都将其作为投资组合中一项重要的无风险资产。

非金融企业和居民个人参与国库券流通市场的交易活动大都通过金融中介机构进行。20世纪 70 年代之后，货币市场基金成为居民个人参与国库券交易的主要渠道。

第五节　票据市场

票据市场是各类票据发行、流通和转让的市场。本节所介绍的票据市场包括商业票据市场、银行承兑汇票市场、票据贴现市场和中央银行票据市场。

一、商业票据市场

商业票据包括两种类型：一种是指在商业信用中被广泛使用的表明买卖双方债权债务关系的凭证；另一种是指由企业开具，无担保、可流通、期限短的债务性融资本票。此处介绍的商业票据是指后者。商业票据的期限较短，在世界最发达的美国商业票据市场上，商业票据的期限不超过 270 天，通常为 20 ～ 45 天。

（一）商业票据的发行市场

商业票据的发行主体包括工商企业以及各类金融公司。企业利用发行商业票据融资成为银行贷款的重要替代品。商业票据的投资者极其广泛，商业银行、保险公司、信托机构、养老基金、货币市场基金和企业都是商业票据的购买者。

商业票据的发行分为直接募集和交易商募集两种方式。前者是指商业票据的发行人直接将票据出售给投资者，好处在于节约了佣金。交易商募集则是指发行人通过交易商来销售自己的商业票据，市场中的交易商既有证券机构，也有商业银行。无论是直接募集还是交易商募集，商业票据大都以贴现方式发行。

商业票据发行的增长使得商业银行的短期贷款业务逐渐萎缩，因此商业银行创新出一种新产品——贷款承诺，即银行承诺在未来一定时期内，以确定的条件向商业票据的发行人提供一定数额的贷款，为此，商业票据的发行人要向商业银行支付一定的承诺费。贷款承诺降低了商业票据发行人的流动性风险。大多数商业票据的发行人都尽量利用商业银行的贷款承诺来为他们的商业票据提供支持，这降低了票据购买者的风险，也降低了票据的利率水平。

（二）商业票据的流通市场

商业票据的持有者一般都将票据持有到期，故各国的商业票据流通市场一般不太发达。如果商业票据的持有者有迫切的现金需要，可以把商业票据回售给交易商或发行人。

《中华人民共和国票据法》第 10 条明确规定："票据的签发、取得和转让，应当遵循诚实信用的原则，具有真实的交易关系和债权债务关系。"但在 2005 年，中国人民银行为了进一步发展货币市场，拓宽企业融资渠道，颁布了《短期融资券管理办法》，允许符合规定条件的非金融企业在银行间债券市场发行、交易类似于西方融资性商业票据的短期融资券。短期融资券采用信用发行，企业可自主确定每期融资券的期限，但最长不超过 365 天；发行人主要是大型优质企业。为了支持企业自主开展直接债务融资，缓解中小企业融资难的问题，2008 年中国人民银行发布《银行间债券市场非金融企业债务融资工具管理办法》，规范了企业发行债务融资工具的种类，除了原有的短期融资券以外，增加了超短期融资券、中期票据、资产支持票据、企业集合票据等类别，并对票据发行注册、发行规则、持有人、信息披露、中介服务等相关业务做出了具体指引。

二、银行承兑汇票市场

银行承兑汇票是在票据承兑的基础上出现的。承兑是指商业汇票到期前，汇票付款人或指定银行确认票据记明事项，承诺在汇票到期日支付汇票金额给汇票持有人并在汇票上签名盖章的票据行为。如果是银行在汇票上签名盖章，承诺在汇票到期日承担最后付款责任，则此汇票为银行承兑汇票。

银行承兑汇票广泛应用于国际与国内贸易。以国内贸易为例，A 公司与 B 公司达成了商品交易合同，约定 3 个月后 A 公司向 B 公司支付 100 万元的货款。在此项商业信用中，为了规避风险，B 公司要求 A 公司开具银行承兑汇票，则 A 公司向其开户银行 C 银行申请开立以 A 公司为出票人、B 公司为收款人、C 银行为承兑人、票面金额为 100 万元人民币、期限为 3 个月的汇票。C 银行审查同意后，对汇票进行承兑。A 公司将此张经 C 银行承兑的汇票交付给 B 公司，B 公司向 A 公司发货。汇票到期前，A 公司应将 100 万元的货款交存 C 银行。汇票到期后，B 公司向 C 银行提示付款，则 C 银行向 B 公司支付货款。如果汇票到期时 A 公司在 C 银行存款账户上的存款不足 100 万元，C 银行也必须向 B 公司无条件地履行支付责任，并对其垫付的部分款项视同逾期贷款向 A 公司记收罚息，直至 A 公司还清为止。

银行承兑汇票将商业信用转化为银行信用，降低了商品销售方所承担的信用风险，有利于商品交易的达成。

三、票据贴现市场

票据贴现市场可以看作银行承兑汇票的流通市场。接着上面的例子，如果 B 公司在持有此张银行承兑汇票期间有融资的需要，它可以将还没有到期的银行承兑汇票转让给银行，银行按票面金额扣除贴现利息后将余额支付给 B 公司，此种票据行为称为贴现。贴现利息的计算公式为：

$$贴现利息 =（汇票面额 × 实际贴现天数 × 月贴现利率）/30 \tag{7-1}$$
$$B 公司实际获得的贴现金额 = 汇票面额 - 贴现利息 \tag{7-2}$$

如果在此张银行承兑汇票到期前贴现银行也出现了融资需求，则贴现银行可以将这张银行承兑汇票向其他金融机构进行转让。转让给其他商业银行，叫转贴现；转让给中央银行，叫再贴现。

我国的票据市场主要包括银行承兑汇票市场和票据贴现市场。1985 年，中国人民银行颁布《商业汇票承兑、贴现暂行办法》。1986 年，商业汇票的承兑、贴现、转贴现、再贴现业务全部开展起来。但是，由于长期的计划经济体制所导致的信用观念缺失，整个社会的信用基础十分薄弱，票据市场中的违约行为相当严重，制约了市场的发展。1995 年，《中华人民共和国票据法》颁布并施行，2004 年被修订，商业票据的使用范围扩大，票据市场进入一个新的发展时期，商业汇票承兑额、贴现额不断增加。2016 年 12 月，上海票据交易所正式挂牌成立，全国统一的票据交易平台建立，进一步促进了票据市场的规范发展。

四、中央银行票据市场

中央银行票据是中央银行向商业银行发行的短期债务凭证，其实质是中央银行债券。大多数中央银行票据的期限在 1 年以内。中央银行发行票据的目的不是筹集资金，而是减少商业银行可以贷放的资金量，进而调控市场中的货币量，因此，发行中央银行票据是中央银行通过公开市场进行货币政策操作的一项重要手段。

一般来说，中央银行通过发行票据进行公开市场操作是在一国国库券流通市场不发达的情况下所采取的权宜之计，印度尼西亚、韩国、菲律宾、泰国等国的中央银行都曾在一定时期内发行过中央银行票据，对中央银行利用经济手段进行间接金融调控起到了一定的支持作用。但大规模中央银行票据的发行会使中央银行背上沉重的利息负担，例如，1986 年与1987 年，韩国中央银行因为支付大量的中央银行票据利息而分别形成 570 亿韩元与 870 亿韩元的亏损。因此，中央银行票据市场不应无限发行下去，在国库券市场发展起来后，应该逐渐减少中央银行票据的发行，直至取消。

我国中央银行票据的发行始于 2002 年，目的是增加公开市场业务操作的工具，增强中央银行公开市场操作的能力。2011 年，随着外汇净流入的减少、外汇占款增速的下降，中国人民银行相应减少了中央银行票据的发行，全年累计发行 1.4 万亿元，2012 年甚至没有发行。2013 年恢复发行中央银行票据 5 362 亿元后，中国人民银行至今未再发行中央银行票据。

第六节　大额可转让定期存单市场

大额可转让定期存单是由商业银行发行的具有固定面额、固定期限、可以流通转让的大额存款凭证。大额可转让定期存单市场就是发行与流通大额可转让定期存单的市场。

一、大额可转让定期存单市场的产生与发展

大额可转让定期存单市场首创于美国。1961 年 2 月，为了规避"Q 条例"对银行存款利率的限制，抑制银行活期存款数量因通货膨胀的发生而持续下降的局面，花旗银行开始向大公司和其他客户发行大额可转让定期存单。这种存单与普通定期存款的区别在于：存单面额大，不记名；存单的二级市场交易活跃。大额可转让定期存单将活期存款的流动性和定期存款的收益性合为一体，从而吸引了大批客户。1970 年，伴随着美国通货膨胀率的持续上涨，美国国会取消了对大额可转让定期存单的利率限制，进而使这种存单成为美国商业银行筹集信贷资金的重要工具。此后，许多国家纷纷效仿美国建立大额可转让定期存单市场，促进了此市场在全世界范围内的发展。

二、大额可转让定期存单市场的功能

商业银行是大额可转让定期存单市场的主要筹资者。在大额可转让定期存单市场出现以前，商业银行通常认为其对于负债是无能为力的，存款人是否到银行存款、存多少取决于存款人的经济行为，商业银行处于被动地位，因而其流动性的保持主要依赖持有数额巨大的流动性资产，但这会影响其盈利性。大额可转让定期存单市场诞生后，商业银行发现通过主动发行大额可转让定期存单增加负债也是其获取资金、满足流动性的一个良好途径，而不必再持有大量的、收益较低的流动性资产。于是，大额可转让定期存单市场便成为商业银行调整流动性的重要场所，商业银行的经营管理策略也在资产管理的基础上引入了负债管理的理念。

大额可转让定期存单市场的投资者种类众多，非金融企业、非银行金融机构、商业银行甚至居民个人都是这个市场的积极参与者。大额可转让定期存单到期前可以随时转让流通，具有与活期存款近似的流动性，但与此同时又拥有定期存款的收益水平，极好地满足了大宗短期闲置资金拥有者对流动性和收益性的双重要求。

三、大额可转让定期存单的期限与利率

期限最短的大额可转让定期存单是 14 天，典型的大额可转让定期存单的期限多为 1 个月到 4 个月，也有 6 个月的，但超过 6 个月的存单较少。

大额可转让定期存单的利率有固定的，也有浮动的，浮动利率的存单期限较长。发行银行的信用评级、存单的期限和存单的供求量是决定大额可转让定期存单利率水平的主要因素。通常来说，大额可转让定期存单的利率水平类似于其他货币市场工具，但略高于同期限的国库券利率，利差为存单相对于国库券的风险溢价。

四、我国的大额可转让定期存单市场

我国的大额可转让定期存单出现于 1986 年，中国银行和交通银行最早发行，之后逐渐扩展到所有的商业银行。1989 年 5 月和 11 月，中国人民银行相继下发两个文件：《大额可转让定期存单管理办法》和《关于大额可转让定期存单转让问题的通知》，分别对大额可转让定期存单的期限、面值、利率、计息办法和转让问题做出了统一规定。

我国的大额可转让定期存单市场有着不同于国外典型存单市场的独特特征：①存单面额较小。个人购买的最低面额仅为 500 元，企业购买的最低面额为 1 万元，远低于国外存单的最低面额。②存单的购买者绝大部分是城乡居民个人，少数为企业和事业单位。③由于存单的利率比同期限的定期存款利率高 5% ～ 10%，投资者购入存单后通常都持有到期，流动性很差，始终未能形成二级市场。由于缺失了典型存单的基本特征，大额可转让定期存单反而成为我国商业银行变相高息揽存的手段。于是，1998 年中国人民银行下文停止了大额可转让定期存单的发行。

2013 年 12 月，中国人民银行发布《同业存单管理暂行办法》；2015 年 6 月，中国人民银行发布《大额存单管理暂行办法》，允许银行业存款类金融机构面向非金融机构投资者发行记账式大额存单，其中个人投资者认购的大额存单起点金额不低于 30 万元，机构投资者的大额存单起点金额不低于 1 000 万元。大额存单发行利率以市场化方式确定，固定利率存单采用票面年化收益率的形式计息，浮动利率存单以 SHIBOR 为基准计息，可以转让、提前支取和赎回。恢复与规范了定期存单市场的运作，有利于提升商业银行等存款类金融机构的自主定价能力，也有利于健全市场化利率形成机制。

第七节 国际货币市场

一、国际货币市场的含义

国际货币市场是指以期限在1年以内的金融工具为媒介进行国际短期资金融通的市场。国际短期资金的融通一般有两种方式：一种是在一国原有的国内货币市场中允许外国交易者参与市场交易活动。在这个市场中，本国和外国交易者都要按照本国的交易规则和政策法规参与交易，交易使用本国货币，市场运作机制与本章前面几节介绍的国内货币市场相同。

另一种是独立于各国国内的货币市场专门设立一个国际市场。在这个市场中，世界各国的参与者可以不受任何一国国内政策法令的约束，自由地参与市场交易活动，交易使用的货币可以是任何一种可自由兑换的但非市场所在国家的货币。这类市场被称为欧洲货币市场。欧洲货币市场是一种超越国界的市场，是国际货币市场的核心。超越国界的特点使欧洲货币市场在利率、业务惯例上具备独有的特征。本节将主要介绍欧洲货币市场。

二、欧洲货币市场的产生与发展

（一）政治因素导致欧洲货币市场诞生

欧洲货币市场的前身是欧洲美元市场，产生于20世纪50年代。欧洲美元市场的诞生纯粹是由于政治原因。在布雷顿森林体系下，美元是国际储备货币，但第二次世界大战后日益严重的冷战局势使苏联、东欧地区等社会主义国家越来越担心其在美国银行的大量美元存款会被美国政府冻结。在20世纪50年代初冷战最紧张的时期，这些国家将其美元存款转存到欧洲各国尤其是英国的银行，于是欧洲美元——存在美国领土之外的美元——诞生了，借贷欧洲美元的市场随之产生。

到了20世纪60年代，欧洲美元市场上交易的货币不再局限于美元，马克、瑞士法郎等货币也开始出现在这一市场。同时，地理位置也扩大了，在亚洲的新加坡、中国香港等地也出现了对美元、马克等货币进行融通借贷的市场，原来的欧洲美元市场便演变为欧洲货币市场。"欧洲货币"就是指在货币发行国境外流通的货币，如欧洲美元、欧洲日元等。而流通转让欧洲货币的市场，就称为欧洲货币市场。目前，欧洲货币市场的统计中，不仅包括伦敦银行同业拆借市场、欧洲商业票据市场和欧洲大额可转让定期存单市场，还包括欧洲银行存贷款市场、欧洲债券市场。

（二）欧洲货币市场迅速发展的主要原因

欧洲货币市场自 20 世纪 60 年代后期发展迅速，交易额快速增加，金融管制、利率波动以及欧洲货币市场自身的利率优势等都是导致这一现象出现的重要原因。

1. 美国的金融管制政策为欧洲货币市场的发展提供了客观条件

金融管制与欧洲货币市场的发展十分明显地体现出管制与创新的辩证规律：管制诱发创新，创新规避管制。20 世纪 80 年代以前，美国金融监管部门的一系列监管措施为欧洲货币市场的发展提供了客观条件。利率管制限制了美国银行支付的存款利率水平，使其不能随物价的上升而上升，准备金和存款保险的强制性要求提高了美国银行持有存款的成本。这些要求与限制突出了欧洲货币市场的竞争优势，在这个自由的、超越国界的、充分竞争的市场中，没有利率管制，没有准备金和存款保险要求，存款人更倾向于在欧洲的银行存放美元，欧洲货币市场获得充足的资金来源。利息平衡税和"自愿对外信贷限制计划"则使外国借款人很难在美国发行美元债券或获得美元贷款，他们开始转向欧洲货币市场融资。供需的增长促进了欧洲货币市场的快速发展。

2. 利率优势始终是推动欧洲货币市场持续发展的重要动力

作为一个不受任何国家管制和完全竞争的金融市场，与各国国内市场相比，欧洲货币市场的存款利率总是处于较高的水平，而贷款利率总是处于较低的水平。在 20 世纪六七十年代整个资本主义社会处于普遍的通货膨胀时期，欧洲货币市场利率的自由性不仅为欧洲货币的供给者支付了较高的利率用以弥补通货膨胀的损失，还通过浮动利率贷款的方式使出借欧洲货币的金融机构免受利率波动的风险。欧洲货币市场的充分竞争性和交易的大额性也使各类贷款利率相对较低，信誉优良的大型跨国公司更愿意到欧洲货币市场进行融资。

🔲 本章小结

1. 货币市场是以期限在 1 年以内的金融工具为媒介进行短期资金融通的市场。市场中交易的短期金融工具主要有银行同业拆借资金、回购协议、商业票据、银行承兑汇票、国库券、大额可转让定期存单等。对不同金融工具的交易行为形成了不同的货币市场子市场。

2. 交易期限短、流动性强、安全性高、交易额大是货币市场的特点。

3. 货币市场的重要性体现在它可以满足政府、企业短期融资的需要，为商业银行等金融机构的流动性管理、中央银行的宏观金融调控提供场所。同时，货币市场利率还通常被视为市场基准利率，广泛用作各种利率型金融工具的定价标准。

4. 欧洲货币市场是国际货币市场的核心。作为一个超越国界、不受任何国家管制、完全竞争的金融市场，利率优势始终是推动欧洲货币市场持续发展的重要动力。

思考题

1. 货币市场的功能有哪些？
2. 中央银行怎样影响同业拆借市场利率？
3. 什么是回购协议？什么是逆回购协议？比较两者之间的关系。
4. 为什么商业票据的融资成本低于银行贷款的成本？
5. 你觉得我国现在有必要发展大额可转让定期存单吗？其市场前景如何？
6. 推动欧洲货币市场持续发展的重要动力是什么？

第八章　资本市场

🔲 问题导入

2015 年 3 月 17 日，上证指数突破 2009 年的高点 3 478 点后，几度站上 4 500 点，股市的赚钱效应持续发酵，众多投资者积极入市，仅 4 月 20—24 日沪深两市就新增股票开户数 413.86 万户。股票、债券、基金等金融投资品已经成为我国企业、居民、政府、金融机构等经济主体金融交易活动的重要对象，资本市场在国民经济中的作用越来越重要。资本市场究竟有什么功能？资本市场通过什么机制运行？有价证券是如何发行和流通的？在资本市场如何进行投资？本章将从资本市场的功能分析入手，介绍证券的发行与交易、资本市场投资分析和资本市场国际化等内容。

🔲 学习目标

1. 了解资本市场的特点，掌握资本市场的功能，了解我国资本市场的发展历史，熟悉我国资本市场的发展现状；
2. 了解不同证券的发行方式与条件，掌握市场运作的基本原理，熟悉证券交易的程序，掌握资本市场投资分析的主要方法；
3. 了解国际资本流动及其特点，熟悉主要的国际资本市场运作。

第一节　资本市场的特点与功能

资本市场是指以期限在 1 年以上的金融工具为媒介进行长期性资金融通交易活动的场所，又称长期资金市场。广义的资本市场包括银行中长期信贷市场和有价证券市场，其中后者又包括中长期债券市场、股票市场和基金市场；狭义的资本市场专指有价证券市场。本章重点介绍狭义的资本市场。

一、资本市场的特点

资本市场的特点如下：

第一，交易工具的期限长。中长期债券的期限都在 1 年以上；股票没有到期日，属于永久性证券；基金的存续期限一般都在 15 ～ 30 年。

第二，筹资目的是满足投资性资金需要。在资本市场筹措的长期资金主要用于补充固定资本，扩大生产能力。

第三，筹资和交易的规模大。资金主要用于中长期投资，从而使得通过银行借贷筹措流动资金的规模明显要大。

第四，二级市场交易的收益具有不确定性。有价证券交易价格的变动幅度大、风险大。

二、资本市场的功能

资本市场的功能主要包括以下方面：

（一）筹资与投资平台

资本市场是企业筹集中长期投资性资金的平台。股份有限公司通过资本市场发行股票或债券可以筹集中长期资金，用以补充自有资金，或开发新产品、上新项目。投资者利用资本市场进行金融资产配置。资本市场上证券投资的平均回报率一般高于储蓄存款利息的收益率，对风险承受能力较强的投资者具有吸引力。资本市场也为投资者提供了资产组合、投机和套利的平台。

（二）资源有效配置的场所

资本市场的产生与发展适应了商品经济发展的需要，促进了社会化大生产的发展。资本市场为资金所有者自由选择投资方向和投资对象提供了便利的平台，而资金需求者也冲破了自有资金的束缚和对银行等金融机构的依赖，可以在社会范围内广泛筹集资金。

资本市场也有利于产业结构调整。在资本市场上，企业产权的商品化、货币化、证券化，削弱了生产要素部门间转移的障碍。资产采取有价证券的形式在资本市场上自由买卖，打破了实物资产的凝固和封闭状态，使资产具有最大的流动性。在资本市场上，通过发行债券和股票广泛吸收社会资金，其资金来源不受个别资本数额的限制。打破了个别资本有限、难以进入一些产业部门的障碍，从而有助于生产要素在部门间的转移和重组，实现了资源的有效配置。

（三）促进并购与重组

企业介入资本市场后，从各方筹集资金，就会涉及企业的产权关系。企业可以通过发行股票组建股份有限公司，也可以通过股份交易实现公司的重组，以调整公司的经营结构和治理结构。现代企业的兼并重组离不开资本市场。从我国来看，可以利用资本市场实现企业改制和产权结构的调整。

原理 8-1：
资本市场有利于促进并购与重组。

（四）促进产业结构优化升级

一方面，资本市场是一个竞争性的市场，筹资者之间存在直接或间接的竞争关系，只有发展有前途且经营状况良好的企业才能在资本市场上立足。资本市场能筛选出效率较高的企业，激励上市公司有效改善经营管理。这种机制作用的发挥，促成了资源的有效配置和有效利用，使产业结构得以优化。另一方面，在产业、行业周期性的发展、更迭过程中，高成长性的企业和行业通过资本市场上的直接融资，可以进行扩张与重组，得到充分而迅速的发展，率先实现并推动其他产业的升级换代。

三、我国资本市场的发展

改革开放以来，我国已经形成了种类齐全、规模巨大、交易活跃、多层次的资本市场体系，包括多层次的股权交易市场和债券市场。

（一）我国的股权交易市场

我国已经发展成了多层次的股权交易市场，包括主板市场（一板市场）、中小企业板市场、创业板市场（二板市场）、股份报价转让系统（三板市场）与"新三板"市场、区域性股权交易市场（四板市场）、科创板等。

1. 主板市场

主板市场也称一板市场，即传统意义上的股票市场，一般是指上市标准最高、信息披露最好、透明度最强、监管体制最完善的全国性证券交易大市场，主要适于规模较大、基础较好、已步入成熟期和扩张期阶段且占有一定市场份额的收益高、风险低的公司。我国上海和深圳两个交易所都属于主板市场。

2. 中小企业板市场

2000 年，国务院要在深圳证券交易所开设创业板市场，在准备过程中发现时机不成熟，于是 2004 年先开设了一个"中小企业板"，在发行上市标准（主板发行上市标准）不变的前提下，让主业突出、具有成长性和科技含量的中小企业在这里上市交易。因此，中小企业板市场仍然是主板市场。

3. 创业板市场

创业板市场又称二板市场，是指主板市场之外专为暂时无法上市的中小企业和新兴公司提供融资途径和成长空间的证券交易市场，是对主板市场的有效补充，在资本市场中占据着重要的位置。创业板市场的主要功能是为中小创业企业，特别是为中小高科技企业服务，它的上市标准与主板市场有所区别。

4. 股份报价转让系统与"新三板"市场

股份报价转让系统（三板市场）是由中国证券业协会组织设计、具有资格的证券公司参与的为非上市股份公司流通股份提供转让的场所。

2001 年 6 月 12 日，经中国证券监督管理委员会批准，中国证券业协会发布《证券公司代办股份转让服务业务试点办法》，代办股份转让工作正式启动。为解决退市公司股份转让问题，自 2002 年 8 月 29 日起，退市公司纳入代办股份转让试点范围。2006 年，《证券公司代办股份转让系统中关村科技园区非上市股份有限公司股份报价转让试点办法》的公布，使得中关村科技园区非上市股份有限公司也进入代办股份转让系统，俗称"新三板"。2012 年 9 月 20 日，全国中小企业股份转让系统（National Equities Exchange and Quotations，NEEQ）有限责任公司在国家工商行政管理总局注册成立，注册资本 30 亿元。至此，全国性"新三板"市场形成。截至 2019 年 3 月，"新三板"挂牌公司突破 1 万家。

5. 区域性股权交易市场

区域性股权交易市场也称四板市场，是为特定区域内的企业提供股权、债券的转让和融资服务的私募市场，一般以省级为单位，由省级人民政府监管，是我国多层次资本市场的重要组成部分，亦是我国多层次资本市场建设中必不可少的部分。

6. 科创板

为推动科技进步，我国 2018 年 11 月 5 日宣布设立科创板，2019 年 6 月 13 日科创板正式开板，它是独立于现有主板市场的新设板块，并在该板块内进行注册制试点。

设立科创板并试点注册制有利于提升服务科技创新企业能力，增强市场包容性，强化市场功能。通过发行、交易、退市、投资者适当性、证券公司资本约束等新制度以及引入中长期资金等配套措施，力争在科创板实现投融资平衡，一、二级市场平衡，公司的新老股东利益平衡，提升资本市场服务实体经济的能力。

（二）债券市场

我国债券市场分为银行间债券市场和交易所债券市场。银行间债券市场是指依托于中国外汇交易中心暨全国银行间同业拆借中心和中央国债登记结算公司、银行间市场清算所股份有限公司，商业银行、保险公司、证券公司等金融机构进行债券发行和交易的市场。交易所债券市场是依托于上海证券交易所和深圳证券交易所，各类投资者进行债券发行和交易的市场。

2014 年以来我国债券市场迅猛发展。2019 年我国债券市场共发行各类债券 45.3 万亿元，其中，国债发行 4.0 万亿元，地方政府债券发行 4.4 万亿元，金融债券发行 6.9 万亿元，政府支持机构债券发行 3 720.0 亿元，资产支持证券发行 2.0 万亿元，同业存单发行 18.0 万亿元，公司信用类债券发行 9.7 万亿元，银行间债券市场现券交易量 209.0 万亿元；交易所债券市场现券交易量 8.4 万亿元，托管余额为 99.1 万亿元。总之，债券市场在金融市场体系和经济发展中的地位越来越重要。

第二节　证券发行与流通市场

一、证券发行市场

证券发行市场是发行人向投资者出售证券的市场，又称为一级市场。证券发行市场通常无固定场所，是一个无形的市场。

（一）证券发行市场的参与主体

在证券发行市场中，证券发行人、证券投资者和证券中介机构共同构成市场的参与主体。

1. 证券发行人

证券发行人是指符合发行条件并且正在从事证券发行或者准备进行证券发行的政府组织、金融机构或者企业，是构成证券发行市场的首要因素。

由于证券发行人是证券载明的权利义务关系的当事人，是证券发行后果与责任的主要承担者，因此，证券发行人资格的确定、原有经营业绩、违法记录、财产责任范围等事项，对于投资者来说至关重要，这也是确保证券发行人未来承担持续性义务与责任的基础。证券发行人一般有以下几类：①政府。现代社会中，发行公债已成为财政收入的重要来源之一。②企业。企业是证券市场的主要发行人，为了满足经营活动中的资金需求，它们通常面向社会发行股票和债券筹集资金。③金融机构。有些金融机构本身就是股份制企业，其经营资本是以发行股票方式募集的，有些金融机构还以发行金融债券的方式筹集资金、增加负债，以扩大资产业务。

2. 证券投资者

证券投资者是指以取得利息、股息或资本收益为目的而买入证券的个人和机构，是构成证券发行市场的另一基本要素。证券发行市场上的投资者主要包括：①个人投资者。个人在有闲置资金时，可以投资于证券市场，在一级市场上参与证券申购。②企业。企业出于经营战略的考虑，会投资其他企业的股票，当企业有暂时闲置的货币资金时，也会购买各种证券以实现资产的多样化，满足流动性、安全性、收益性的需要。③金融机构。商业银行、政策性银行、保险公司、证券公司和财务公司等金融机构进行证券投资。

3. 证券中介机构

证券中介机构主要是指作为证券发行人与投资者交易媒介的证券承销人，它通常是负担承销义务的投资银行、证券公司或信托投资公司。证券中介机构也是证券发行市场中重要的主体，在发行市场上起着沟通买卖、连接供求的重要的桥梁作用。在证券发行中，相关的律师事务所、会计师事务所和资产评估机构也是法定的中介机构。

（二）证券发行方式及选择

1. 证券发行方式

（1）按发行对象的不同，可分为私募发行和公募发行。

私募发行是指仅向少数特定投资者发行证券的一种方式，在我国也称非公开发行或定向增发。发行对象一般是与发行人有特定关系的投资者。发行人的资信情况为投资者所了解，不必像公募发行那样向社会公开内部信息，也没有必要取得证券资信级别评定。

公募发行是指向非特定投资者发行证券的一种方式。公募发行涉及众多的投资者，社会责任和影响很大。为了保证投资者的合法权益，政府对证券的公募发行控制严格、要求条件高。公募证券可以上市流通，具有较强的流动性。

（2）按发行过程的不同，可分为直接发行和间接发行。

直接发行是指发行人不通过证券承销机构而自己发行证券的方式。如果股份有限公司采用发起设立方式筹集股份，由于首次发行股票须由发起人认购，这种股票发行就属于直接发行。股份有限公司为了调整资本结构或积累资本，进行公积金转增股本、股票分红、股份分割以及债券股票化等，也属于直接发行。

间接发行亦称承销发行，是指发行人不直接参与证券的发行过程，而是委托给证券承销机构承销的发行方式。证券承销机构一般为投资银行、证券公司、信托投资公司等。间接发行的方式有两种：①代销。代理发行机构不垫付资金，只负责按发行人的条件推销，发行风险（如滞销或减价）由发行人自行承担，手续费一般较低。②包销。代理发行机构用自己的资金先买下全部待发行证券，然后按市场条件转售出去。若有滞销证券，可减价出售或者自己持有。全额包销费远远高于代销费和余额包销费。

2. 证券发行方式的比较与选择

（1）证券发行方式的比较。

不同的证券发行方式具有不同的特点，证券发行人可以根据自身的需要选择不同的发行方式。

私募发行手续比较简单，可节省发行费用，也不必公开内部信息或取得资信等级，但私募发行必须提供较优厚的报酬，并易受认购人的干预，且私募证券一般不允许上市流通；公募发行则能提高发行人在证券市场的知名度，并在较短的时间内筹集到大量资金，但公募发行必须公布一系列的报表和有关文件，发行成本较高。

直接发行简便易行，发行费用低廉，筹资速度较快，但这种发行方式在许多国家要受到法律法规的诸多限制；间接发行对于发行人来说，有利于提高发行人的知名度，筹资时间不长，风险也比较小，但发行费用较高。

（2）证券发行方式的选择。

证券发行人在发行证券时需要做出两方面的选择：一是选择认购人，以决定是私募发行还是公募发行；二是选择销售人，以决定是直接发行还是间接发行。若选择间接发行，除选择中介机构外，还要选择以何种间接发行方式发行证券。

对于选择何种发行方式，发行人主要考虑自己在市场上的信誉、用款时间和发售成本，中介机构则主要考虑承担的风险和发行收入的多少。

二、证券流通市场

（一）证券流通市场的中介人

证券流通市场的参与人除了投资者，中介人也非常活跃。这些中介人主要有证券经纪人、证券商。

1. 证券经纪人

证券经纪人是在证券交易所充当交易中介而收取佣金的商人。证券经纪人必须是交易所会员。他们受证券买卖者的委托，进入交易所为其委托者进行证券交易。作为代理人，证券经纪人只代客买卖证券，不承担任何风险，并以佣金的形式向委托者索取报酬。

2. 证券商

证券商是指买卖证券的商人。他们自己从事证券的买卖，从贱买贵卖中赚取差价作为经营证券的利润。证券商分为两类：第一类是场外证券商，他们不参加交易所内的证券买卖，而是在自己开设的店堂或柜台进行交易，买卖的对象主要是未上市或不足成交批量的证券，由此形成了店头市场或柜台交易市场；第二类是场内证券商，即在交易所内买卖证券的商人，他们在交易所内经营一定数量和种类的证券，或与证券经纪人进行交易。证券商与证券经纪人的差别在于证券商自营证券，自负盈亏，风险较大。

（二）证券的上市与交易程序

1. 证券上市

证券上市是指证券在证券交易所登记注册，并有权在交易所挂牌买卖，即赋予证券在证券交易所进行交易的资格。

（1）股票上市的一般程序。首先由股票发行公司提出上市申请→证券交易所上市委员会审批→拟上市公司与证券交易所订立上市协议书→将股东名册送交证券交易所或证券登记公司备案并在指定的媒体刊登上市公告书→股票挂牌交易。

（2）债券上市的一般程序。综合各国债券上市的实际操作，债券上市的一般程序为：发行公司提出上市申请→证券交易所初审→证券管理委员会核定→订立上市契约→发行公司交纳上市费→确定上市日期→挂牌买卖。

2. 证券交易程序

（1）开立股东账户及资金账户。按照现行法律的规定，每个投资者从事证券交易，须先向证券登记公司申请开立股东账户，办理股东代码卡（实质上为证券交易账户）。此外，投资者委托买卖股票，还必须向具体的证券公司申请开立资金账户，存入交易所需的资金。

（2）委托买卖。其整个过程为：投资人报单给证券商→证券商通过场内交易员将委托人的指令输入计算机终端→证券商的场内交易员发出的指令一并输入交易所计算机主机，由主机撮合成交→成交后由证券商代理投资者办理清单、交割和过户手续。

（3）竞价成交。证券商在接到投资者的买卖委托后，应立即通知其场内交易员申报竞价。证券交易所的竞价方式有两种，即集合竞价和连续竞价。集合竞价在每个交易日开始前一段时间进行，用于产生第一笔交易，这笔交易的价格称为开盘价。产生开盘价之后的正常交易则采用连续竞价方式进行。

（4）清算、交割与过户。清算是指证券买卖双方在证券交易所进行的证券买卖成交以后，通过证券交易所将各证券商之间买卖的数量和金额分别予以抵消，计算应收应付证券和应收应付金额的行为。清算包括资金清算与股票清算两个方面。交割是指证券卖方将卖出证券交付买方，买方将买进证券的价款交付卖方的行为。证券成交和交割等均由证券商代为完成，证券交割分为证券商与委托人之间的交付和证券商与证券商之间的交付两个阶段。过户是指在记名证券交易中，成交后办理股东变更登记的手续，即原所有者向新所有者转移有关证券全部权利的记录手续。

（三）证券流通的组织方式

证券流通的组织方式主要分为场内交易和场外交易两种。场内交易是指在证券交易所内进行的有组织的交易；场外交易是指在证券交易所以外进行的交易，目前主要有柜台交易和无形市场交易两种方式。在发达的金融市场上，场外交易在交易规模和品种上占主导地位。

1. 证券交易所交易

证券交易所是专门的、有组织的证券集中交易的场所，一般是由证券经纪人、证券商组成的会员制组织。交易所须经政府监管部门批准才能设立，并有一套完备的组织章程和管理细则。证券交易所必须在指定地点公开营业，一切交易必须在场内公开作价成交，并公布每天交易的证券种类、证券行市、数量、金额等情况。会员制的证券交易所吸收会员有严格的条件限制。只有证券交易所的会员才有权在交易所内进行交易活动，客户买卖证券必须通过证券经纪人代为办理。证券经纪人接受客户的委托后，通过电话与交易大厅的场内代表人联系，他们代表买方（或卖方）在交易厅内公开竞价，经过出价、还价的程序决定成交价格，完成交易后再告知客户何时交割。

2. 柜台交易

柜台交易市场是通过各家证券商（证券公司）所设的专门柜台进行证券买卖的市场，故又称店头市场。柜台交易以证券公司为中介进行，投资者可以直接通过柜台进行买卖，也可以委托证券经纪人代理买卖。这里交易的证券主要是不具备在证券交易所上市交易的证券，或所有者不愿意上市交易的证券。该市场没有固定的交易场所和固定的交易时间，也不限制交易对象，是一种松散的、无组织的市场。柜台交易采用买入价、卖出价的双价形式，并由交易双方协商议定价格。

3. 无形市场交易

无形市场是通过电信方式进行证券交易的市场，实际上是证券交易的一个电信网络，国外又称为网络市场。交易者通常只涉及买卖双方，双方并不见面，只是通过电信方式协议定价，成交价格不公开。因为没有集中的地点和有形的场地，不受政府证券部门的监管，无形市场是一种无组织的分散市场。

（四）证券交易成本

证券交易成本可以分为显性成本和隐性成本两种。

显性成本主要有手续费、税费、通信费等。显性成本的高低主要取决于交易市场之间的竞争、市场繁荣程度、政府管制、技术进步等因素。在市场竞争较激烈、市场升温、政府对市场持鼓励支持态度、技术进步等情况下，显性成本会下降；反之，则显性成本会上升。

隐性成本主要是价差和信息成本。在隐性成本中，决定价差的主要是影响证券流动性的因素，如证券质量、市场交易机制等，而信息成本相对复杂。资本市场上的信息主要有企业经营状况、产品销售状况、未来的投资计划等与资产实际价值有关的信息，以及包括当前行情、过去的交易价格和交易量记录的交易信息。决定信息成本的因素主要是信息透明度。信息透明度越高，信息成本就越低。而政府监管效率、公司治理结构、社会的法制化程度、经济的市场化程度、中介服务机构的服务质量和相互之间的竞争程度等则是影响信息透明度的主要因素。

第三节　资本市场的投资分析

一、证券投资的基本面分析

证券投资的基本面分析包括分析宏观经济运行周期、宏观经济政策、产业生命周期以及公司状况对证券市场和特定股票行市的影响。

（一）宏观经济周期性运行与证券行市

宏观经济周期一般经历萧条、复苏、繁荣和衰退四个阶段。从证券市场的情况来看，证券价格的变动大体上与宏观经济周期一致，一般是经济繁荣，证券价格上涨；经济衰退，证券价格下跌。

证券价格的变动虽然大体上与宏观经济周期一致，但在时间上并不完全与宏观经济周期相同。从实践来看，证券市场走势比宏观经济周期的提前量为1个月到半年，证券市场走势对宏观经济运行具有预警作用。

（二）宏观经济政策与证券行市

市场经济国家对经济的干预主要通过货币政策和财政政策进行，政策工具的使用及政策目标的实现均会反映到作为国民经济"晴雨表"的证券市场上。

1. 货币政策的调整会直接、迅速地影响证券市场

首先，当增加货币供应量时，一方面证券市场的资金增多，另一方面通货膨胀也使人们为了保值而购买证券，从而推动证券价格上扬。其次，利率的调整通过决定证券投资的机会成本和影响上市公司的业绩来影响证券价格。最后，中央银行在公开市场上买进证券时，对证券的有效需求增加，促使证券价格上涨。

2. 财政政策的调整对证券市场具有持久但较为缓慢的影响

首先，实行扩张性财政政策，可增加总需求，使公司业绩上升，经营风险下降，居民收入增加，从而使证券价格上涨。其次，扩大政府购买水平，增加政府在非竞争性领域的投资，可直接增加公司利润，居民收入水平也得到提高，从而使证券价格上涨。再次，提高政府转移支付水平，会使一部分人的收入水平得到提高，也可间接地促进公司利润的增长，因此有助于证券价格的上涨。最后，税率的提高将抑制证券价格的上涨，而税率的降低或税收的减免将有助于证券价格的上涨。

3. 汇率政策的调整从结构上影响证券价格

汇率对证券市场的影响主要体现在：本币汇率贬值，本国产品的竞争力增强，出口型企业将受益，此类公司的证券价格就有可能上涨；同时，也将导致短期投机套利性资本流出本国，使本国的证券市场资金供给减少，证券需求下降，价格下跌；反之亦然。

（三）产业生命周期与证券行市

产业生命周期各阶段的风险和收益状况不同，处于产业生命周期不同阶段的产业在证券市场上的表现就会有较大的差异。

处于初创期的产业，风险较大，证券价格的大幅波动不可避免；处于成长期的产业，由于利润快速成长，其证券价格也呈现快速上升之势；处于成熟期的产业是蓝筹股的集中地，其证券价格一般呈现稳步攀升之势，大涨和大跌的可能性都不大，颇具长线投资的价值；处于衰退期的产业已丧失发展空间，因此在证券市场上全无优势，是绩差股、绩平股、垃圾股的摇篮。一般情况下，这类产业的股票常常是低价股。

（四）公司状况与证券行市

1. 公司经营分析

公司经营分析主要包括公司获利能力分析和公司竞争地位分析。一个公司的获利能力越强，资本成本越低，公司的净值增长就越快，这个公司的价值就越大，投资者愿意为其支付的价格就越高。

2. 公司会计数据分析

公司会计数据分析的目的是评估上市公司的会计记录是否真实地反映了上市公司的经济活动。通过对公司的会计政策和会计预测进行评估，证券分析人员可以发现公司财务报表在多大程度上存在扭曲，进而对这些扭曲进行"修正"，为后面的财务分析提供一个真实的数据基础。

3. 公司财务分析

公司财务分析的目的是从财务数据的角度评估上市公司在多大程度上执行了既定战略，是否达到了既定目标。公司财务分析的基本工具有两种：比率分析和现金流量分析。

（1）比率分析的重点在于评价上市公司财务报表中各会计科目之间的相互关系，可以单独或综合运用三种分析方法：一是纵向比较法，即将公司连续几年的财务数据比率加以比较，用来检验公司在经营中执行既定战略的效率。二是横向比较法，即与行业内其他结构相似的公司进行比较，用来检验公司经营的相对成绩。三是定值比较法，该方法一般只用于收益率的比较，用来检验公司经营的成果是否超过某一固定比率。比率分析中使用的指标主要有净资产收益率、主营业务利润率、总资产周转率、财务杠杆率以及可持续成长率。

（2）现金流量分析则使证券分析人员能正确地估测上市公司资产的流动性，并了解证券公司经理如何管理公司经营、投资和筹资活动所产生的现金流。

二、证券投资的技术分析

证券投资的技术分析是指通过分析证券市场的市场行为，对市场未来的价格变化趋势进行预测的研究活动。证券投资的技术分析的理论基础主要是三大假设：市场行为包含一切信息；价格沿趋势波动并保持趋势；历史是会重演的。

证券投资的技术分析方法大致可以分为技术指标法、切线法、形态法、K 线法、波浪法和周期法等。

（1）技术指标法。技术指标法通过考虑市场行为的各个方面，建立数学模型，给出数学上的计算公式，得到一个反映证券市场某个方面实质内容的数字，即技术指标值。数值间的相互关系直接反映证券市场所处的状态。

（2）切线法。切线法是指按照一定的方式和原则，在根据价格数据绘制的图表中画出一些直线，根据这些直线的情况推测证券价格的未来走势，这些直线就是切线。切线主要起分析价格支撑和压力位置的作用，因而被称为支撑线或压力线。

（3）形态法。形态法是根据价格在一段时间内走过的轨迹形态来预测证券价格未来趋势的方法。用证券过去的价格形态可以在一定程度上推测将来的证券价格。

（4）K线法。K线法侧重于若干交易单位（通常是以交易日作为交易单位）的K线组合情况，以此来推测证券市场多空双方力量的对比，进而判断多空双方哪一方占优势。K线图是进行各种技术分析最重要的图表。

（5）波浪法。波浪法是把价格的上下波动和波动的持续看成与波浪的上下起伏一样，遵循波浪起伏的规律。数清楚了每个波浪，就能准确预见市场趋势。

（6）周期法。循环周期理论认为，价格高点和低点的出现在时间上存在一定的规律性。正如事物有发展周期一样，价格的上升和下降也存在某些周期性特征。掌握了价格高低出现时间上的规律，对证券的实际交易就会有一定的帮助。

三、资本市场的投资分析与有效市场假说

资本市场的投资分析的有效性在于它能够提供证券价格未来走势的信息。然而，有效市场假说表明，证券价格由信息决定，已经包含在当前价格里的信息对于预测未来价格毫无贡献。从这个意义上说，有效市场假说否定了资本市场的投资分析的作用。

有效市场假说将信息分成已反映到当前价格里的所有历史信息和公开信息，以及未反映到当前价格里的公开信息和内部信息，并以证券价格包含信息的多少将市场分成三种：强有效市场、中度有效市场和弱有效市场。

（一）资本市场的投资分析与强有效市场

在强有效市场中，证券价格已经包含了所有与公司有关的信息，包括所有历史信息、公开信息和内部信息。那么，无论是采用证券投资的基本面分析还是采用技术分析，都无法获取影响证券价格的新信息。

（二）资本市场的投资分析与中度有效市场

在中度有效市场中，证券价格已经包含了所有历史信息和当前的公开信息。在这类市场中，技术分析无效，因为技术分析只是在找已经反映在证券价格里的公开信息和历史信息。基本面分析可能有所帮助，特别是对公司状况的分析。如果隐含在财务报告中的部分真实信息没有在证券价格里及时反映出来，那么对这种公司的分析有助于投资者正确判断证券价格走势，以获得更高的报酬。然而，如果财务报告中的数据能够被所有投资者理解，那么这种信息也全部成为公开信息，则基本面分析也会变得无效。

（三）资本市场的投资分析与弱有效市场

在弱有效市场中，证券价格只包括所有历史信息和部分公开信息，部分公开信息和内部

信息没有包含在证券价格里。因此，通过发掘未反映在证券价格里的公开信息和内部信息，基本面分析有助于提高投资效率。但是，技术分析在弱有效市场中仍然是无效的。

对有效市场的大量研究发现，绝大部分证券市场都是弱有效市场，部分是中度有效市场，而强有效市场假设通常很难得到证实。对于证券投资分析来说，这一结论意味着所有的技术分析都是无效的，而基本面分析的有效性依赖于市场有效程度的高低以及分析者的专业程度。

第四节　国际资本市场

一、国际资本流动与资本市场国际化

（一）国际资本流动

国际资本流动是指资本跨越国界从一个国家或地区向另一个国家或地区流动。根据资本的使用或交易期限的不同，可以将国际资本流动分为长期资本流动和短期资本流动。

1. 长期资本流动

长期资本流动是指期限在 1 年以上的资本的跨国流动，包括国际直接投资、国际间接投资和国际信贷三种方式。

2. 短期资本流动

短期资本流动是指期限为 1 年或 1 年以下的资本的跨境流动。短期资本流动的形成较为复杂，存单、国库券、商业票据及其他短期金融资产交易，投机性的股票交易等都可以形成短期资本流动。短期资本流动可分为贸易性资本流动、套利性资本流动、保值性资本流动以及投机性资本流动等。

（二）资本市场国际化

资本市场国际化指的是资本市场活动在全球范围内进行，资本可以在市场中自由流入或者流出。发达国家的资本市场，如美国的纽约证券交易所、英国的伦敦证券交易所等就是高度国际化的资本市场，世界各地的公司都可以到这些市场融资，各国的投资者也可以在这些市场投资。

二、国际债券市场

国际债券是指一国发行人在国外债券市场上发行，以所在国货币或第三国货币为面值货币并由外国金融机构承销的债券。

国际债券市场除了交易本国的中央政府债券、政府保证债券、国库券、普通公司债券、可转换公司债券、抵押债券、金融债券等，还交易越来越多的境外债券、外国债券、欧洲债券等。这些债券的发行和流通分别形成了外国债券市场、欧洲债券市场和全球债券市场。外国债券是指外国借款人在本国市场发行的、以所在国货币为面值的债券。外国债券市场是外国债券发行和流通的市场。欧洲债券是外国借款人在本国发行的、不以所在国货币为面值的债券。全球债券是在全球各主要金融市场发行的，并在全球多个交易所上市的债券。全球债券市场则是全球债券发行和流通的市场。全球债券市场可以跨洲运作，其发行人的信用等级更高、投资者更为广泛、单笔发行额更大。

三、国际股票市场

国际股票是发行人在国际资本市场筹措长期资金的工具。国际股票发行人是那些为筹集长期国际资金而发行国际股票的公司。这些发行公司几乎遍布全球各个角落，但主要以发达国家的大公司为主。发行国际股票要遵循发行地的股票市场规则和惯例，接受当地证券管理部门的监管。国际股票市场的投资者大部分是机构投资者，它们经常持有国际股票总额的70%～80%。

国际股票市场是指市场参与者从事国际股票发行和流通的场所。狭义的国际股票市场是交易市场所在地非居民公司股票所形成的市场；广义的国际股票市场还包括国际化的各国股票市场，如我国的 B 股市场就属于广义的国际股票市场。

国际股票市场也分为一级市场和二级市场。一级市场是国际股票发行人发行新股票、投资者购买新股票的市场。它是以承销商和销售商的营业网点为依托，借助发达的通信手段进行交易而形成的庞大市场。二级市场是已发行的国际股票在投资者之间转让买卖的场所。它既可以是有形市场，也可以是无形市场，无形市场是未来的发展趋势。

四、我国资本市场的国际化

（一）国际化发展的背景与要求

改革开放是我国长期的政策，我国资本市场的国际化既是我国经济发展的结果，也是我国深化改革开放的必然要求。

1978 年改革开放以来，我国经济一直保持快速增长。2012 年我国国内生产总值突破 8 万亿美元，仅次于美国，位居世界第二。2019 年我国国内生产总值 99.09 万亿元，人均 GDP 突破 1 万美元大关，达到 10 276 美元。经济总量的提高使得居民的可支配收入显著增加，从而产生了对金融资产的内在需求，也有能力对外进行金融投资。与此同时，我国对外贸易快速增长，2013 年我国货物进出口总额为 41 600 亿美元，我国正式成为世界第一货物贸易大国；2019 年我国货物进出口总额 315 446 亿元（人民币，下同），其中出口 172 298 亿元，进口 143 148 亿元，贸易顺差为 29 150 亿元；服务进出口总额 54 152.9 亿元，其中，出口总额 19 564.0 亿元，进口总额 34 588.9 亿元。另外，我国资本流入的速度也非常快，资本项目盈余扩大。我国对外贸易的崛起和外资的持续流入，已经深刻地改变了世界贸易和国际资本流动的格局，从而增强了我国经济与世界经济的联系，强化了我国金融市场与国际金融市场的联系，推动了我国资本市场的国际化。

我国资本市场的快速发展能够满足市场国际化的要求。按照 2007 年 10 月末的数据计算，加上香港股市，我国股市已经发展成为仅次于美国的世界第二大股票市场，我国资本市场正在发展成为世界最重要的资本市场之一。合格的境外机构投资者（Qualified Foreign Institutional Investors，QFII）纷纷要求增加投资额度，各种外资通过不同渠道进入我国资本市场，不少国外著名金融机构要求与我国证券交易所、金融机构及相关上市公司开展多层次的合作。我国资本市场容量的扩大是对外合作的重要前提，也是我国资本市场国际化的必要条件。

（二）我国资本市场国际化的进程

我国资本市场经历了十几年的发展，国际化程度逐渐提高，已经取得显著成就，尤其是股权分置改革以来，资本市场在投资者和中介组织国际化方面加快了步伐。通过资本市场进行国际并购的上市公司越来越多，我国资本市场与全球资本市场的联动也在逐步增强。

我国资本市场国际化具体体现在以下几个方面：

1. 投资者的国际化

1991 年设立的 B 股市场，就允许境外投资者直接投资我国资本市场，这是我国资本市场国际化的开端；在债券市场方面，中国人民银行 1998 年 5 月批准 8 家在上海经营人民币业务的外资银行进入全国同业拆借市场，进行人民币同业拆借、债券买卖和债券回购。2006 年底在我国加入世界贸易组织过渡期结束之后，银行间债券市场已经全面对境内外资银行开放。

2002 年 11 月，中国证券监督管理委员会和中国人民银行联合发布《合格境外机构投资者境内证券投资管理暂行办法》，宣布建立 QFII 制度，这是 A 股市场投资者国际化的标志。2003 年 5 月，瑞士银行被批准为第一家 QFII，额度为 8 亿美元，外国投资者正式进入我国 A 股市场。此后，我国不断放宽 QFII 的门槛和增加其资金运作的灵活性。2012 年底，QFII 额度上限扩展到了 800 亿美元。到 2019 年末，海外投资者通过陆股通和 QFII 持有 A 股的市值已经超过股票型公募基金的总规模，境内投资者通过港股通和 QDII 投资海外资本市场也接近这一规模。2014 年 11 月，沪港通正式推出，标志着我国资本市场国际化又迈出重要一步。

2. 金融中介的国际化

金融中介的国际化进程始于我国加入世界贸易组织。中国证券监督管理委员会 2002 年

6月发布《外资参股证券公司设立规则》和《外资参股基金管理公司设立规则》，允许外国证券机构驻华代表处成为所有中国证券交易所的特别会员，允许外国机构设立合营公司，从事国内证券投资基金管理业务等。2002年10月，中国证券监督管理委员会批准国泰君安证券股份有限公司和德国安联集团发起设立中外合资基金管理公司——国安基金管理公司，该公司成为我国第一家获准组建的中外合资基金管理公司。2007年12月，第三次中美战略经济对话，我国同意调整外资参股我国证券公司的股权比例，美国承诺对我国证券公司和投资咨询机构在美登记和开展业务实施国民待遇，我国金融中介的国际化进程逐渐加快。

3. 资本市场的对外互联互通

香港是主要的国际金融中心，拥有发达的国际资本市场。实现内地资本市场与香港资本市场的互联互通有利于巩固和提高香港国际金融中心的地位，同时也是内地资本市场国际化的重要步骤。2014年以来，内地和香港相继推出以下互联互通机制：

（1）沪港通，即沪港股票市场的互联互通机制，指两地投资者可以委托上海证券交易所（简称上交所）会员或者香港联合交易所有限公司（简称联交所）的会员，买卖规定范围内的对方交易所上市股票。

（2）深港通，即深圳和香港股票市场的互联互通机制，2016年12月5日正式启动。截至2018年4月3日，深港通中的深股通（北向）从香港流入深圳的资金共计1 800亿元，港股通（南向）从深圳流入香港的资金共计1 672亿元。

（3）债券通，即内地债券市场与香港债券市场之间的互联互通。其中的"北向通"已于2017年7月3日开通，即通过内地与香港债券市场基础设施的互联互通，境外投资者投资于内地银行间债券市场的机制安排。境外投资者可以通过"北向通"投资内地银行间债券市场发行交易的所有证券，既可以参与一级市场的债券发行认购，也可以参与二级市场的债券买卖。截至2018年2月末，通过债券通进入我国银行间债券市场的境外机构投资者达189家。

另外，我国和英国的资本市场也实现了互联互通，2019年6月17日正式启动了沪伦通，东向2 500亿元，西向300亿元。随着内地资本市场的国际影响力不断提高，国际著名的指数编制公司摩根士丹利资本国际公司（Morgan Stanley Capital International，MSCI）决定从2018年6月开始将我国A股纳入全球最具影响力的指数：MSCI新兴市场指数和全球基准指数（All Country World Index，ACWI）。A股纳入MSCI新兴市场指数表明国际资本市场认可我国股票可以作为全球可配置资产，也是A股迈向国际化的一个重要表现。

本章小结

1. 资本市场参与主体中的政府、金融机构和企业主要是为获取长期性资金来源，居民则可以利用这一市场提供的变现机制频繁地参与市场活动。资本市场能发挥投融资平台、有效配置资源、促进并购与重组以及提升产业结构的功能。

2.证券市场是资本市场的主体，证券市场可以区分为发行市场和流通市场。证券发行主体首先必须对证券种类和证券发行方式进行选择，管理部门对证券发行也有相应的条件约束。

3.对于证券投资者来说，证券投资分析是必不可少的一环。证券投资分析包括基本面分析和技术分析，其中最重要的是基本面分析。基本面是证券市场运行的基础，也是投资获益的基础。

4.随着我国对外开放的扩大，我国资本市场国际化的趋势日益明显。我国享受到了国际化带来的诸多好处，也需要面对并防范由此产生的风险。

🗗 思考题

1.比较资本市场与货币市场的功能和特点。

2.如果你想收购一家知名企业，也拥有足够多的资金，在没有资本市场的时候，你能否做到？为什么？

3.如果你想入市买卖股票，要经过哪些程序？

4.在你决定购买股票前，你会怎样做上市公司的基本面分析？

5.我国资本市场国际化具体体现在哪几个方面？我们应该怎样应对国际化可能带来的冲击？

第九章　金融机构体系

问题导入

近年来，金融机构和互联网企业采取跨界融合的方式，提升金融服务覆盖面，使得一些地区的客户可以通过手机等移动终端完成各种非现金交易。未来还会有有形的金融机构吗？互联网金融模式的应用与创新是否能够实现并发展现有各类金融机构的功能？传统金融机构（如商业银行、证券公司、保险公司甚至中央银行）会成为"21世纪的恐龙"吗？

学习目标

1. 了解金融机构的产生，理解金融机构的功能；
2. 掌握金融机构的经营体制及我国金融机构经营体制的演变；
3. 掌握金融机构体系的一般构成；
4. 掌握现行我国金融机构体系的构成；
5. 理解各类金融机构的运作特点与作用。

第一节　金融机构概述

一、金融机构的产生、分类与功能

（一）金融机构的产生

金融机构是从事金融活动的组织，它以一定量的自有资金为运营资本，通过吸收存款、发行证券、接受他人财产委托等形式形成资金来源，通过贷款、投资等形式运营资金，在向社会提供各种金融产品和金融服务的过程中取得收益。

历史考察表明，早期金融机构是在商品经济和货币信用的发展过程中自发产生的，如中世纪的货币兑换商。分析显示，金融机构产生的原因在于满足商品生产和交换中的支付需求、经济活动中的融资需求和投资需求、风险转移与管理需求以及对信息服务的需求等。随着金融活动的专业化发展，从事金融活动的机构逐渐从兼业经营转向专业经营，金融机构由此产生。

> **原理 9-1：**
> 金融机构的产生与发展内生于实体经济活动的需要。

（二）金融机构的分类

1. 按照能否吸收存款分类

按照能否吸收存款，金融机构可以分为存款性公司和其他金融性公司。

存款性公司是以吸收存款作为资金主要来源，以发放贷款为主要的资金运用方式，以办理转账结算为主要中间业务，参与存款货币创造的金融机构，可以分为中央银行和其他存款性公司两大类。后者主要包括商业银行、储蓄银行、信用合作社、农村和农业银行以及主要从事金融性公司业务的旅行支票公司等。这类机构共同的特征是以存款为主要负债，以贷款为主要资产，以办理转账结算为主要中间业务，直接参与存款货币的创造过程。我国的政策性银行、财务公司也属于此类机构。其他金融性公司是以发行金融工具或签订契约等方式获得资金，通过特定的方式运营这些资金的金融机构，主要包括保险公司和社会保障基金、证券公司、投资基金管理公司、信托投资公司、贷款公司、金融租赁公司、金融资产管理公司等非存款类金融机构。国外的财务公司也属于其他金融性公司，但因为国外的财务公司也可以办理存款业务，主要是定期存款，所以是其他金融性公司中最具存款类金融机构特点的机构。

2. 按照职能作用分类

按照职能作用，金融机构可分为营业性金融机构和管理性金融机构。

营业性金融机构是只从事商业性或政策性金融业务，不具有管理职能的金融机构，包括商业性金融机构和政策性金融机构。管理性金融机构是从事特定金融业务、具有金融管理和调节职能的金融机构。

3. 按照业务性质分类

按照业务性质，金融机构可分为商业性金融机构和政策性金融机构。

商业性金融机构以追求利润为经营目标，是自主经营、自负盈亏、自求平衡、自我发展的金融企业；政策性金融机构大多是政府出资或以政府资本为主设立，由政府依法赋予其特殊的职能，不以营利为目的，其业务经营的目标主要是贯彻落实政府经济政策。

4. 按照业务活动的主权范围分类

按照业务活动的主权范围，金融机构可分为国家金融机构和国际金融机构。

国家金融机构指业务活动在一国主权范围内进行的所有金融机构；国际金融机构指业务

活动跨越不同国家和地区的金融机构，包括全球性金融机构和区域性金融机构。而国际金融机构依据业务性质的不同，也可以分为商业性金融机构和政策性金融机构，前者是指跨国银行、多国银行，后者是指政府间的国际金融机构。本章主要按此分类进行讨论。

此外，按不同的标准，金融机构还有其他的分类。例如，按照资本和业务规模等，金融机构可以分为大、中、小型金融机构；按照组织方式，金融机构可以分为公司制、合作制、股份合作制和其他组织制度（如独资形式）的金融机构；等等。

（三）金融机构在现代经济发展中的功能

1.便利支付结算

提供支付结算服务是金融机构的传统功能。金融机构尤其是商业银行为社会提供的支付结算服务，对商品交易的顺利实现、货币支付与清算和社会交易成本的节约具有重要意义。

2.促进资金融通

促进资金融通是指金融机构充当专业的资金融通媒介，促进各种社会闲置资金的有效利用。融通资金是所有金融机构都具有的基本功能。不同的金融机构会利用不同的方式来融通资金，在全社会范围内集中闲置的货币资金，并将其运用到社会再生产的过程中，促进储蓄向投资转化，提高了社会资本的利用效率，推动了经济发展。

原理 9-2：
便利支付结算和促进资金融通是金融机构最基本的功能。

3.降低交易成本

降低交易成本是指金融机构通过规模经营和专业化运作，适度竞争，可以合理控制利率、费用、时间等成本，取得规模经济和范围经济的效果，使投融资活动最终以适应社会经济发展需要的交易成本来进行。

4.改善信息不对称

金融机构利用自身的优势能够及时搜集、获取比较真实、完整的信息，通过专业分析判断，选择合适的借款人和投资项目，对所投资的项目进行专业化监控，节约了信息处理成本，并且提供了专业化的信息服务。

5.转移与管理风险

金融机构通过各种业务、技术和管理，分散、转移、控制或降低经济和社会活动中的各种风险。

6.创造信用与存款货币

金融机构在其业务活动中可以创造各种信用工具，如早期的银行支票、汇票和银行券，现代的信用卡等。在部分准备金制度下，银行通过其资产负债业务不仅可以扩张或收缩信用，还可以创造存款货币。中央银行的资产业务可以直接授信给金融机构，因此，金融机构的业务活动对于整个社会的信用和货币具有决定性作用。

二、金融机构的经营体制及其演变

（一）金融机构的经营体制

20 世纪 30 年代以来，随着政府对金融机构监督和管理的增强，各国以立法的形式对金融机构经营的业务范围做出规定，由此形成了现代金融机构的两种不同体制：分业经营和混业经营。

1. 分业经营与分离银行制度

分业经营是指对金融机构业务范围进行某种程度的分离管制。按照分业管制程度的不同，分业经营有三个层次：一是指金融业与非金融业的分离，金融机构不能经营非金融业务。二是指金融业中分离银行、证券和保险等子行业，如商业银行、证券公司和保险公司只能经营各自的银行业务、证券业务和保险业务，一个子行业中的金融机构不能经营其他子行业的业务。三是指进一步分离银行、证券和保险等各子行业的内部业务。如在银行业内部，经营长、短期银行存贷款业务的金融机构相互分离，经营政策性业务和商业性业务的金融机构相互分离；在证券业内部，经营证券承销、交易、经纪业务和证券做市商业务的金融机构相互分离；在保险业内部，经营财产保险、人身保险、再保险业务的金融机构相互分离。通常所说的分业经营是指第二个层次的分离。

2. 混业经营与全能银行制度

混业经营是指允许各类金融机构业务范围有交叉，可以进行综合经营的金融制度。混业经营也有三个层次：金融业与非金融业之间的混业经营，银行、证券和保险等行业之间的混业经营，以及银行业、证券业和保险业等内部的混业经营。历史上由于银行业是金融业的核心，故混业经营又被称为全能银行制度。

3. 经营体制对金融机构的影响

实行分业经营还是混业经营对金融机构具有重要的影响。在严格的分业经营体制下，银行、证券和保险等各类金融机构之间泾渭分明，一种金融机构不能擅自经营其他金融机构的业务。分业经营的优点在于有利于提高业务的专业技术和专业管理水平，有利于避免竞争摩擦和混业经营可能出现的内部协调困难问题，有利于保证金融机构自身及客户的安全，有利于控制金融机构的风险；等等。其不足之处在于：一是使各行业之间无法优势互补，如证券业难以利用、依托商业银行的资金优势和网络优势，商业银行也不能借助证券公司的业务来推动其业务的发展；二是与混业经营的金融机构相比，分业经营的金融机构的竞争力较弱，面对规模宏大、业务齐全的大型全能银行时，实行分业经营的金融机构在竞争中相对不利。混业经营对金融机构的影响与分业经营的利弊正好相反。因此，在选择分业经营还是混业经营的问题上一直存在激烈的争论。

（二）金融机构经营体制的演变

1929—1933 年世界经济危机爆发以及美国政府 1933 年颁布《格拉斯－斯蒂格尔法案》后，以美国为首的西方国家金融机构形成了分业经营体制。为适应业务创新和市场竞争的要求，从 20 世纪 80 年代初开始，实行分业经营的日本、英国、美国等国家的金融机构又逐渐突破了职能分工的界限，尤其是在 1999 年美国颁布《现代金融服务法案》后，混业经营在欧美重新成为趋势。

我国金融业在 1980—1993 年底事实上形成了混业经营的格局，但也出现了诸多问题。经过整顿，1994 年后形成了分业经营的模式。为提升金融机构的竞争力，我国从 1999 年开始逐渐放宽金融业分业经营的监管制度，金融机构混业经营的趋势日趋显著。

三、国家金融机构体系的一般构成

国家金融机构体系是指在一个主权国家中的各类相互关联的金融机构。各国的金融机构体系因国情和经济金融发展水平的差异而各有特点，但在机构种类和构成上大致相同，主要分为存款性公司（也叫存款类金融机构）和其他金融性公司（也叫非存款类金融机构）两大类。

（一）存款性公司

存款性公司是能够吸收存款并以存款作为其营运资金主要来源的金融机构，包括以下几种：

1. 中央银行

中央银行是货币金融管理机关，在发挥国家的银行和银行的银行职能时保管政府、公共机构以及金融机构的存款，故属于存款性公司。因其特殊性，本书第十一章再做专门讨论。

2. 商业银行

商业银行是以经营企业和居民的存、贷款为主要业务，为客户提供多种金融服务的金融机构。由于商业银行以吸收存款为其主要负债，具有派生存款货币的功能，故又称为存款货币银行。

3. 专业银行

专业银行是指专门从事指定范围内的业务或提供专门服务的金融机构，主要有以下几类：

（1）储蓄银行。储蓄银行是专门经办居民储蓄并为居民个人提供金融服务的金融机构。这类银行以居民储蓄存款为主要资金来源，资金运用主要是提供消费信贷和住宅贷款，此外也进行公债投资等活动。各国的储蓄银行名称不一，有互助储蓄银行、国民储蓄银行、信贷协会、信托储蓄银行等名称。

（2）开发银行。开发银行是专为满足长期建设项目投融资需要并提供相关服务的金融机构。开发银行多属于政府出资设立的政策性银行，不以营利为经营目标，其宗旨是通过融通长期资金进行开发性项目来促进本国或本地区的经济发展。例如，南非土地和农业开发银行作为政策性银行，办理对公司客户的存贷款业务。

（3）产业银行和土地银行。产业银行是为特定产业发展提供金融服务的专业银行，多为政策性金融机构。其中，农业银行是专为支持农业发展而设立的金融机构，是产业银行的一种。农业银行多为政策性的，如泰国农业和农业合作社银行、摩洛哥农业信贷银行、法国农业信贷银行和我国的农业发展银行等。农业银行的资金来源于吸收存款、发行债券、政府借款、同业拆借等，资金运用于农业贷款、农业投资、担保和补贴等。土地银行是主要经营土地存贷及与土地有关的长期信用业务的金融机构。如菲律宾土地银行也属于政策性金融机构，办理存贷款业务。再如我国的台湾土地银行办理活期、定期、综合性存款以及个人消费贷款、政策性和一般性的房地产、农业、灾害、企业贷款。

（4）进出口银行。进出口银行是专门为对外贸易提供信用支持的金融机构。政府投资设立的进出口银行具有政策性，旨在支持本国的对外贸易和经济发展。

4. 信用合作社

信用合作社是以社员认缴的股金和存款为主要负债、以向社员发放的贷款为主要资产并为社员提供结算等中间业务服务的合作性金融机构，但实际上部分信用合作社的业务对象不局限于社员。

（二）其他金融性公司

其他金融性公司是指不以吸收存款为主要资金来源的金融机构，主要有以下几种：

1. 保险公司

保险公司是根据合同约定、向投保人收取保险费并承担投保人出险后的风险补偿责任、拥有专业化风险管理技术的经济组织。保险公司按其从事的业务险种或业务层级可以划分为人寿保险公司、财产保险公司、存款保险公司、再保险公司等类型。

2. 信托投资公司

信托投资公司是以收取报酬为目的，接受他人委托以受托人身份专门从事信托或信托投资业务的金融机构。

3. 证券机构

证券机构是专门从事证券业务的金融机构，包括证券公司、证券交易所、基金管理公司、证券登记结算公司、证券评估公司、证券投资咨询公司、证券投资者保护基金公司等组织。按能否从事证券自营业务，还可以将证券公司分为综合类证券公司和经纪类证券公司。

4. 金融资产管理公司

金融资产管理公司是管理资产的金融机构。我国的金融资产管理公司具有政策性，是经国务院批准设立的收购、管理和处置国有银行不良贷款等资产的非存款类金融机构。

5. 金融租赁公司

金融租赁公司也叫融资租赁公司，是以融资租赁业务为其主要业务的非存款类金融机构。我国金融租赁公司虽然可以吸收（非银行）股东1年期（含）以上定期存款，但是吸收存款并非其资金主要来源，因此，我国的金融租赁公司也归入其他金融性公司之列。

6. 财务公司

国外财务公司是以发售长期债券为主要资金来源，以开展短期借款和发放消费信贷为主要资产业务的非存款类金融机构；而我国的财务公司是由大型企业集团成员单位出资组建，主要为成员单位提供存款、放款、投资、结算、票据贴现、融资租赁等服务，属于存款类金融机构。

7. 期货类机构

期货类机构是从事商品期货合约、金融期货合约、期权合约交易及其他相关活动的商业组织，包括期货交易所、期货公司及其他期货经营机构、非期货公司结算会员、期货保证金安全存管监控机构、期货保证金存管银行、交割仓库等市场相关参与者。

8. 黄金投融资机构

黄金投融资机构是主要从事黄金投融资交易，提供交易场所、设施和相关服务的金融机构，包括黄金交易所、黄金结算所（公司）、黄金经纪公司、从事自营业务的会员和非会员黄金投资机构等，如黄金交易所交易基金、黄金对冲基金（公司）等。

9. 专业融资公司

专业融资公司指为特定用途提供融资业务的机构。它们以自有资金为资本，从市场上融入资金，多以动产、不动产为抵押发放贷款或提供资金，主要有不动产抵押公司、汽车金融公司、消费金融公司、贷款公司、典当行等。

10. 货币经纪公司

货币经纪公司是金融市场的交易中介，可以从事的业务包括境内外的外汇市场交易、境内外货币市场交易、境内外债券市场交易、境内外衍生产品交易。其服务对象仅限于境内外的金融机构，是专门从事促进金融机构间资金融通和外汇交易等经纪服务并从中收取佣金的非存款类金融机构。

11. 信用服务机构

信用服务机构是指为接受信用而提供服务的机构，主要包括信息咨询公司、投资咨询公司、金融担保公司、征信公司、信用评估机构等。此外，律师事务所、会计师事务所等机构也属于广义的信用服务机构。

四、国际金融机构体系的构成

国际金融机构主要指各国政府或联合国建立的国际金融机构组织，分为全球性国际金融机构和区域性国际金融机构。

（一）全球性国际金融机构

目前，全球性国际金融机构主要有国际货币基金组织、世界银行集团、国际清算银行等。

1. 国际货币基金组织

国际货币基金组织是为协调国际货币政策和金融关系，加强货币合作而建立的国际性金融机构，是联合国的一个专门机构，于 1945 年 12 月成立，总部设在华盛顿。我国是该组织的创始国之一，中华人民共和国成立以后，一直被排斥在外，1980 年才正式恢复席位。国际货币基金组织的宗旨是成员共同研讨和协商国际货币问题，其主要作用有：促进国际货币合作；促进国际贸易的扩大和平衡发展，开发成员的生产资源；促进汇率稳定和成员有条件的汇率安排，避免竞争性的货币贬值；协助成员建立多边支付制度，消除妨碍世界贸易增长的外汇管制，协助成员克服国际收支困难。

国际货币基金组织的最高权力机构是理事会，由成员选派理事和副理事各一人组成。资金来源于成员认缴的份额。份额多少的重要性表现在两个方面：一是份额的多少决定成员的地位和投票权；二是份额的多少决定成员获得国际货币基金组织贷款的多少。国际货币基金组织的贷款对象只限于成员财政金融当局，而不与任何私营企业进行业务往来。贷款用途只限于弥补成员国际收支逆差或用于经常账户的国际支付。

2. 世界银行集团

世界银行集团由世界银行、国际金融公司、国际开发协会、国际投资争端处理中心、多边投资担保机构五个机构构成。

世界银行又称国际复兴开发银行（International Bank for Reconstruction and Development，IBRD），是 1945 年与国际货币基金组织同时成立的联合国专属金融机构，于 1946 年 6 月正式营业，总部设在华盛顿。世界银行的资金来源中最主要的是认缴份额。除信贷外，世界银行还采用在国际资本市场发行中长期债券和将贷出款项的债权转让给商业银行等方式进行业务活动。同时，世界银行还从事向成员提供技术援助、负责国际银团贷款的组织工作、协调与其他金融机构的关系等活动。

国际金融公司（International Finance Corporation，IFC）是专门向经济不发达成员的私有企业提供贷款和投资的国际性金融组织，于 1956 年成立，总部设在华盛顿。国际金融公司是世界上为发展中国家提供贷款最多的多边金融机构。资金来源主要是成员认缴的股本、借入资本和营业收入，资金运用主要是提供长期的商业融资。其业务宗旨是促进发展中国家私营部门投资，从而减少贫困，改善人民生活。

国际开发协会（International Development Association，IDA）是专门向较贫穷的发展中国家发放条件较宽的长期贷款的国际金融机构，于 1960 年成立，总部设在华盛顿。其宗旨主要是向最贫穷的成员提供无息贷款，促进它们的经济发展，这种贷款具有援助性质。

154

3. 国际清算银行

国际清算银行（Bank for International Settlements，BIS）是西方主要发达国家中央银行和若干大商业银行合办的国际金融机构，成立于1930年5月17日，总部设在瑞士巴塞尔。其初建的目的是处理第一次世界大战后德国赔款的支付和解决各成员之间的债务清算问题。国际货币基金组织成立后，国际清算银行主要办理国际清算，接受各国中央银行存款并代理买卖黄金、外汇和有价证券，办理国库券和其他债券的贴现、再贴现等，此外还负责协调各成员中央银行的关系，故有"央行的央行"之称。国际清算银行不办理个人或企业的存放款业务。国际清算银行领导下的常设监督机构为巴塞尔银行监管委员会（简称巴塞尔委员会），其致力于跨国性银行的监管工作。该委员会签署的《巴塞尔协议》和《〈巴塞尔资本充足协议〉的补充协议》成为国际统一的银行监督管理协议。

（二）区域性国际金融机构

区域性国际金融机构是由区域内国家或区域内外国家共同出资设立，并主要为本区域经济和社会发展提供金融服务的金融机构，分为三种：一是完全由"地理"区域内国家组成，是真正的区域性国际金融机构，如欧洲投资银行等；二是成员主要在"地理"区域内，但也有区域外的国家参与，如欧洲复兴开发银行、泛美开发银行、加勒比开发银行、非洲开发银行、西非发展银行、亚洲开发银行、亚洲基础设施投资银行等；三是"概念"型的区域性国际金融机构，如阿拉伯货币基金组织、阿拉伯发展基金、伊斯兰发展银行、金砖国家开发银行等。

第二节 中国的金融机构体系

一、中华人民共和国成立以前金融机构体系的变迁

中国金融机构的发展历史源远流长，但数千年的封建社会和小生产方式，使我国的商品经济发展十分缓慢，金融机构长期处于分散、落后的状态。当西方资本主义国家先后建立起现代金融体系的时候，中国的典当行、钱庄、票号等仍停留在高利贷性质的旧式金融机构阶段。

19世纪中叶以后，随着外国资本的入侵和民族工业的崛起，为适应中外贸易发展的需要，新式金融机构开始逐步形成，中国第一家现代民族资本银行即中国通商银行直至1897年才在上海开业。国民党统治时期，国民政府和四大家族运用手中的权力建立了以"四行二局一库"（中央银行、中国银行、交通银行、中国农民银行，中央信托局、邮政储金汇业局，中央合作金库）为核心的官僚资本金融机构体系，"四行二局一库"成为国民政府实行金融

垄断的重要工具。而中国民族资本银行则与民族工商业一样，处于帝国主义、官僚资本主义的双重压力之下，规模小，发展缓慢。

与之并行的是，中国共产党在领导全国人民夺取政权的革命斗争中，在各个革命根据地也建立了自己的金融机构，其中影响较大的有：第一次国内革命战争时期在瑞金成立的中华苏维埃共和国国家银行；抗日战争时期在各抗日根据地成立的银行，如陕甘宁边区银行、华北银行等。这些银行为人民战争的胜利和中华人民共和国的成立做出了重大贡献。

二、中华人民共和国成立后大陆金融机构体系的建立与发展

大陆现行的金融机构体系是在中华人民共和国成立后逐步发展起来的，金融机构体系的建立与发展大致可分为以下几个阶段：

（一）新型金融机构体系初步形成阶段（1948—1952 年）

1948 年 12 月 1 日，中国人民银行在原华北银行、北海银行、西北农民银行的基础上成立，标志着中华人民共和国金融体系的建立。中华人民共和国成立以后，中国人民银行接管和没收了官僚资本银行，将革命根据地和解放区的银行分别改造为中国人民银行的分支机构，并对民族资本银行、私人钱庄进行了社会主义改造。通过这些措施，中国人民银行逐渐成为全国唯一的国家银行，奠定了国有金融机构居于支配地位的新中国金融机构体系的基础。

（二）"大一统"金融机构体系确立阶段（1953—1978 年）

1953 年，我国开始大规模、有计划地进行经济建设，在经济体制与管理方式上实行高度集中统一的计划经济体制及计划管理方式。与之相适应，金融机构体系也实行了高度集中的"大一统"模式。这个模式的基本特征为：中国人民银行是全国唯一一家办理各项银行业务的金融机构，集中央银行和商业银行功能于一身，内部实行高度集中管理，资金统一计划调度，利润分配实行统收统支。这种模式对当时的经济发展起到了一定的促进作用，但是也存在不利于有效地组织资金融通和不利于调动各级银行的积极性等问题。

（三）改革开放和突破"大一统"金融机构体系的初期（1979 年—1983 年 8 月）

1979 年开始的经济体制改革客观上要求改变"大一统"的金融体系。1979 年，中国银行从中国人民银行中分离出来，作为外汇专业银行，负责管理外汇资金并经营对外金融业务；同年，恢复中国农业银行，负责管理和经营农业资金；1980 年，我国试行基建投资"拨改贷"后，中国建设银行从财政部分设出来，最初专门负责管理基本建设资金，1983年开始经营一般银行业务。这些金融机构有着明确的分工，打破了中国人民银行一家包揽的格局。但中国人民银行仍然集货币发行和信贷于一身，不能有效地对专业银行和金融全局进行领导、调控与管理。因此，我国有必要建立真正的中央银行和商业银行相分离的二

级银行体制。

（四）多样化的金融机构体系初具规模的阶段（1983 年 9 月—1993 年）

为了在搞活经济的同时加强宏观金融调控，我国进行了一系列的改革：1983 年 9 月，国务院决定中国人民银行专门行使中央银行职能；1984 年 1 月，单独成立中国工商银行，承担原来由中国人民银行办理的工商信贷和储蓄业务；1986 年以后，增设了全国性综合银行，如交通银行、中信实业银行等，还设立了区域性银行，如广东发展银行、招商银行等，很多区域性银行现已发展成为全国性商业银行；同时，批准成立了一些非银行金融机构，如中国人民保险公司、中国国际信托投资公司、中国投资银行、光大金融公司，各类财务公司、城乡信用合作社及金融租赁公司等。在金融机构体系加大改革力度的同时，金融业进一步实行对外开放，允许部分合格的营业性外资金融机构在我国开业，使我国金融机构体系从封闭走向开放。通过这些改革，我国在 1984 年形成了以中国人民银行为核心，以中国工商银行、中国农业银行、中国银行、中国建设银行四大专业银行为主体，其他各种金融机构并存和分工协作的金融机构体系。

（五）建设和完善社会主义市场金融机构体系的时期（1994 年至今）

1994 年，为适应建立社会主义市场经济新体制的需要，国务院决定进一步改革金融体制，建立在中央银行宏观调控下的政策性金融与商业性金融分离、以国有商业银行为主体的多种金融机构并存的金融机构体系。此次改革的主要措施有：分离政策性金融与商业性金融，成立三大政策性银行；国有四大专业银行向国有商业银行转化。1995 年，我国组建了第一家民营商业银行——中国民生银行；同年，在清理、整顿和规范已有的城市信用社的基础上，在各大中城市开始组建城市合作银行，1998 年起陆续更名为城市商业银行；大力发展证券投资基金等非银行金融机构；为加强对金融机构的监管，1992 年成立中国证券监督管理委员会，1998 年成立中国保险监督管理委员会，2003 年成立中国银行业监督管理委员会，形成了"分业经营、分业监管"的框架。为了提高监管效率，国务院决定将中国银行业监督管理委员会和中国保险监督管理委员会的职责整合，组建中国银行保险监督管理委员会，2018 年 4 月 8 日，中国银行保险监督管理委员会正式挂牌，标志着我国的金融机构体系仍处在完善过程之中。

三、中国大陆现行的金融机构体系

经过 40 多年的改革开放，中国的金融机构体系已由过去长期实行的"大一统"银行体制逐步发展成为多元化的金融机构体系。目前，中国的金融机构体系由两大部分组成：一是存款性公司；二是其他金融公司，其中以存款性公司（包括中央银行和其他存款性公司）为主体。截至 2019 年底，中国的金融机构体系构成如图 9 - 1 所示。

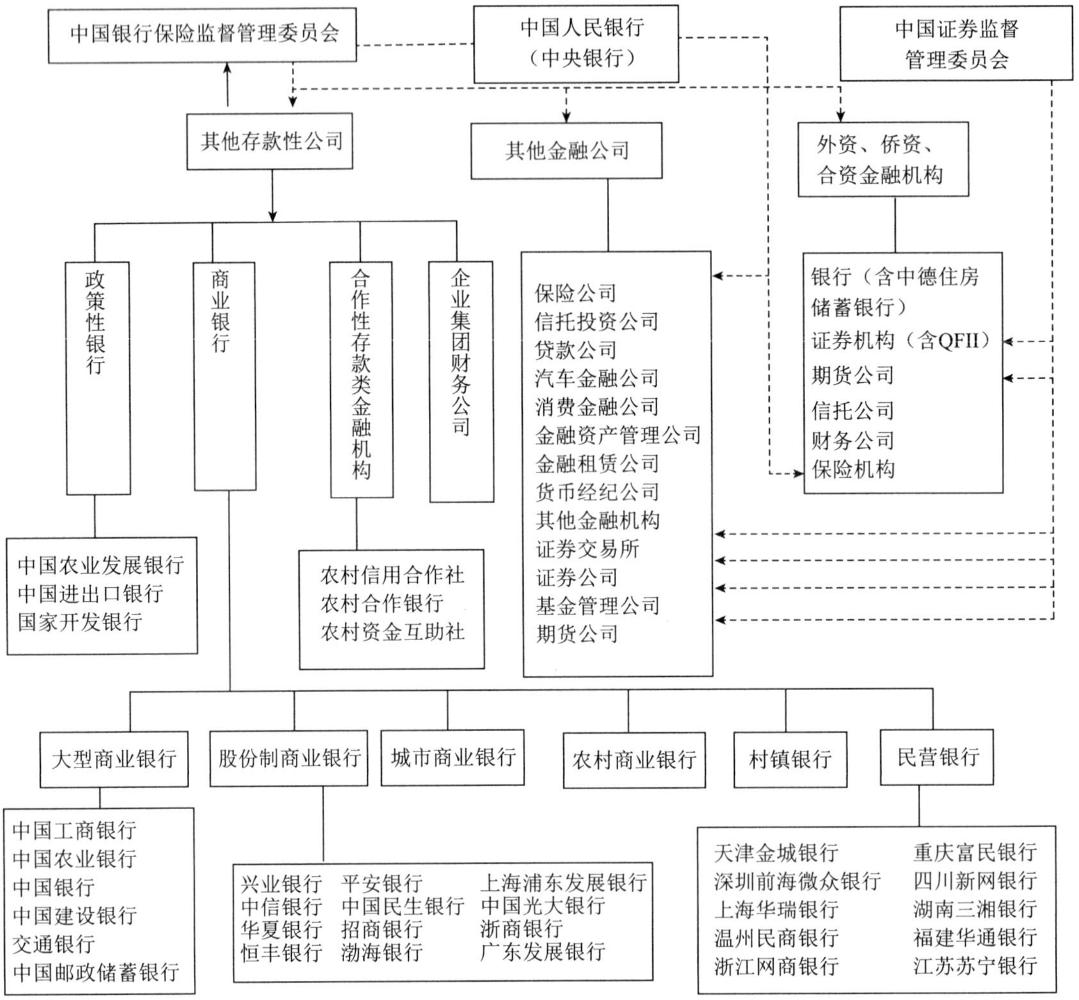

图 9-1　中国的金融机构体系构成

注：相关信息截至 2019 年 12 月底。

（一）以银行为主体的存款性公司

我国的存款性公司分为货币当局（中央银行）和其他存款性公司两部分，后者受中国银行保险监督管理委员会监管。其他存款性公司主要有：

1. 商业银行

（1）大型商业银行，包括中国工商银行、中国农业银行、中国银行、中国建设银行、交通银行和中国邮政储蓄银行。前四家银行是由原来的国家专业银行转化而来的，2003 年起陆续进行了股份制改造，目前均已上市。交通银行成立于 1908 年，1958 年除香港分行仍继续营业外，交通银行国内业务分别并入中国人民银行和中国人民建设银行。1986 年 7 月 24 日，国务院批准重新组建交通银行。1987 年 4 月 1 日，重新组建后的交通银行正式对外营业，成为中国第一家全国性的国有股份制商业银行，总行设在上海。2019年1月，中国邮政储蓄银行正式列入大型商业银行。目前，六家大型商业银行均经营全面的银行业务。

（2）股份制商业银行。股份制商业银行包括兴业银行、中信银行、华夏银行、恒丰银行、平安银行、民生银行、招商银行、渤海银行、上海浦东发展银行、光大银行、浙商银行、广东发展银行等。这类银行自1987年以后陆续组建，从地域上大致可分为全国性股份制商业银行和区域性股份制商业银行两类。

（3）城市商业银行。城市商业银行是1995年在原城市信用合作社的基础上，由城市企业、居民和地方财政投资入股组成的地方性股份制商业银行。城市商业银行最初称为城市合作银行，1998年改用现名。这类银行均实行一级法人、多级核算经营体制，主要功能是为地方经济和中小企业服务。

（4）其他商业银行。其他商业银行主要有四类：一是农村商业银行，大多由原来的农村信用合作社改制而成；二是村镇银行，是指在农村地区设立的主要为当地农民、农业和农村经济发展提供金融服务的银行业金融机构；三是民营商业银行；四是外资商业银行。

2. 政策性银行

1994年，为建立在中央银行宏观调控之下的政策性金融与商业性金融分离的金融机构体系，我国成立了国家开发银行、中国农业发展银行、中国进出口银行三家政策性银行，将各专业银行原有政策性业务与经营性业务分离。政策性银行成立后，在改革与发展过程中发挥了重要作用。随着社会主义市场经济和市场金融体制的完善，政策性银行的发展面临新的问题，正在进行转制与深化改革。

3. 合作性存款类金融机构

合作性存款类金融机构主要包括城市和农村信用合作社、农村合作银行、农村资金互助社。为规范经营管理并提高风险控制水平，监管部门鼓励符合条件的农村信用社和农村合作银行逐渐改制为农村商业银行。

4. 其他存款类金融机构

其他存款类金融机构主要有为企业集团成员单位提供财务管理服务的企业集团财务公司、中德住房储蓄银行等可以吸收存款的金融机构。

（二）其他金融公司

1. 保险及其服务类机构

我国的保险服务类机构主要包括保险集团和控股公司、财产险公司、人身险公司、专业再保险公司、保险资产管理公司、外资保险公司及其代表处、全国性和区域性保险专业代理机构、保险经纪机构、保险公估机构等。

2. 证券投资及其服务类机构

证券期货黄金外汇投资机构，主要包括：投资银行或综合类证券公司、基金管理公司及其旗下的证券、期货、黄金、货币、混合类投资基金；经国家外汇管理局批准、可参与证券市场投资的合格境外机构投资者与合格境内机构投资者（Qualified Domestic Institutional Investors，QDII）；资产管理公司、投资管理公司、投资顾问公司、退休金管理委员会、年金计划投资委员会、养老金信托公司、教会养老基金、家族基金会、基金顾问公司等众多机构。

信托投资公司是以受托人的身份，代人理财的非存款类金融机构，业务范围主要限于信托、投资和其他代理业务。

投资服务类机构，是为投融资交易提供场地、设施和辅助性服务的机构，主要包括中国金融期货交易所、上海黄金交易所、上海期货交易所、上海证券交易所、深圳证券交易所、经纪类证券公司、期货（经纪）公司、货币经纪公司、征信公司、信用评级机构、信用担保机构、证券与基金销售机构和支付结算机构、具有证券从业资格的会计师事务所、律师事务所、资产评估机构等。

3. 非保险、投资类的其他金融性公司

（1）金融资产管理公司。我国的金融资产管理公司有政策性的和商业性的两类。政策性的金融资产管理公司带有典型政策性金融机构的特征，是专门为接受和处理国有金融机构不良资产而成立的，主要有信达、华融、长城、东方四家资产管理公司。此外，还有许多银行、证券和保险公司发起设立的商业性金融资产管理公司，如中国人寿资产管理有限公司和港资、外资金融资产管理公司。

（2）金融租赁公司，是指经监管部门批准，以经营融资租赁业务为主的非存款类金融机构。

（3）小额贷款公司，是由自然人、企业法人与其他社会组织投资设立，以服务"三农"为宗旨，不吸收公众存款，只能在本县（市、区）行政区域内从事小额贷款业务和小企业发展、财务、管理等咨询业务的有限责任公司或股份有限公司。

（4）其他非存款类金融机构，主要有汽车金融公司、消费金融公司、货币经纪公司、典当行等，还有一些网络小额贷款公司、第三方支付公司以及金融中介公司互联网金融机构。

四、香港特别行政区的金融机构体系

1997 年，香港回归祖国后，在"一国两制"的方针和《中华人民共和国香港特别行政区基本法》的指导下，继续维持原有的货币金融体制。香港金融机构体系颇具特色，以国际金融资本为主体，银行、外汇、黄金、证券、保险、期货、共同基金等多种金融机构并存。

香港金融监管机构主要是金融管理局、证券及期货事务监察委员会与保险业监理处，分别负责监管银行、证券与期货以及保险与退休计划等行业。金融管理局是香港特别行政区政府架构中负责维持货币及银行体系稳定的机构。金融管理局的职能虽与中央银行大致相符，但由于它不发行钞票，不是政府的银行，故被称为准中央银行。此外，香港特别行政区政府还充分发挥金融同业公会的作用，在香港的银行、保险、证券等行业中实行以政府部门为主、同业公会自律为辅的金融监管体制。

香港有其独特的货币发行安排。港元是由香港特别行政区政府通过法律授权某些信誉卓著、实力雄厚的大商业银行发行的。目前发行港元的三家银行是汇丰银行、渣打银行、中国银行。

香港有各类金融机构，其中银行类机构有三个级别，即持牌银行、有限制牌照银行、接受存款公司，这三类金融机构获准向公众吸收存款。在香港特别行政区政府认可的三类金融机构中，持牌银行占有优势地位。由于香港是国际金融中心之一，香港银行业也具有高度的国际性，三级银行中绝大部分是外国银行。保险机构在贸易发展的推动下设立，目前香港保险市场有一般保险和长期保险两类业务。香港的股份经济和证券交易发展较早，证券机构种类多元。其中著名的有香港联合交易所有限公司和香港期货交易所有限公司，是香港获准经营各类股票、证券、基金、期货合约买卖的认可机构。此外，还设有外汇基金投资有限公司、香港按揭证券有限公司、香港银行同业结算有限公司、香港交易及结算所有限公司等多种金融机构。

五、澳门特别行政区的金融机构体系

澳门金融业主要由银行和保险机构构成。20世纪80年代以后，以银行为主体的澳门金融业已成为澳门经济的四大支柱产业之一。澳门回归祖国之后，在"一国两制"方针的指导下，仍维持原有的金融体制和金融机构体系。

澳门不设中央银行，主管金融事务的机构是经济财政司下辖的金融管理局，其主要职责是：协助行政长官制定与实施货币、金融、外汇、保险等政策，规划和监督本地区的货币、金融、外汇、保险等市场活动，确保本地区货币的内部均衡和对外的可兑换性，执行管理中央储备库以及外汇、其他对外支付工具的职能，维持本地区金融体系的稳定。澳门元由大西洋银行和中国银行澳门分行代理发行，目前澳门元与港元实行联系汇率制度。

澳门银行业形成于20世纪初。1993年，当局颁布实施新金融法以后，澳门银行业的经营管理日趋规范。除了两家离岸银行，澳门的所有银行都是经营全面银行业务的零售银行。澳门还有一家可从事有限银行业务活动的金融公司和一家其他信贷机构。澳门的邮政储金局是邮电司属下的一个信用机构，主要吸收邮政储蓄，大部分资金用于公务员的福利贷款，小部分运用于房屋优惠基金，帮助市民购买经济房屋。澳门银行业的同业组织是澳门银行公会，它是自律性的民间组织，旨在加强银行之间的联系、协调与自律。澳门银行公会也制定利率协议，与香港不同的是，该利率协议不具有法律效力，各银行可以自行做出调整，但一般不会偏离协议利率。

保险业在澳门已有一百多年的历史，主要有人寿保险公司、非人寿保险公司、获许可的保险中介人等。此外，澳门也有一些其他类型的金融机构，包括兑换、证券、基金类机构等。

六、台湾地区的金融机构体系

台湾地区的金融机构体系包括正式的金融体系与民间借贷两部分。正式的金融体系分为金融中介机构与金融市场机构，其中金融中介机构依据能否创造货币这个准则又可分为货币机构和其他金融机构。

台湾地区的货币金融体系由台湾地区行政管理机构下设的金融监督管理委员会及台湾地区货币政策主管机关共同管理。台湾地区的货币机构包括台湾地区货币政策主管机关与存款货币机构，其中存款货币机构包括台湾地区的一般银行、中小企业银行、外国银行在台分行、信用合作社、农会信用部及渔会信用部等。台湾地区的一般商业银行包括商业银行、储蓄银行、开发银行、农业银行、不动产信用银行、输出入银行，它们是台湾地区主要的存款机构。中小企业银行主要为中小企业提供金融服务；信用合作社、农会信用部、渔会信用部等基层合作金融机构的职能主要是调剂成员资金，促进农、渔业发展。

台湾地区的金融市场机构包括证券投资基金、办理有价证券融资融券的证券商、证券经纪商、证券自营商、证券承销商、证券投资信托公司、证券投资顾问公司、证券金融公司、证券金融相关单位、期货商、票据交换所等机构。台湾地区的其他金融机构包括信用卡公司、产物保险公司、再保险公司、保险合作社、人寿保险机构、邮政公司储汇处、票券金融公司等多种金融机构。

第三节　非存款类金融机构

正如本章第一节所述，各国的金融机构主要分为存款类金融机构和非存款类金融机构，由于存款类金融机构是存款货币机构，在各国的金融体系中具有特殊的地位和重要性，本书将在第十章做专门讨论。本节主要讨论证券机构、保险保障类其他金融性公司、信托投资公司、金融租赁公司、金融资产管理公司和金融担保公司等非存款类金融机构。

一、证券机构

证券机构主要包括证券公司、投资基金管理公司和其他投资类金融机构等。

（一）证券机构的运作特点与作用

证券机构的运作特点包括：①以有价证券为业务活动的载体，业务活动以金融市场为中心，围绕票据、股票、债券以及各种金融衍生工具的发行和流通进行。②业务的专业性高、风险大。证券机构主要为证券市场提供投资服务，业务的开展需要专门的金融知识、熟练的交易技能和金融创新能力，专业性要求很高。同时，这些业务以各种有价证券为载体，有价证券价格的波动性及所处资本市场的高杠杆性都会赋予证券机构风险性的特点。③业务活动必须遵循公开、公平和公正的原则。证券机构所提供的各种投资服务具有信息密度高的特点，因此遵循公开、公平和公正的原则，依据法律法规发布准确信息，帮助投资者正确进行投资决策，是证券机构业务活动的基本原则。

证券机构的作用主要表现在：一是促进证券投资活动的顺利进行；二是通过专业化服务和规模经营降低投资者的交易成本和信息搜寻成本；三是通过专业技术与知识为投资者规避风险、分散风险和转移风险提供可能。

（二）证券公司

1.证券公司的含义与类型

证券公司是指在证券市场上经营证券业务的金融机构。其业务主要包括代理证券发行、代理证券买卖或自营证券买卖、兼并与收购业务、研究及咨询服务、资产管理以及其他服务。

证券公司在各国的称谓有所不同，美国和欧洲大陆称为投资银行，英国称为商人银行，在日本和我国则称为证券公司。现代意义上的证券公司产生于欧美，主要是由18世纪众多销售政府债券和贴现企业票据的金融机构演变而来的。我国证券公司主要分为两类：一是经纪类证券公司。这类公司是指接受客户的委托，以自己的名义从事证券买卖，收取一定佣金的经济组织。这类公司通常提供交易的基本条件和服务。二是综合类证券公司。这类公司既可从事经纪业务，又可开展自营、承销及其他业务。

2.证券公司的主要业务

（1）证券承销业务。证券承销业务是指证券公司借助自己在证券市场上的信誉和营业网点，在规定的发行有效期限内将证券销售出去。承销是证券公司的基本职能之一。证券公司在办理承销业务时可以为证券发行人提供证券市场准入的相关法规咨询，建议发行证券的种类、价格和时机，提供相关财务和管理的咨询等服务。在包销的情况下，证券发行人可以避免证券不能完全销售的风险。证券公司利用其在证券市场的广泛网络，通过分销商将证券售予投资者，可协助企业通过发行市场筹集资金，扮演资金供给者与需求者桥梁的角色。在证券发行的过程中，承销商在法律法规的限制下，还可以进行稳定价格的操作，保护证券市场的稳定。

（2）证券经纪业务。证券经纪业务是指证券公司接受客户委托，按照客户的要求，代理客户买卖证券的业务。在证券经纪业务中，证券公司不向客户垫付资金，不分享客户买卖证券的差价，不承担客户的价格风险，只收取一定比例的佣金作为业务收入。证券经纪业务是随着集中交易制度的实行而产生和发展起来的。证券经济业务的特点是业务对象的广泛性、证券经纪商的中介性、客户指令的权威性和客户资料的保密性等。

（3）证券自营业务。证券自营业务是指证券公司用自己可以自主支配的资金或证券，通过证券市场从事买卖证券的经营行为。证券自营业务按业务场所一般分为两类：场外（如柜台）自营买卖和场内（如交易所）自营买卖。在我国，证券自营业务一般是指场内自营买卖业务。

（4）其他业务。证券承销业务、证券经济业务、证券自营业务是证券公司的基本业务和传统业务。随着市场需求的变化和金融市场的发展，证券公司越来越积极地参与企业并购、项目融资、风险投资、公司理财、资产管理、基金管理、资产证券化等市场活动，充当客户的投资顾问、财务顾问、金融顾问等，为客户的融资、财务管理、投资选择、公司购并等提供服务，证券公司的业务发展体现了资本市场和金融体系发展的新要求。

（三）投资基金管理公司

投资基金管理公司是一种专门为投资者服务的投资机构，它通过发售基金份额，将众多分散的投资者的资金集中起来，形成独立财产，通过专家理财，按照科学的投资组合原理进行投资，与投资者共享利益、共担风险。证券投资基金最早产生于英国，20世纪20年代出现在美国的波士顿，并在其后得以充分发展。投资基金在不同国家或地区有不同叫法，美国称为"投资公司"或"共同基金"，英国和我国香港地区称为"单位信托基金"，日本和我国台湾地区称为"证券投资信托基金"，等等。

1. 投资基金管理公司的业务运作

投资基金的运作主要是通过发行基金单位的受益证券（基金份额），集中投资者的资金，由基金托管人（通常是银行、信托公司等金融机构）托管，并由基金管理人负责基金的操作，即下达买卖指令，管理和运用资金，从事股票、债券、外汇、货币等金融工具投资，以获得投资收益和资本增值。同时，基金资产在托管人那里拥有独立账户，即使基金管理公司或保管机构因经营不善倒闭，债权人也不能清算基金的财产。此外，资金的操作情况必须在季报中或年报中披露，并接受相应的监督，因此，除行情波动或经理人操作优劣会有盈亏外，投资者的资金是安全的、有保障的。

投资基金管理公司业务运作的特点主要有：集合理财、专业管理；组合投资、分散风险；利益共享、风险共担；严格监管、信息透明；独立托管、保障安全。

2. 投资基金管理公司的作用

（1）提供高效的投资途径。在投资活动中，个人投资者要面对时间和投资专业知识方面不足的问题，这些问题直接影响投资效果。而投资基金的经理人学有所长，在投资领域有丰富的经验，对国内外的经济形势以及各公司的营运和潜力有深入了解，因此由专业经理人所做出的投资决策和投资绩效一般都会优于投资者个人。

（2）能够更有效地分散投资风险。分散风险是证券投资的重要原则，即不要把所有的钱全部投资于某个特定的股票，但是分散投资需要有足够的资金，由于一般的个人投资者财力有限，投资者自身无法有效地实现风险分散。而投资基金管理公司可以集中巨额资金投资多个品种，能够更有效地分散投资风险。不仅如此，投资基金管理公司对资金的运作还能够获得规模经济效益，降低单位资金交易成本。

（四）其他投资类金融机构

其他投资类金融机构主要指按揭证券公司、金融期货公司、黄金投资公司、投资咨询公司和证券结算公司等。

二、保险机构

保险机构主要指各类保险公司和社会保障机构。保险公司的产生与商品经济发展水平相适应，而社会保障机构的产生与国家政治有关。作为保险的运作原理是相同的，都是集中投保人特定范围的风险，为投保人提供风险损失的补偿。同时，在对保险资金运作的过程中，促进储蓄资金向投资的转化，充当金融中介。

（一）保险机构的业务运作特点与作用

1. 保险机构的业务运作特点

（1）业务经营符合大数定律。保险公司通过专业精算人员可以按科学计算的出险概率设计保险产品，基于这种特殊的经营规律，先将个体风险集中，再运用自己特有的风险管理技术进行分散和转移，使少数人的风险损失由具有同种风险的众人共同分担。

（2）业务具有独特的风险管理技术和要求。保险公司在运用专业的管理风险技术对承保的风险进行集中和分散管理时，需要对承保过程中所面临的风险进行概率计算，掌握出险概率，采用合理的保险分摊补偿方法。同时，保险保障类机构业务的投资范围也较其他金融机构不同，其运作的基本原则更多地强调保险基金的增值建立在流动性和安全性的基础上。

（3）通过收取保费，集合大量分散的储蓄资金。保险费、保险公司的资本以及保险盈余构成了保险公司的保险基金，即补偿投保人损失及给付要求的后备基金。保险公司对于所形成的保险基金除了用于对约定范围的事故所造成的损失进行补偿外，还要对这部分资金进行积极的投资运作，提高保费的盈利水平。

2. 保险机构的作用

（1）分散风险，补偿损失。这是保险机构的基本作用，把个体风险所致的经济损失分摊给其他投保人，用集中起来的保险基金补偿个体损失。这种作用使保险公司与其他金融机构之间形成明确的产业分工。

（2）积蓄保险基金资金，促进资本形成，重新配置资源。保险公司和社保基金在运作过程中预提而尚未赔付出去的保费形成了巨额的保险基金，不仅具备抵御风险的实力，而且可以利用这笔资金在资本市场上进行投资运作，在使保险基金保值增值的同时，参与社会资源的配置，为市场提供了大量资金，成为金融市场中举足轻重的机构投资者，而且对资本市场的稳健发展产生重要影响。

（3）提供经济保障，稳定社会生活。保险机构充当了社会经济与个人生活的稳定器，具体表现在为企业、居民家庭和个人提供预期的生产和生活保障，解决企业或居民家庭和个人的后顾之忧，在社会经济的安定和谐方面发挥保障作用。

（二）保险公司

保险公司是收取保费并承担风险补偿责任，拥有专业化风险管理技术的机构组织。各类保险公司构成了保障类金融机构的主体。

依据不同的标准，保险公司可以分为不同的类型。根据保险的基本业务类型，保险公司可以分为人寿保险公司、财产保险公司、再保险公司；根据经营目的，保险公司可以划分为商业性保险公司和政策性保险公司；根据保险经营方式，保险公司可以分为互助保险、行业自保、机构承保等类型的公司。

保险公司的基本业务运作包括：一是筹集资本金，各类保险公司根据国家保险管理机构的规定，在申请营业时必须拥有一定数量的开业资本，作为保险公司的经营基础。二是出售保单。保险公司制作保单，包括设计险种和保险条款，合理规定保险责任，科学厘定保险费率，通过出售保单获得保费收入。三是给付赔偿款。保险责任是根据客户需要定制的，保险公司向投保人或受益人直接支付赔偿。四是经营资产。保险公司的资产主要来自保费中提取的各种准备金，证券投资是资产经营的主要方式。在对保险资产的投资运作上，监管部门要求保险公司必须加强投资组合管理，防止投机性投资危及保险公司自身清偿能力，损害投保人的权利。

（三）社会保障机构

社会保障制度是一种为丧失劳动能力和机会的人提供最低年费或补偿的制度，是保证社会安定的重要机制。社会保障制度是一种具有政策性、强制性的计划安排，旨在保障生存有困难的社会成员的基本生活需要，包括为劳动者提供基本生活保障、最低生活保障和一些特殊保障等。社会保障具有保障、互济和调节收入分配关系的功能。

社会保险是社会保障制度的核心内容，针对满足基本需求和基本生活保障的需求可以设置为养老保险、医疗保险、失业保险等，一般由政府出面干预实施。一般情况下，各国都会设立专门的社会保障机构来负责各种社会保险的管理事务，而社会保险资金的运作则由专业投资机构负责以实现保值增值。从社会保险资金运作机构的形式看，许多国家是由政府社会保障机构委托保险公司或基金管理公司运作。我国唯一一家统筹管理运作全国社保基金的机构是全国社会保险基金理事会，简称社保基金会。

三、信托投资公司

"受人之托，代人理财"是信托的基本特征，其实质是一种财产转移与管理或安排。从事信托业务的机构包括信托投资公司、银行或非银行金融机构。信托投资公司是指以受托人身份专门从事信托业务的金融机构，其职能是管理财产事务，接受客户委托，代客户管理、经营、处置财产。信托投资公司的运作特点是受人之托、为人管业和代人理财，具有财产管理和运用、融通资金、提供信息与咨询以及社会投资等功能。

信托机构具有以下经营特点：①服务特征明显。信托机构在经营中以"受托人"或"中间人"的身份出现，为委托人或受益人利益着想并为他们提供各种投资服务，收益来源为手续费。信托机构不得利用信托财产为自己牟利，而且必须把信托财产与信托机构本身的财产加以区分管理。②与资本市场关系非常密切。信托机构为委托人提供再投资方面的专业性经验和技术，通过与资本市场相关的特定信托业务合作实现对受托资金的管理。③服务对象范围相对广泛。具备法律行为能力的法人或个人都可成为委托人，而且在委托人信用方面没有特殊要求。④在经营中不需要提取准备金。信托机构作为受托人（而非债务人），在一定信托目的的前提下，从容运用资金，不存在作为债务人对到期债务的支付要求。

四、金融租赁公司

金融租赁是一种通过融资租赁形式获得资金支持的金融业务。金融租赁公司是指专门为承租人提供资金融通的长期租赁公司，它将融资与融物相结合，既有别于传统租赁，又不同于银行贷款。其所提供的融资租赁服务是所有权和经营权相分离的一种新的经济活动方式，具有融物和融资的双重功能。从微观上看，融资租赁有利于解决企业更新设备与资金不足的矛盾，满足企业设备更新和技术改造的要求，也有利于盘活固定资产、优化资源配置、促进中小企业发展。从宏观上看，融资租赁则有利于调整产业结构。此外，融资租赁还有利于引进更多的外资，可以在不增加债务总量的同时引进国外的技术。因此，在发达国家，金融租赁已经成为设备投资中仅次于银行信贷的第二大融资方式。

五、金融资产管理公司

（一）政策性金融资产管理公司

政策性金融资产管理公司是各国主要用于清理银行不良资产的金融机构。政策性金融资产管理公司通常是在银行出现危机或存在大量不良债权时由政府设立的。其主要目标是：通过剥离银行不良债权向银行系统注入资金，重建公众对银行的信心；通过有效的资产管理和资产变现，尽可能多地从不良资产中回收价值；尽量减少对有问题银行或破产倒闭银行重组所带来的负面影响。无论是从金融、经济运行还是社会发展稳定而言，成立政策性金融资产管理公司都具有一定的合理性。一方面，银行产生的大量不良贷款如果由自己处理，不仅资金实力不足，而且在法规限制和信息来源方面都有困难，而由政府出面组建政策性金融资产管理公司来专门处理，有利于降低清理成本、盘活资产。另一方面，银行一旦出现危机，其传染的速度快、力度大，威胁整个金融体系和社会的稳定，而及时地处置与援救，无疑有利于恢复公众信心、减少负面影响。

政策性金融资产管理公司的运作主要包括以下环节：先要审慎地收购资产，然后采取各种方式有效地管理资产和变现资产，包括清收、拍卖、经营等。

我国的政策性金融资产管理公司是指经国务院决定设立的收购国有银行不良贷款，管理和处置因收购国有银行不良贷款形成的资产的国有独资非银行金融机构。为处理国有商业银行的不良资产，我国于1999年成立了华融、东方、信达、长城4家金融资产管理公司，分别处理中国工商银行、中国银行、中国建设银行、中国农业银行的不良资产。

（二）商业性金融资产管理公司

商业性金融资产管理公司大多由商业银行、证券公司、保险公司等金融机构发起设立，如中国人寿资产管理有限公司、中国人保资产管理公司、交通银行资产管理公司、港资和外资金融资产管理公司等。

商业性金融资产管理公司的经营范围为：投资管理，受托资产管理，股权投资，企业债务的重组或债转股，并购及项目融资，财务顾问，委托管理的资产投资等。

六、金融担保公司

金融担保是一种以金融债权为对象的担保，包括直接融资担保和间接融资担保两部分，涉及的担保业务主要有借贷市场担保、履约担保和金融创新产品或衍生产品担保三类。金融担保公司是专业从事信用担保的金融中介组织，为受信者提供信用保证，是具有独特的信用增强作用和风险管理特征的其他金融性公司。

金融担保公司在中小企业与银行之间起着桥梁与纽带作用，有利于缓解中小企业融资难与银行放贷难的两难处境，对于增强中小企业的信用，防范和化解银行信贷风险，通畅融资渠道，引导资金流向具有积极的作用，是各国扶持中小企业发展的通行做法。

⎙ 本章小结

1. 金融机构是专业化的融资中介组织，其基本功能是：便利支付结算、促进资金融通、降低交易成本、改善信息不对称、转移与管理风险以及创造信用工具。

2. 金融机构体系可以分为国家金融机构体系和国际金融机构体系。国家金融机构体系主要包括存款性公司和其他金融性公司两类，国际金融机构可分为全球性金融机构和区域性金融机构两类。

3. 存款性公司是一种高杠杆企业，其自有资本少，资金来源主要是存款和借入资金。资金运用主要为贷款和证券投资，业务运作特点是信用性、风险性、服务性。

4.非存款性公司不直接参与存款货币的创造过程;资金来源与运用方式各异;专业化程度高,业务之间存在较大的区别;业务承担的风险不同,相互的传染性较弱;业务的开展与金融市场密切相关,对金融资产价格变动极为敏感。

5.我国现行的金融机构体系是由中国人民银行、中国银行保险监督管理委员会、中国证券监督管理委员会作为最高金融管理机构,以大型商业银行、股份制商业银行、城市商业银行、农村商业银行等多类银行金融机构为主体,各类非银行金融机构并存的实行分业经管与分业监管的金融机构体系。

⤶ 思考题

1.金融机构具有哪些功能?

2.金融机构体系一般由哪几类构成?其主要的机构类型有哪些?

3.目前世界上有哪几个国际性金融机构?它们各自的主要宗旨和业务是什么?

4.你了解我国金融机构体系产生和发展的情况吗?你如何评价改革开放以来我国金融机构体系的变化?

5.如果有人问你中国现行金融机构体系的概况,你如何介绍?

6.在一国金融机构体系中,为什么银行金融机构的作用十分重要?在金融混业经营的趋势下,存款类金融机构的作用发生了什么变化?

7.非存款类金融机构大体可分为哪些种类?它们共同的业务特点是什么?

第十章　商业银行

问题导入

当你拥有一个银行账户时，你是否意识到已经与存款性公司打交道了？当你听到降息的新闻时，你是否会想到你的那笔存款会减少利息收入？在上一章我们已了解到，存款性公司特别是商业银行是金融机构体系中历史最久远、规模最大、我们接触最多的一类机构。商业银行究竟有何主要业务与职能？其经营管理有何内在规律？其业务运作与日常管理究竟有何特点？本章将从商业银行的产生、特点、职能、组织与业务运作、经营与管理等方面进行解读。

学习目标

1. 了解商业银行的产生；
2. 理解商业银行的特点与职能；
3. 识别商业银行的组织形式；
4. 掌握商业银行的业务种类与构成；
5. 理解商业银行的经营原则及其内在的矛盾统一；
6. 掌握商业银行经营管理理论的变迁及主要内容。

第一节　商业银行的职能与组织形式

商业银行是存款类金融机构中最具代表性和占比最大的机构。传统意义上的商业银行专门指以存款为主要负债、以贷款为主要资产、以支付结算为主要中间业务，并直接参与存款货币创造的金融机构。随着经济社会的发展和金融业的创新，现代商业银行已成为全面经营货币信用商品和提供金融服务的特殊企业。

一、商业银行的产生

早期银行业的产生与国际贸易的发展有密切的联系。14 世纪、15 世纪的欧洲，由于优越的地理环境和社会生产力的发展，各国与各地区之间商业往来日渐密切，尤其是位于地中海沿岸意大利的威尼斯、热那亚等是当时的贸易中心，商贾往来，交易频繁。然而，由于不同国家和地区所使用的货币在名称、成色上存在很大的差异，交易十分不便，因此产生了货币鉴定和兑换的需求，货币兑换商应运而生。随着异地交易和国际贸易的进一步发展，商人为避免长途携带货币而带来的麻烦和风险，便将自己的货币存在货币兑换商那里，后来又发展为委托货币兑换商办理支付和汇兑。货币兑换商从事货币的兑换、保管、收付、结算、汇兑等业务，便发展成为货币经营业。随着货币经营业务的扩大，货币经营者集中了大量的货币资金，他们发现大部分的货币余额相当稳定，开始将闲置的资金贷放出去，以取得高额利息收入。为了扩大资金来源，货币经营商从过去被动地为客户保管货币转变为以支付存款利息吸引客户存款。当货币经营者同时开展存贷业务时，也意味着货币经营业转化成为银行业。因此，商业银行的产生可概括为：由货币兑换业、货币保管业到货币经营业，进而形成商业银行。

追溯历史，银行业最早的发源地是意大利。16 世纪末、17 世纪银行业由意大利发展到欧洲其他国家。早期银行放款带有明显的高利贷性质。社会化的大生产和工业革命的兴起，迫切需要能以合理的贷款利率放贷和主要对工商企业服务的商业银行。其形成的途径大体有两条：一是从旧式的高利贷银行和机构转变而来；二是直接组建股份制的商业银行。1694年，英国成立了第一家股份制商业银行——英格兰银行，其一成立就宣布以较低的利率向工商企业提供贷款和服务，适应了新兴资本主义生产方式的要求。

中国的银行业产生较晚。关于银钱业记载较早的是南北朝时期的典当业。唐代出现类似汇票的"飞钱"，是中国最早的汇兑业务。明末一些较大的经营银钱兑换业的钱铺发展为银庄。银庄除兑换银钱外还办理存款、汇兑业务，从事贷放，已具有银行的某些特征，但最终限于当时的社会条件而逐渐衰落。清末也曾出现过票号这一信用机构，但都没能够实现真正的现代银行的转型。1845 年，英国丽如银行在中国香港设立的分行是中国第一家现代商业银行，1897 年国人自办的中国通商银行在上海成立之后，现代银行业开始在中国发展壮大。

二、商业银行的性质、特点与职能

（一）商业银行的性质

首先，商业银行是企业。商业银行符合一般企业的特点：一是追求利润最大化。如同一般企业，商业银行业务的开展以利润最大化为目标。二是企业化管理，即独立核算以及责、权、利相匹配，强调企业的市场性和竞争性，在遵守相关的法律的基础上不受政府干预。

其次，商业银行是特殊的企业，表现在：一是经营对象的特殊。与一般企业经营的普通商品不同，商业银行经营的是货币和各种金融工具。二是经营关系的特殊。与一般企业与客户之间的商品买卖关系不同，商业银行的经营关系是一种以借贷为核心的信用关系。这种关系在经营活动中不是表现为等价交换，而是表现为以还本付息为条件的借贷关系。三是经营风险的特殊。基于商业银行经营对象与经营关系的特殊性，商业银行的经营风险也与一般企业的经营风险不同。一般企业的经营风险多表现为滞销和商品积压，而商业银行的风险多体现为信用风险、流动性风险和市场风险。与一般企业经营风险影响范围相对较窄不同，商业银行的风险一旦形成，因其受众广泛而波及范围较大，严重时还会引发金融危机、经济危机，甚至社会危机。

最后，商业银行是特殊的金融企业。与一般金融机构不同，商业银行的特殊性表现为其以较少的自有资本，通过吸收存款，以此作为资金来源来进行放贷，并以利差收入作为利润。

（二）商业银行的特点

1. 内在的脆弱性

商业银行内在的脆弱性取决于其资本的高杠杆率以及由此产生的以负债为重要资金来源的特点。其脆弱性主要表现为：一是挤兑的出现。在经营的过程中，商业银行不需要投入很多的自有资本即可进行经营，资本的财务杠杆率很高，因此要保持正常、持续的经营，很大程度上依赖于商业银行的公信力。而一旦存款人对商业银行的清偿力产生怀疑，就会出现挤兑。商业银行一方面自有资本太少，另一方面以负债为资金来源，资产运用后也很难迅速收回，所以面对挤兑时，商业银行往往无法应对，从而导致破产。二是不良资产的产生。商业银行的资产运用只有成本较低、质量较高，才能保证良好的回报。但商业银行在资产业务的开展中信用风险无时不在，一旦出现较高的不良资产率，将直接影响商业银行的声誉，从而会加强挤兑的可能性。不良资产与挤兑的产生不取决于商业银行的主观愿望，因此，商业银行的内在脆弱性也很难消除。

2. 较强的风险传染性

商业银行在一国的金融体系中具有重要的地位，作为投融资的中介，承担资源配置的重要功能。商业银行的平稳运行对于一国金融运行而言尤为关键。因为商业银行业务的相似性以及其所面对的经营对象的普遍性，商业银行往往被公众视为一体，因此，一家银行出现信用危机，会直接影响公众对其他商业银行的判断，从而导致风险的迅速传染。而商业银行的特殊性及内在的脆弱性，会使即便正常运营的银行面对强大的挤兑也无以应对。一旦挤兑成为普遍现象，银行危机就难以避免，而银行体系出现混乱又会引发金融危机乃至社会危机，后果非常严重。

商业银行的上述特点勾勒出商业银行运营中存在天生的桎梏，能否有效避免问题出现或者出现问题时能够妥善处理是商业银行在激烈的市场竞争中能否拥有一席之地的关键。

（三）商业银行的职能

1. 充当信用中介，实现对全社会的资源配置

信用中介是商业银行最基本、最能反映其经营活动特征的职能，是指商业银行通过负债

业务把社会上的各种闲散资金集中起来，再通过资产业务投向需要资金的各部门，充当资金闲置者和资金短缺者之间的中介人，实现资金融通。通过信用中介职能，商业银行将社会闲置资金积少成多、续短成长，并使其充分发挥作用，实现全社会储蓄对投资的转化，而这种转化决定着资源配置和经济效率。

2. 充当支付中介，对经济稳定和增长发挥重要作用

支付是金融交易完成的方式，商业银行通过存款在其账户上的转移、代理支付和兑现等，成为经济运行过程中支付链条的中心。支付中介职能的发挥，大大减少了现金的使用，节约了社会流通费用，尤其是电子支付系统和银行卡的使用，进一步加速了结算和货币资金周转的效率，对经济稳定和增长具有重要的意义。

3. 承担信用创造，在宏观经济调控中扮演重要角色

商业银行在信用中介职能和支付中介职能的基础上，又形成了信用创造职能。从中央银行的货币发行，到商业银行等机构通过借贷活动创造存款货币，商业银行承担着货币供给的重要任务，在实现信用创造的同时也能够直接影响货币供给的增减，成为宏观经济调控中不可或缺的力量。

4. 转移与管理风险，实现金融、经济的安全运行

商业银行在承担着可分割的、低风险的短期负债的同时也投资不可分割的、高风险的长期资产。因此，通过各种组合或业务创新，运用专业技术与管理方法分散、转移、控制与降低风险已成为商业银行的重要管理内容。随着金融、经济发展的日益深化，各种风险的成因更为复杂、相互间的传染性也日益加强，商业银行对转移与管理风险的重视度与能力也不断提高，这无疑有利于金融、经济的安全运行。

5. 降低交易成本，提供各种服务便利，满足各种金融服务需求

降低交易成本即减少资金盈缺双方的搜寻成本和讨价还价的过程，提供服务便利功能是指商业银行为各融资部门提供专业性的辅助与支持性服务。商业银行利用规模经济和信息优势降低交易的单位成本，使更多的融资者或投资者获得服务便利，同时，其各类业务的开展与创新不断满足经济发展的各种金融服务需要，在促进经济持续、协调发展方面起到了积极的作用。

原理 10-1：
商业银行具有充当信用中介、充当支付中介、承担信用创造、转移与管理风险、降低交易成本等职能。

商业银行功能的发挥是通过其业务运作来实现的，这些功能对于经济和社会发展具有积极的作用。当然，在商业银行经营过程中可能存在的负面作用亦不可忽视。首先，其发挥信用中介的积极作用建立在市场化条件的基础上，倘若其对资金运用缺乏有效的市场选择，不仅自身会出现不良资产，而且会导致社会资源配置失当。其次，因其自有资本少、负债经营，业务的开展遵循信用原则，在实现转移与管理风险的同时其自身也存在较大的风险。风

险一旦成为现实，往往会对金融体系和经济社会造成极大的损害。

三、商业银行的组织形式

（一）总分行制

总分行制是银行在大城市设立总行，在各地普遍设立分支行并形成庞大银行网络的制度。总分行制的优点是：经营范围广，规模大，分工细，专业化程度较高，资金调度灵活，能够有效运用资金并分散风险；信息充分、服务种类多，具有较强的市场竞争力。但其也因管理层次多而可能出现经营成本高、管理不灵活、效率不高等问题。目前，世界各国的商业银行普遍采用这一组织形式。

（二）单一银行制

单一银行制是不设任何分支机构的银行组织形式，主要在美国采用。推行单一银行制的理由是地方性强，经营自主灵活，便于鼓励竞争，限制银行垄断。但单一银行在业务经营和发展方面受限制较多，整体实力相对薄弱，在同业竞争中常会处于不利地位。20 世纪 70 年代以来，美国有些州对于禁止银行开设分支机构的限制逐渐有所放松。目前，大多数州在规定一些限制条款后，已允许银行设立分支机构。

（三）控股公司制

控股公司制是指由一家控股公司持有一家或多家银行的股份，或者是控股公司下设多个子公司的组织形式。控股公司制下的各银行具有互补性，有利于整体经营实力的增强。控股公司制是美国银行业规避管制的一种创新，通过控股公司这种安排可以解决银行业务发展中的两个问题：一是规避跨州设立分支机构的法律限制；二是通过设立子公司来实现业务多元化。近年来，美国银行兼并大都采用这一组织形式，如美国花旗银行是花旗集团的全资附属机构，花旗集团以控股公司的形式出现。

（四）连锁银行制

连锁银行制是指由某一个人或某一个集团购买若干家独立银行的多数股票，从而控制这些银行的组织形式。连锁银行制与控股公司制一样，两者都是为弥补单一银行制的不足、规避对设立分支行的限制而实行的；与控股公司制不同的是，连锁银行制不成立持股公司。同时，连锁银行制下的大银行对其他银行的控制不如控股公司制下的大银行控制力强，因为单个银行的资金实力一般要小于一个股份公司的资金实力。

各国采取何种银行组织形式主要取决于经济社会环境、法律规定和银行自身发展的要求。对银行组织形式的选择既有自然演进的诱致性原因，也有人为主导的强制性原因，而最终都要归结为该种组织形式是否能给银行带来真正的效益和持续发展的空间。

第二节 商业银行的主要业务

商业银行的业务按是否进入资产负债表可分为表内业务和表外业务。表内业务包括资产业务和负债业务，表外业务包括传统的中间业务和创新的表外业务。

从简化的商业银行资产负债表（如表 10－1 所示）可以清晰地了解商业银行表内业务的主要种类和相互关系。

表 10-1　简化的商业银行资产负债表

资产	负债和资本
现金	存款
贷款	借款
投资	其他负债
其他资产	银行资本

一、资产业务

商业银行的资产业务是指商业银行的资金运用项目，包括现金资产、信贷资产、证券投资等业务，反映出银行资金的存在形态及其拥有的对外债权，也是其取得收入的基本途径。

（一）现金资产业务

现金资产主要包括库存现金、存放在中央银行和同业的存款等，是商业银行保持流动性的最重要的资产。其中，库存现金是为应付客户取现和日常业务开支及收付需要而存放在银行金库中的现钞和硬币。存放在中央银行的存款由两部分组成：一是法定存款准备金，是按照法定比率向中央银行缴存的准备金，一般不动用；二是超额准备金，可随时用作支付或清算。存放在同业的存款主要用于同业间往来及清算，具有活期存款性质，流动性强。在商业银行的资产项目中现金资产的流动性最强、收益也较低。随着货币市场的发展，现金资产已不再是银行保持流动性的唯一形式，银行可以只保留少量现金资产，通过较多地持有国库券等短期债券或票据的办法来平衡流动性和收益之间的关系。

（二）信贷资产业务

信贷资产主要包括贷款和票据贴现。贷款业务是商业银行资产业务中最重要的业务。按照期限，可以分为长期贷款（3 年以上）、中期贷款（1 ～ 3 年）和短期贷款（1 年以内）；按照贷款对象，可分为工商贷款、农业贷款、消费贷款等；按照贷款担保形式，可分为贴现贷款、抵押贷款、担保贷款、信用贷款等。无论怎样划分，贷款的质量都是最重要的。因此，贷款风险管理是商业银行经营管理的重中之重。票据贴现在第七章已说明，这里不再赘述。

（三）证券投资业务

商业银行买卖有价证券进行投资业务有以下目的：一是增加收益来源；二是实现资产多样化，分散风险，保持流动性。商业银行投资的证券主要包括政府债券和公司债券。其选择投资证券的标准是风险较低、信用较高、流动性较强。一般银行较少涉足企业股票，考虑到商业银行资本来源的公共性和安全性，有些国家更是对其投资于股票加以法律限制。

二、负债业务

商业银行的负债业务是指形成商业银行资金来源的业务。商业银行的负债业务主要包括存款业务、借款业务、其他负债业务及银行资本业务等形式。

（一）存款业务

存款是商业银行最主要的负债业务，一般分为活期存款、定期存款和储蓄存款三类。活期存款是一种随时存取并可直接开立支票账户的存款，活期存款如同现金，其作用主要是方便结算。活期存款一般不付利息。定期存款存期固定且较长、利息较高。储蓄存款是指针对居民个人的计息存款，分为活期和定期两种，一般不签发支票。储蓄存款是商业银行吸收社会零散资金的一种重要方式。由于存款的数量和种类主要取决于客户，故该类业务对银行而言具有相对的被动性。

（二）借款业务

商业银行的借款业务主要包括两大类：

1. 发行金融工具

20 世纪五六十年代，西方商业银行为应对激烈的市场竞争，增加筹资的主动性，开始不断创新金融工具，如发行金融债券、大额可转让定期存单等。这类金融工具期限较长，有利于商业银行资金来源的稳定，同时又能够在市场上流通转让，既能满足投资者对流动性的要求，又有较好的利息收入，很受市场欢迎。但对于银行而言，也增加了银行利息支付的负担，因此，需要有效管理此类负债的规模与期限。

2. 借入款类业务

借入款主要是商业银行向中央银行申请的再贴现或再贷款、向同业拆借的资金或其他金融机构的借款，主要用于弥补暂时性的资金不足。

借款是商业银行的主动负债，比存款业务具有主动性和灵活性，缺点在于需要付出更多的成本和管理。

（三）其他负债业务

商业银行的其他负债是存款和借款业务以外的其他负债项目，如临时占用款项，即商业银行在为客户提供服务的过程中临时占用的客户资金。

（四）银行资本业务

银行资本即自有资本，其数量能够反映银行自身经营实力以及御险能力，各国均以法律形式规定商业银行开业时的注册资本金最低限额。开业以后，商业银行在业务经营的过程中还要随着规模的扩张或业务的发展通过各种方式来补充资本金，如股份制银行通过发行股票、债券增资，国家银行通过国家财政注入资金等。银行资本有两项基本功能：一是商业银行开展各项业务的基础；二是发生意外损失时起一定的弥补、保障作用。

银行资本按其来源可分为两类：一是核心资本，包括普通股、不可收回的优先股、资本盈余、留存收益、可转换的资本债券、各种补偿准备金等所有者权益，是银行真正意义上的自有资金。因此，核心资本在资本总额中所占的比重直接影响银行经营的安全性。二是附属资本，包括未公开的准备金、资产重估准备金、呆账准备和长期次级债等。

三、商业银行的表外业务

表外业务是指不直接进入资产负债表内的业务，其主要有两类，即传统的中间业务和创新的表外业务。

（一）传统的中间业务

中间业务是商业银行最古老的服务性业务，早期主要集中于货币的鉴定、兑换、保管、汇兑等业务，现代发展为结算、代理、信托、理财、信息咨询等业务。中间业务的基本特点是银行不需要动用资金，与客户之间不发生信用关系，而是利用自身的技术、信誉和业务优势为客户提供金融服务，并从中获利。这类业务风险小、收益稳定，还有利于巩固客户关系。

（二）创新的表外业务

创新的表外业务是指不直接列入资产负债表内，但同表内的资产业务或负债业务关系密切的业务，又称为或有资产、或有负债业务，如贷款承诺、担保、回购协议、票据发行便利和衍生品互换、期货、期权、远期合约等。20世纪80年代以来，金融机构间的竞争日趋激烈，商业银行为增强市场竞争力，开展了一系列资产负债表以外的金融创新业务，如提供各种担保、信贷承诺、票据发行便利以及进行衍生金融工具的交易等。其中，衍生金融工具交易成为商业银行表外创新业务的"新宠"。

四、商业银行业务的发展趋势

（一）在以客户为中心理念下发展业务

商业银行在业务发展中，强调以客户为中心的理念，金融服务更趋人性化，重视开发针对不同客户的特色产品，也使商业银行提供的此类产品具有高附加值的倾向。

（二）业务创新

20 世纪 70 年代以来，商业银行的业务创新层出不穷，大体分为三类：一是为规避金融管制，巩固并开发资金来源，实现最优的资金运用的业务创新，如大额可转让定期存单、货币市场共同基金、可转让支付命令等。二是为实现银行有效的风险管理获得收益与风险匹配的业务创新，比如资产证券化、金融期货与期权、利率互换等。三是为实现可持续收入和多选择的利润来源渠道而展开的业务范围和品种的创新，如网络银行业务、电子支付等。

（三）通过科技赋能促进业务经营

在科学技术迅猛发展的背景下，商业银行都在主动推进金融科技的应用，充分利用新技术革命的成果实现业务的升级换代与绩效提升。金融科技的应用是全方位的，包括支付、渠道、零售业务、公司业务、风险控制与安全等业务的创新。商业银行前台交易系统和后台清算支付系统的电子化程度的日益提高，对银行提高运作速度、管理效率及成本的控制具有较强的影响力。云计算、大数据、人工智能和区块链等新兴技术与金融业务不断融合，科技对于金融的作用被不断强化，商业银行对金融科技的投入力度持续加大，数据价值持续不断地体现并释放出来，金融业务环节的应用场景变得更加丰富。手机银行、网上银行等线上业务量迅速攀升，开放银行、无人银行、数字化管理等在科技的赋能下逐步由概念变为现实。

第三节　商业银行的经营原则与经营管理理论的演进

一、商业银行的经营原则

作为特殊的金融企业，商业银行在业务经营中遵循的基本原则是：安全性、流动性和盈利性。

> **原理 10-2：**
> 商业银行在业务经营中遵循安全性、流动性和盈利性的原则。

（一）安全性原则

安全性是指商业银行在经营中要避免经营风险，保证资金的安全。安全性是银行资产正常运营的必要保障，它要求商业银行在经营活动中尽可能防范和降低各种风险。因为商业银行是高负债经营的企业，其自有资本比率较低，抵御资产重大损失的能力较弱。因此，安全性是商业银行生存和发展的基本条件。

（二）流动性原则

流动性是指商业银行能够随时满足客户提取存款、转账支付及贷款需求的能力，是商业银行所具备的一种不损失价值情况下的变现能力，能应付各种需求的资金调用能力。资产流动性是商业银行所持有的资产能随时得以偿付或者在不贬值的条件下变为现金资产；负债流动性是指商业银行能够以市场成本随时获得所需的资金。流动性是银行作为特殊金融企业的性质所决定的，是银行正常开展各种业务的必要条件。流动性能力的大小既反映商业银行经营状况的好坏，也体现商业银行管理能力的高低。

（三）盈利性原则

盈利性是指追求盈利最大化，是商业银行的经营目的。银行利润的影响因素主要有三方面：一是资产收益和资产损失，其中，资产收益取决于资产规模、盈利资产比率以及资产收益率等；资产损失主要由资产经营过程中各种风险和防范风险的能力所决定。收益与风险往往成正比，因此对收益的判断必须要考虑风险的影响。二是经营成本，包括利息成本和非利息成本，为保证收益，商业银行需要严格控制成本，加强管理。三是其他营业收支，包括各种服务性收入和表外创新业务的收入。商业银行只有追求盈利，才能有效地充实资本、强化激励，获得持续发展。但若一味强调盈利而忽略风险和长期发展，不仅利润难得，还将危及生存。

商业银行经营的"三性"原则既是相互统一的，又有一定的矛盾。其中，流动性与安全性相辅相成，流动性强则安全性高，而盈利性与流动性、安全性存在冲突，一般而言，高流动性、高安全性伴随低盈利性，而高盈利性往往伴随高风险性。"三性"原则之间的矛盾，使商业银行在经营中必须统筹考虑三者关系，综合权衡利弊，不能偏废其一。一般应在保持安全性、流动性的前提下，实现盈利的最大化。

二、商业银行经营管理理论的变迁与发展

商业银行在经营管理中如何才能实现安全性、流动性和盈利性的兼顾？银行在长期的实践和探讨中逐渐形成了经营管理理论，这些理论在实践中不断发展演变，经历了从最初的资产管理理论、负债管理理论到资产负债综合管理理论以及目前的一些新发展理论的过程。

（一）资产管理理论

资产管理的思想可追溯到 18 世纪英国的商业银行管理，该理论注重资产运用的管理，重点关注流动性管理。该理论认为商业银行资金来源的规模和结构是难以主动控制的，商业银行主要应通过资产项目的调整与组合来实现"三性"原则。资产管理理论主要经历了三个不同的发展阶段：一是真实票据理论，即主张商业银行以真实票据为根据，主要应发放短期和商业性贷款以保持资产的流动性；二是可转换理论，即在金融市场发展的条件下，商业银行的资产运用范围可以扩大到投资于具有一定可转换性的资产，如兼备流动性和盈利性的有价证券，以增强商业银行调节流动性的能力；三是预期收入理论，强调借款人的预期收入是商业银行选择资产投向的主要标准之一，即商业银行不仅能对短期商业性需要发放贷款和投资于有价证券，而且只要借款人具有可靠的预期收入用于归还贷款，商业银行就可以对其发放贷款。

（二）负债管理理论

负债管理理论认为，商业银行可以通过调整负债项目实现"三性"原则的最佳组合。该理论提出的背景是 20 世纪 60 年代开始西方各国实施严格的利率管制，大量资金脱离商业银行进入金融市场，迫使商业银行通过负债业务创新，主动吸引客户资金，扩大资金来源，并根据资产业务的需要调整或组织负债，通过金融市场增强主动性负债的比重，让负债去适应和支持资产业务。负债管理的实施扩大了商业银行的资金来源，进一步扩大了商业银行的业务规模和范围，也在负债运营的成本与风险控制上带来一定的压力。

（三）资产负债综合管理理论

资产负债综合管理理论强调将资产和负债综合考虑，通过统筹安排，实现"三性"原则的统一。资产负债综合管理的重点是主动利用对利率变化敏感的业务，协调和控制业务配置状态，保证银行获得正的利差和资本净值，最普遍采用的方法是缺口分析。缺口即利率敏感性资产与利率敏感性负债之间的差额。在管理中，商业银行可采取防御型战略，注意平衡利率敏感性资产与利率敏感性负债差额的数值，使净利息收入免受利率波动的影响；或采取主动战略，通过预测利率变化和调整组合，增加利息收入。

（四）商业银行经营管理理论的新发展

上述经营管理理论的发展反映了人们对商业银行运作规律的认识在不断深化，但这些理论都集中于对资产负债表内业务的经营管理方面。随着商业银行业务的创新与发展，商业银行表外业务的比重不断提高。同时，商业银行提供各种金融服务的要求不断加强，商业银行的服务性特点也越发鲜明。因此，商业银行经营管理理论也更加关注表外业务、顾客满意度和企业价值，提出了很多新的理论，主要有：

（1）资产负债外管理理论。资产负债外管理理论提倡从银行资产、负债表外业务中去寻找新的经营领域，开辟新的盈利源泉。

（2）全方位满意管理理论。该理论是在全面质量管理理论的基础上发展起来的。它强调银行的一切活动都要追求顾客满意的管理理念，通过塑造独特的银行文化、提供令客户满意的金融产品和服务，保有优质、稳定的长期客户群，体现了银行作为金融服务业的本质要求。

（3）价值管理理论。该理论强调不过分追求企业的短期收益最大化，将长期的股东价值最大化作为管理目标，在业务安排上兼顾成本、风险与收益的匹配。

三、现代商业银行的风险管理

在现代商业银行的经营管理中，由于风险的加大和危害的加重，风险管理日益重要，有效防范、控制和管理风险是银行经营管理中的核心。

（一）商业银行面临的主要风险

1. 信用风险

信用风险又称违约风险，指借款人不能按契约规定偿还本息而使债权人受损的风险。这种风险一般与贷款和投资相关，也与衍生品、外汇和其他银行信用形式有关。虽然银行倒闭的原因很多，但最重要的原因还是不良贷款。信用风险是近年来银行倒闭的主要原因，也是银行管理者面临的最大风险。

2. 市场风险

市场风险一般是指由于市场价格波动而蒙受损失的可能性，主要有利率风险和汇率风险两类。利率风险是指市场利率变动给商业银行的资产和负债带来损失的可能性，由于利率是商业银行计算资金价格的基础，利率的升降就会影响商业银行所有业务经营的成果，因此，利率风险就成为商业银行面临的最大市场风险。汇率风险是指商业银行在国际业务中的外汇资产或负债因汇率波动而造成损失的可能性。汇率风险与国际货币制度密切相关，浮动汇率制下的汇率风险要远大于固定汇率制下的汇率风险。

3. 流动性风险

流动性风险指商业银行无法提供足额资金来应付客户的提现或贷款需求时所引起的风险。流动性风险主要是由资产和负债的差额及期限的不匹配引起的。一旦银行流动性不足，将导致存款人的挤提或客户的流失，使银行陷入财务困境甚至破产倒闭。基于商业银行高杠杆经营的特点，流动性风险的管理成为商业银行日常经营管理的重要内容之一。

4. 操作风险

操作风险是指由不完善或有问题的内部程序、员工和信息科技系统以及外部事件所造成损失的风险。操作风险往往与银行内部控制不力、对操作人员的授权管理失误和管理失灵有关。因此，增强银行的内部控制能力是防范操作风险的有效渠道。

此外，商业银行在经营管理中还要对国别风险、声誉风险、战略风险、信息科技风险、交叉性金融风险、洗钱与恐怖融资风险等进行充分的评估和管控。

（二）商业银行风险管理的主要内容

商业银行风险管理主要包括三方面内容：风险识别、风险计量与风险控制。其中，风险识别是指揭示与认清风险，分析风险的起因与可能的后果。风险识别准确与否，直接关系到能否有效地防范和控制风险损失。风险计量主要是估算损失风险发生的概率，预测风险损失程度及其相关损失的大小。风险控制是指在权衡收益与损失两种可能性的基础上，通过预防、分散、转嫁、对冲、补偿等方法将风险控制在可承受的范围内。传统风险管理的重点是信用风险，随着市场发展和金融创新的深入，商业银行更加注重综合性的风险管理，并通过多种新兴的风险管理方法对风险进行控制。

需要指出的是，商业银行无论对风险采取何种方法进行管理，都不可能完全消除风险。因为只要从事金融活动，必然存在风险。而风险不仅仅只有损失的可能性，还包含了收益的可能性，即为银行带来风险收益。因此，商业银行风险管理的重点是将风险控制在可承受的范围内。

▢ **本章小结**

1. 商业银行是全面经营货币信用商品和提供金融服务的特殊企业，经历了货币兑换业、货币保管业和货币经营业三个阶段。

2. 商业银行具有充当信用中介、充当支付中介、承担信用创造、转移与管理风险、降低交易成本等职能。其组织形式主要有总分行制、单一银行制、控股公司制、连锁银行制等。

3. 商业银行的业务分为表内业务和表外业务。表内业务包括负债业务和资产业务，表外业务包括传统的中间业务和创新的表外业务。

4. 商业银行的资产业务是商业银行的资金运用项目，包括现金资产、信贷资产和证券投资等业务。商业银行的负债业务是指形成商业银行资金来源的业务，主要包括存款业务、借款业务、其他负债业务和银行资本业务等。

5. 商业银行的业务经营遵循安全性、流动性、盈利性原则。商业银行的经营管理理论包括资产管理理论、负债管理理论、资产负债综合管理理论、资产负债外管理理论、全方位满意管理理论和价值管理理论等。

6. 商业银行主要从风险识别、风险计量与风险控制三个方面进行风险管理。

思考题

1. 商业银行有哪些职能？你认为这些职能随着社会的发展其重要性有何变化？为什么？

2. 商业银行外部组织形式有哪些？这些组织形式的利弊各是什么？

3. 简述商业银行资产负债表，说明商业银行的主要业务类型。

4. 商业银行为什么要发展表外业务？表外业务对商业银行的安全具有怎样的影响？

5. 简述商业银行经营原则。如何准确把握这些原则的内在关系？

6. 简述商业银行经营管理的历史变迁。这种变迁说明了商业银行发生了怎样的变化？

7. 商业银行在经营管理中面临哪些风险？这些风险产生的原因各是什么？

第十一章　中央银行

问题导入

2020 年 3 月 25 日，美联储承诺使用所有政策工具为家庭和企业的信贷流动提供支持，开启无限量的量化宽松模式，震惊了世界。在各种国际峰会上，各国中央银行货币政策方面的协调安排最为引人关注。你每天阅读的报纸、观看的电视、聆听的广播里的大量新闻都可能与中央银行有关，中央银行在经济活动中的地位与作用日益凸显。在当代信用货币制度条件下，每一个经济活动的参与者显然已无法忽略对各国中央银行行为的关注。那么，究竟中央银行为何有如此重要的地位与作用？与一般金融机构相比，中央银行有何特征与职能？中央银行是如何运作的？本章将对中央银行的产生与发展、性质职能、业务运作与原则要求等展开论述。

学习目标

1. 了解中央银行的产生及其发展的阶段性特点；
2. 识记中央银行的组织形式与相应的内涵；
3. 理解中央银行的性质与职能，并把握各职能间的关系；
4. 掌握中央银行资产、负债业务的主要种类与作用；
5. 理解中央银行业务活动的法律规范与原则；
6. 理解中央银行独立性的内涵。

第一节　中央银行的演进与职能

中央银行是经济金融发展到一定阶段的产物，是现代经济社会中极为重要的经济管理和调控部门。在现代金融体系中，中央银行处于核心地位，通过特定业务活动和法律授权的管理方式履行自己的职责。除少数情况外，世界各国或地区普遍建立了中央银行制度，由于不同国家或地区的政治体制、经济体制和历史发展背景的差异，中央银行的制度形式也有所不同。

一、中央银行的产生与发展

中央银行是专门制定和实施货币政策、统一管理金融活动并代表政府协调对外金融关系的金融管理机构。中央银行制度是在经济和金融发展过程中逐步形成的。中央银行制度产生后，其在国民经济活动中发挥着越来越不可替代的作用，中央银行的功能不断强化。中央银行制度已成为各国最基本的经济制度之一。从历史视角来看，中央银行的产生以及中央银行制度的建立与发展，都符合经济、社会发展的客观要求。

（一）中央银行产生的客观要求

中央银行是在商业银行的基础上，经过长期发展逐步形成的。从 17 世纪初到 19 世纪末，随着银行数量的迅速增加以及资本主义经济的高速发展，一些问题凸显出来，集中体现在以下五个方面：

1. 银行券的发行问题

中央银行形成以前，没有专门的发行银行，各商业银行都有发行银行券的权利。在银行业发展的早期，这种状况尚不足以形成危机，但随着资本主义经济和银行业的快速发展，分散发行制度的缺陷便逐渐暴露。大量资金实力薄弱的小银行发行的银行券往往不能兑现，加剧了货币流通的混乱与危机。与此同时，小银行的活动范围由于受到地区限制，其发行的银行券只能在狭小的范围内流通，给生产和流通造成很多困难。因此，客观上要求在全国范围内由享有较高信誉的大银行来集中发行货币，以克服分散发行造成的混乱局面。

2. 票据交换和清算问题

随着银行业务的不断扩展，债权债务关系错综复杂，银行每天需要处理的票据数量也日益增多，由各家银行自行轧差，进行当日结清便发生困难，异地如此，同城亦然。虽然当时欧洲的一些大中城市已经建立了票据交换所，但还不能为所有的银行服务，也不能从根本上解决全国性票据交换和清算问题。这就在客观上要求建立一个全社会统一且权威、公正的清算机构为之服务。

3. 银行的支付保证能力问题

银行的大量发展，一方面要防止一些银行为了逐利而无限制扩大贷款，产生流动性不足甚至导致挤兑现象；另一方面要保证整个银行体系的支付能力，防止个别银行支付风险的传递与扩散，产生金融危机。事实上，随着银行业务规模的扩大和业务活动的复杂化，银行的经营风险也是不断增加的，单个银行由于资金实力的局限难以独立保证自身的安全。而个别银行的支付风险又常常引发整个银行体系的信用危机，形成银行业的系统性风险。因此，客观上要求有一家具有权威性的银行机构，能够在商业银行发生资金困难时，给予必要的贷款支付，即发挥"最后贷款人"的功能。

4. 金融监管问题

同其他行业一样，以盈利为目的的金融企业之间也存在激烈竞争。由于金融企业在竞争中的破产、倒闭给经济造成的震荡要比普通企业大得多，因此，客观上需要有一个代表政府意志的超然于所有金融企业之上的机构专事对金融业的监督和管理，以保证金融业的安全与规范化经营。

5. 政府融资问题

在人类的发展过程中，政府的职责不断扩大。特别是在资本主义制度确立与发展的过程中，政府的作用越来越突出。政府职责的强化增加了开支，政府融资便成为一个重要问题。为保证和方便政府融资，发展或建立一个与政府有密切联系、能够直接或变相为政府筹资或融资的银行机构，也是中央银行产生的客观要求之一。

（二）中央银行的制度的建立与发展

中央银行的产生基本上有两条渠道：一是信誉好、实力强的大银行由政府不断赋予一定的特权并最终发展为中央银行；二是由政府出面直接组建中央银行。

从 17 世纪中后期中央银行萌芽阶段至今的三百多年的历史中，中央银行制度经历了初步形成、普及与发展、完善与健全三个阶段。

1. 中央银行制度的初步形成

早期的中央银行在开始时也是普通的商业银行，在银行业的发展过程中，有些银行经营有方，不断扩充自己的实力，逐步发展壮大而成为实力雄厚、信誉卓著的大银行。于是，一些国家的政府为了社会经济发展的客观需要，就以法律形式规定由一家或几家大银行集中发行银行券，同时禁止其他银行擅自发行银行券。这些独享银行券发行特权的银行成为与众不同的"发行银行"，因而独享货币发行垄断权，这是中央银行区别于商业银行的最初标志。

当某家大银行获得了发行银行券的特权后，由于资金实力增强，就能够在其他普通中小商业银行资金不足时，向它们发放贷款或办理票据再贴现。许多商业银行也逐渐把现金准备的一部分存入发行银行。它们彼此之间的清算也通过发行银行来办理，发行银行逐渐成为全国统一的、权威的清算中心。另外，发行银行资金雄厚，常常在国家遇到财政困难时为政府融通资金，政府也从需要出发，利用发行银行分支机构较多的优势，委托其经理国库，办理政府的国库收支、财务代理和财政性存款等业务。这一切都大大加强了这些银行的特殊地位，久而久之，便逐渐放弃对普通工商企业的信用业务，专门与商业银行和国家往来，担负起防止金融危机时银行倒闭和破产的重任，成为"银行的银行"和"国家的银行"，最终转化为中央银行。

成立于 1694 年的英格兰银行被公认为第一家中央银行，它最早在 1844 年通过的《英格兰银行条例》获得发行货币的特权；1854 年，英格兰银行成为英国银行业的票据交换中心，取得清算银行的地位。在 19 世纪出现的多次金融危机中，英格兰银行通过提供贷款有力地支持了其他银行，肩负起"最后贷款人"的责任，同时也具有了金融管理机构的特征。英格兰银行的发展与运行模式也被西方国家视为中央银行的典范而纷纷效仿，至 1900 年，主要西方国家基本都设立了中央银行。

2. 中央银行制度的普及与发展

第一次世界大战前，许多国家为了应付军备竞赛的庞大开支，纷纷通过设立中央银行或强化对中央银行的控制来筹集资金。第一次世界大战期间，各参战国纷纷开动印钞机来弥补因庞大军费开支所带来的财政赤字，造成严重的通货膨胀。战后为了尽快恢复经济和金融秩序，于 1920 年和 1922 年分别在比利时首都布鲁塞尔和瑞士日内瓦召开的国际会议上，与会各国呼吁尚未设立中央银行的国家应尽快设立中央银行，以共同维持国际货币体系和经济稳定；提出中央银行应有更大的独立性，按照稳定币值的要求掌握货币发行，不受政府干预；明确了稳定货币是中央银行的重要职能，确认了中央银行的重要地位。

随后，中央银行制度在世界各国进入普及阶段，期间有 40 多个国家或地区新设或改组中央银行，这些国家或地区大都从法律上确认了中央银行具有超然地位。

3. 中央银行制度的完善与健全

第二次世界大战后，随着国家垄断资本主义的发展和国家干预主义经济思潮的兴盛，西方国家对经济的干预日益加强，货币政策成为许多国家调节宏观经济最重要的调控工具。中央银行作为货币政策的制定者和执行者，其地位和作用也得到了进一步加强。首先，许多国家的中央银行在组织结构上逐步实行了国有化，如法兰西银行于 1945 年、英格兰银行于 1946 年都实行了国有化。有些国家的中央银行虽然在股权上仍保留部分私股，但大部分股权保持在国家手中，中央银行的国有性质并未因此受到影响。其次，许多国家纷纷制定新的银行法，明确中央银行调控宏观经济的任务。这些法律规定不仅与保持中央银行的相对独立性有关，而且为中央银行发挥调控作用提供了保障。另外，中央银行自身不断完善组织结构，健全调控机制，货币政策发展成为现代国民经济的两大调控工具之一。

（三）中央银行在中国的发展

中央银行在中国的萌芽是 20 世纪初清政府建立的户部银行。清光绪三十年（1904 年），清政府决定建立户部银行，主要目的是整顿币制、统一流通。1905 年户部银行正式开业，成为清政府的官办银行。1908 年改称户部银行大清银行，享有清政府授予的铸造货币、经理国库和发行纸币等特权，部分地起到中央银行的作用。

最早以立法形式成立的中央银行是中华民国政府于 1928 年在上海设立的中央银行。根据规定，中央银行为国家银行，享有经理国库、发行兑换券、铸发国币、经理国债等特权，但尚未独占货币发行权。当时能同时充当清偿货币的，还有中国银行、交通银行和中国农民银行发行的银行券。1935 年，《中央银行法》颁布，重申中央银行的国家银行性质。1942 年，根据《钞票统一发行办法》，将中国银行、交通银行和中国农民银行三家发行的钞票及准备金全部移交给中央银行，中央银行独享货币发行权。1945 年，中央银行被授权统一检查和管理全国的金融机构，其管理职能因此得到了强化。1949 年，当时的中央银行撤离大陆，成为我国台湾地区货币政策主管机关。

中国人民银行作为中华人民共和国成立后的中央银行，是 1948 年 12 月 1 日，在合并原华北银行、北海银行和西北农民银行的基础上组建的，同时开始发行统一的人民币。1949 年 2 月总行迁至北平。从成立之日到 1983 年 9 月，中国人民银行既是行使货币发行和金融管理职能的国家机关，又是从事信贷、结算、现金出纳和外汇业务的金融企业。这种一身二任、高度集中统一的"大一统"金融体系模式，既能满足中华人民共和国成立初期制止恶性通货膨胀的需要，也同高度集中的计划经济管理体制相适应。1983 年 9 月，国务院决定中国人民银行专门行使中央银行的职能，不再对企业和个人直接办理存贷业务，标志着现代中央银行制度在我国的确立。从 1983 年至今，中国人民银行制定、执行货币政策的独立性逐渐增强，其机构设置发生了几次重大的调整：20 世纪 90 年代先后设立中国证券监督管理委员会和中国保险监督管理委员会，2003 年设立中国银行业监督管理委员会，拆分了中央银行传统的货币政策管理和金融监管职能。

二、中央银行的类型与组织形式

（一）单一中央银行制

单一中央银行制指一个国家或地区建立单独的中央银行机构，使之全面行使中央银行职能的中央银行制度。单一中央银行制又可分为一元式中央银行制度和二元式中央银行制度。

一元式中央银行制度是指在国内只设一家统一的中央银行，机构设置一般采取总分行制。目前世界上绝大多数的中央银行都实行这种制度形式。一元式中央银行制度的特点是权力集中统一、职能完善、统一调控与协调能力强。

二元式中央银行制度是指在国内设立中央和地方两级相对独立的中央银行机构，地方机构有较大独立性的制度形式。中央级中央银行是金融决策机构，统一制定宏观金融政策；地方级中央银行接受中央级中央银行的监督与指导，但在本区域范围内较独立地实施货币政策和金融监管。二元式中央银行制度与联邦制的国家体制相适应，目前美国、德国等联邦制国家实行此类中央银行制度。

（二）跨国中央银行制

跨国中央银行制是指由若干国家联合组建一家中央银行，并由该中央银行在其成员范围内行使全部或部分中央银行职能的中央银行制度。跨国中央银行为成员发行共同使用的货币和制定统一的货币金融政策，监督各成员的金融机构和金融市场，对成员政府进行融资，办理成员共同商定并授权的金融事项等。跨国中央银行制度的典型代表有欧洲中央银行、西非货币联盟所设的"西非国家中央银行"、中非货币联盟所设的"中非国家银行"和东加勒比中央银行等。

（三）复合中央银行制

复合中央银行制是指国家不单独设立专司中央银行职能的机构，而是由一家集中央银行职能与商业银行职能于一身的国家大银行兼行中央银行职能的中央银行制度。复合中央银行制往往与中央银行初级发展阶段和国家实行计划经济体制相对应，苏联和原东欧多数国家实行复合中央银行制，我国在1983年以前也实行这种中央银行制度。

（四）准中央银行制

准中央银行制是指没有通常完整意义上的中央银行，只是由政府授权某个或某几个商业银行，或设置类似中央银行的机构，部分行使中央银行职能的中央银行制度。新加坡和我国香港地区是其典型代表。新加坡不设中央银行，而由货币局发行货币，金融管理局负责银行管理、收缴存款准备金等业务。我国香港地区则设金融管理局，下设货币管理部、外汇管理部、银行监管部和银行政策部。前两个部门负责港元和外汇基金的管理，后两个部门对金融机构进行监管。港元由汇丰银行、渣打银行和中国银行三家银行分别发行。实行这种准中央银行制的国家和地区还有斐济、马尔代夫、莱索托、利比里亚等。

三、中央银行的性质和职能

（一）中央银行的性质

中央银行虽然也称银行，却与商业银行的意义不同，它是特殊的银行，其特殊性体现为目标的特殊、业务活动范围的特殊及职能的特殊。

中央银行具有特殊的目标与业务活动范围。中央银行虽然也从事货币信用业务，但不是为了盈利，而是为了实现特定的社会经济目标，如防止通货膨胀和金融危机、促进经济发展、保障充分就业、平衡国际收支等。因此，中央银行的活动范围仅限于宏观金融领域，除个别国家外，一般中央银行的信用业务不面对企业和个人，只面对政府部门、商业银行和其他金融机构。

中央银行的管理职能和管理手段是一般金融机构不具备的。现代中央银行一般都享有国家赋予的各种特权，从而也就奠定了中央银行的超然地位。随着各国政府加强对经济运行的干预，中央银行成为国家管理经济的部门，代表国家推行货币政策，维护经济秩序，管理全国的金融机构，调节社会经济生活，保障国民经济正常、稳定发展。中央银行的宏观经济管理与政府其他部门的管理大有不同，它不是凭借政治权力，而主要是依靠自己的业务活动调节所能控制的经济变量，如货币供应量、利率、信贷、汇率等来发挥宏观经济管理职能。中央银行如果离开了它的业务管理活动，是难以履行国家赋予它的宏观经济管理职能的。

（二）中央银行的职能

1. 发行的银行

中央银行是发行的银行，这是指中央银行通过国家授权，集中与垄断货币发行，向社会提供经济活动所需要的货币，并保证货币流通的正常运行，维护币值稳定。从理论上讲，在当前信用货币制度下，中央银行可以无限制地向社会提供货币。因此，中央银行在被赋予货币发行权的同时，也承担了维护货币流通秩序和币值稳定的责任。币值稳定既体现为货币对内价值的稳定，表现为物价的稳定和防止通货膨胀；又体现为货币对外价值的稳定，即汇率的稳定。另外，中央银行作为宏观调控机构，又需要通过增加或压缩货币发行量，最终实现促进经济增长或保持物价稳定等宏观经济政策目标。

2. 银行的银行

中央银行是银行的银行，这是指中央银行充当一国（地区）金融体系的核心，为银行及其他金融机构提供金融服务、支付保证，并监督和管理各金融机构与金融市场业务活动。这一职能具体体现在以下几个方面：

（1）集中存款准备金。为了防止危机的发生，各国都以法律形式规定存款准备金的提取率并交存中央银行；同时，金融机构为了用于清算，也要在中央银行保留超额准备金。这就使中央银行集中了金融机构的存款准备金，当个别金融机构出现支付困难时，中央银行可用来发放再贷款或再贴现。中央银行通过改变存款准备金比率，进行社会信用规模和货币供应量的调节。

（2）充当"最后贷款人"。如果商业银行资金周转不灵，在其他同业也由于头寸过紧而无法帮助该银行的情况下，商业银行便可求助于中央银行，向中央银行申请再贴现或再贷款，中央银行成为商业银行的"最后贷款人"，保证了存款人和银行营运的安全。

（3）组织、参与和管理全国清算业务。与集中准备金制度相联系，由于各家银行都在中央银行开立存款账户，各银行间的票据交换和资金清算业务都可以通过这些账户转账和划拨，整个过程经济而简便。

（4）监督和管理金融业。监督和管理金融业既是中央银行的银行职能的延伸，是中央银行对金融业服务与管理的统一，又是中央银行作为政府的银行的基本职能。

3. 政府的银行

中央银行是政府的银行，这是指中央银行作为政府宏观经济管理的一个部门，由政府授权对金融业实施监督和管理，对宏观经济进行调控，代表政府参与国际金融事务，并为政府提供融资、国库收支等服务。

原理 11-1：
发行的银行、银行的银行和政府的银行是中央银行的基本职能。

第二节 中央银行的业务

中央银行履行其职责主要是通过各种业务来完成的。中央银行的业务主要包括资产业务、负债业务、清算业务、调查统计业务等。不同类型的业务有其各自的特点与作用。

一、中央银行的资产负债表

中央银行的资产负债表是中央银行业务活动的综合会计记录，它可以反映中央银行的资产负债情况。

（一）中央银行资产负债表的构成

由于各国在金融体制和信用方式方面存在差异，中央银行资产负债表项目的多寡及包括的内容、各项目在总资产或总负债中所占比重等颇不一致。以国际货币基金组织编制的"货币当局资产负债表"为基础简化的中央银行资产负债表如表 11-1 所示。

表 11-1　简化的中央银行资产负债表

资产	负债
国外资产	储备货币
对政府的债权	发行债券
对存款机构的债权	对外负债
对非货币金融机构的债权	政府存款
对非金融企业的债权	资本项目
其他资产	其他项目
总资产	总负债

中国人民银行从 1994 年起根据国际货币基金组织《货币与金融统计手册》规定的基本格式，编制中国货币当局资产负债表，并定期向社会公布。中国人民银行提供的信息非常及时，登录中国人民银行网站，在"调查统计"栏目中按照统计数据——货币统计概览——货币当局资产负债表的路径查找即可获得。

（二）中央银行资产负债表的基本关系

由于自有资本也是其资金运用的来源之一，在中央银行的资产负债表中，将其列入负债方，但实际上自有资本不是真正的负债，其作用也不同于一般负债，因此，如果把自有资本从负债中分列出来，资产与负债的基本关系可以用以下三个公式表示：

$$资产 = 负债 + 自有资本 \qquad (11\text{-}1)$$
$$负债 = 资产 - 自有资本 \qquad (11\text{-}2)$$
$$自有资本 = 资产 - 负债 \qquad (11\text{-}3)$$

上述三个公式表明了中央银行未清偿的负债、资本、资产之间基本的等式关系。式（11-1）表明，在自有资本一定的情况下，中央银行资产的增减，必然导致其负债的相应增减，反之亦然；式（11-2）表明，中央银行负债的多少，取决于其资产与自有资本之差，在自有资本一定的情况下，如果中央银行的负债增加了，则必然扩大了等额的资产，反之亦然；式（11-3）表明，在中央银行负债不变时，自有资本与资产同方向增减，如负债不变，自有资本增加可以相应增加外汇储备或其他资产。这三个公式的政策意义主要表现为三点：一是中央银行的资产业务对负债业务有决定作用；二是由中央银行自有资本增加而相应扩大的资产业务，不会导致货币发行的增加；三是资产业务过大时可以调整负债进行对冲，防止货币发行过多。

二、中央银行的负债业务

中央银行的负债是指政府、金融机构、其他经济部门及社会公众持有的对中央银行的债权，中央银行的负债业务主要有以下几类：

（一）货币发行业务

社会上流通的现金都是通过货币发行业务流出中央银行的，货币发行形成中央银行对社会的负债。

货币发行是中央银行最初和最重要的负债业务。货币发行有两重含义：一是指中央银行将货币投放给商业银行或其他金融机构的行为；二是指货币从中央银行流出的数量大于从流通中回笼的数量，这两者通常都被称为货币发行。从中央银行流出的数量大于从流通中回笼的数量，形成净投放；反之，则为净回笼。中央银行的货币发行是其提供基础货币的主要构成部分。

中国人民银行对人民币发行的管理，在技术上主要是通过货币发行基金和业务库的管理来实现的。发行基金是中国人民银行为国家保管的待发行的货币。发行基金有两个来源：一是中国人民银行总行所属印制企业按计划印制解缴发行库的新人民币；二是开户的各个金融机构和中国人民银行业务库缴存中国人民银行发行库的回笼款。保管发行基金的金库称为发行库。发行基金由设置发行库的各级中国人民银行保管，并由总行统一掌握。各分库、中心支库、支库所保管的发行基金都只是总库的一部分。业务库是商业银行为了办理日常现金收付业务而建立的金库，它保留的现金是商业银行业务活动中现金收付的周转金，是营运资金的组成部分，经常处于有收有付的状态。

当商业银行基层业务库的现金不能满足支付要求时，其可到当地中国人民银行分支机构在其存款账户余额内提取现金，于是人民币从发行库转移到业务库，这意味着这部分人民币进入流通领域；而当业务库的现金收入大于其库存限额时，超出部分则由业务库送交发行库，这意味着这部分人民币退出流通领域。这个过程可用图 11-1 表示。

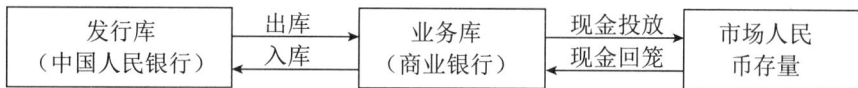

图 11-1　人民币发行与流通示意图

中国人民银行对人民币发行与流通的管理，主要体现在发行基金计划的编制、发行基金的运送管理、反假币及票样管理和人民币出入境管理等方面。

（二）存款业务

1. 中央银行存款业务的构成

中央银行的存款业务主要包括各金融机构在中央银行的存款、政府存款、非银行金融机构存款、国外存款和特定机构存款，这些存款成为中央银行重要的资金来源。

2. 中央银行存款业务的目的

与商业银行等存款机构不同，中央银行吸收存款、组织资金来源的主要目的：一是有利于调控信贷规模与货币供应量；二是有利于维护金融业的安全；三是有利于国内的资金清算。

3. 中央银行存款业务的特点

（1）存款原则的特殊性。中央银行遵照一国的金融法规制度开展存款业务，具有一定的强制性。存款准备金制度便是典型的例证，大多数国家的中央银行都依法规定存款准备金比率，强制要求商业银行按规定比率缴存存款准备金，而且在法定比率之内不能动用。

（2）存款动机的特殊性。中央银行吸收存款不是以营利为目的，是为了便于调控社会信贷规模，监督管理金融机构的运作，从而达到执行中央银行职能的目的。

（3）存款对象的特殊性。中央银行的存款对象是商业银行、非银行金融机构、政府部门等机构。中央银行吸收的这些存款，一般不易脱离中央银行的控制，有利于实施货币政策操作。

（三）其他负债业务

中央银行负债业务除了货币发行和存款业务，还包括发行中央银行债券与票据、对外负债。

1. 发行中央银行债券与票据

各国法律一般都赋予中央银行发行债券或票据的权利，中央银行通过发行债券或票据，可从社会回笼资金，实现调控货币供应量的目的。因此，当中央银行认为社会流动性过于充足，或为了压缩社会货币资金时，增加债券或票据发行；相反，则通过回收债券或票据来向社会增加货币供给。

2. 对外负债

对外负债主要包括从国外银行借款、对外国中央银行的负债、国际金融机构的贷款、在国外发行的中央银行债券等。中央银行对外负债一般出于以下目的：一是平衡国际收支；二是维持本币汇率的基本稳定；三是应付货币危机或金融动荡。

（四）资本业务

中央银行的资本业务是中央银行筹集、维持和补充自有资本的业务。中央银行资本形成的途径主要有政府出资、国有机构出资、私人银行或部门出资、成员国中央银行出资等。中央银行由国家赋予相应的特权，由政府信用作保证，因此，中央银行实力的高低与其资本金多少无关。当然，中央银行业也需要有一定的资本金来抵消其政策实施所带来的某些经济损失，保证货币政策实施的独立性与主动性。

三、中央银行的资产业务

中央银行的资产业务即其资金运用，主要包括贴现与放款业务、证券业务、黄金和外汇储备业务、其他资产业务。

（一）贴现与放款业务

中央银行的贴现与放款业务主要包括中央银行对商业银行的再贴现和再贷款，对政府的各种贷款和对国外政府、金融机构的贷款等业务。其中，中央银行以再贷款方式对商业银行等金融机构提供资金融通和支付保证，既是履行"最后贷款人"职能的具体手段，也是其提供基础货币的重要渠道。

在票据业务发达的国家，中央银行办理票据再贴现成为向商业银行融通资金的重要方式。在票据业务不发达的国家，再贴现规模较小，中央银行主要靠再贷款业务向商业银行融通资金。再贷款采取的是信用放款的授信方式，没有任何抵押与担保，与再贴现业务相比，再贷款业务并非理想的资产业务。

为了保持银行体系流动性总体平稳适度，支持货币信贷合理增长，近年来各国中央银行都纷纷采取各种抵押贷款业务。比如，中国人民银行创设了以高信用评级的债券类资产及优质信贷资产等为抵押发放的常备借贷便利（standing lending facility，SLF）、中期借贷便利（medium-term lending facility，MLF）、抵押补充贷款（pledged supplementary lending，PSL）、定向中期借贷便利（targeted medium-term lending facility，TMLF）等。

（二）证券业务

中央银行的证券业务是指中央银行在公开市场上进行证券买卖的业务，是中央银行货币政策操作三大基本工具之一。此项业务操作在调控货币供应量的同时，也为中央银行调整资产结构提供了手段。中央银行买卖证券最重要的意义在于影响金融体系的流动性，调控基础货币，从而调节货币供应量，实现货币政策目标。中央银行买卖的证券一般都是优质证券，如政府债券、中央银行票据、回购协议等。中央银行买进证券就是投放了基础货币，卖出证券就是回笼了基础货币。

（三）黄金和外汇储备业务

自不兑现的信用货币制度建立以来，黄金和外汇始终是稳定币值的重要手段，也是用于国际支付的重要储备。为了稳定一国货币的币值，稳定本国货币对外汇率，灵活调节国际收支，防止出现国际支付困难或危机，中央银行担负着为国家管理外汇和黄金储备的责任，而外汇和黄金储备要占用中央银行资金，因而属于中央银行的重要资金运用。

（四）其他资产业务

除以上三项外，未列入的所有项目之和都可列入其他资产，主要包括待收款项和固定资产等。

四、中央银行的其他业务

除上述中央银行的资产负债业务之外，中央银行还承担其他重要的业务活动，包括支付清算业务、经理国库、调查统计分析业务等。

中央银行的清算业务是指中央银行作为一国支付清算体系的管理者和参与者，通过一定的方式和途径，使金融机构的债权债务清偿及资金转移顺利完成，并维护支付系统的平稳运行。

中央银行经理金库的业务，包括：组织拟订各种国库制度；为财政部门办理预算资金的收纳、划分、留解和支拨业务；对国库资金收支进行统计分析；定期向同级财政部门提供国库单一账户的收支和现金情况，核对库存余额；按规定承担国库现金管理有关工作；按规定履行监督管理职责，维护国库资金的安全与完整；代理国务院财政部门向金融机构发行、兑付国债和其他政府债券；等等。这是中央银行发挥"政府的银行"职能的重要内容。

中央银行的调查统计分析业务是中央银行获取经济金融信息的基本渠道，在中央银行的职能行使和业务活动中发挥着不可或缺的信息支撑功能，主要包括金融统计和景气调查。

第三节　中央银行的运作规范及其与各方的关系

中央银行是具有特殊权力的银行，其地位由国家法律规定，其业务活动由国家权力进行保障；同样，其业务范围也受法律的限制。中央银行作为金融管理机关和宏观经济调控主体，为保证其业务活动的正常进行，国家必须赋予中央银行较高的相对独立性。中央银行需要正确处理好与政府部门、金融监管部门、金融机构及国际金融组织、外国中央银行的关系。

一、中央银行业务活动的法律规范与一般原则

（一）中央银行业务活动的法律规范

目前，各国对中央银行业务活动的法律规范大致可分为法定业务权力、法定业务范围、法定业务限制三个方面。

1. 法定业务权力

中央银行的法定业务权力是指法律赋予中央银行在进行业务活动时可以行使的特殊权力。根据目前各国的中央银行法，这种法定业务权力一般有以下几项：发布并履行与其职责相关的业务命令和规章制度的权力；决定货币供应量和基准利率的权力；调整利率、存款准备金率和再贴现率的权力；决定对金融机构贷款数额和方式的权力；灵活运用相关货币政策工具的权力；依据法律规定对金融机构和金融市场监督管理的权力；法律规定的其他权力。

2. 法定业务范围

中央银行作为发行的银行、银行的银行、政府的银行，其法定业务范围主要有以下几项：货币发行和货币流通管理业务；存款准备金业务；为金融机构办理再贴现及贷款业务；在公开市场从事有价证券的买卖业务；黄金和外汇经营管理业务；经理国库业务，代理政府债券发行、兑付业务；组织或协助组织金融机构间的清算业务；对全国的金融活动进行统计调查与分析预测，统一编制全国金融统计数据、报表，按照国家规定定期予以公布；对金融机构和金融市场的相关监督管理；法律允许的其他业务。

3. 法定业务限制

为了确保中央银行认真履行职责，防止中央银行为了追逐自身利益而损害金融机构和公众利益，维护中央银行的信誉和权威性，各国中央银行法都对中央银行的业务活动进行必要的限制，如《中华人民共和国中国人民银行法》就有如中国人民银行不得对银行业金融机构的账户透支的相关规定。

（二）中央银行业务活动的一般原则

（1）非盈利性。非盈利性是指中央银行的一切业务活动不以营利为目的。只要是宏观金融管理所必需的，即使不盈利甚至亏损的业务也要去做。当然，这并不意味着不讲成本和收益。在实际业务活动中，中央银行业务开展的结果也往往能获得一定的利润，但这只是一种客观的经营结果，并不是中央银行主观追逐的业务活动目的。

（2）流动性。流动性是指中央银行一般不做期限长的资产业务。因为中央银行进行货币政策操作和宏观经济调控时，所拥有的资产必须具有较强的流动性，才能及时满足其调节货币供求、稳定币值和汇率、调节经济运行的需要。

（3）主动性。主动性是指中央银行在进行金融监管或货币政策操作时，要独立判断及主动采取措施。

（4）公开性。公开性是指中央银行的业务状况公开化，定期向社会公布业务与财务状况，并向社会提供有关的金融统计资料。保持公开性，有利于中央银行的业务活动接受社会公众的监督；可以增强中央银行业务活动的透明度，有利于增强实施货币政策的告示效应；可以及时、准确地向社会提供必要的金融信息，有利于各界分析研究金融和经济形势，也便于他们进行合理预期，调整经济决策和行为。

二、中央银行的独立性

（一）中央银行独立性的含义

中央银行的独立性是指中央银行履行自身职责时法律赋予或实际拥有的权力、决策与行动的自主程度。中央银行的独立性比较集中地反映在中央银行与政府的关系上。

总体来说，当各国经济社会处于平稳发展的时候，政府与中央银行的关系是比较协调的。中央银行能够比较自主地履行自己的职责，而在经济、金融出现困难甚至危机的时候，政府与中央银行往往出现不协调的情况，政府较多地考虑就业、保障等社会问题，中央银行较多地考虑货币金融稳定等经济问题。因此，中央银行的独立性问题，既是一个理论问题，又是一个现实选择问题。

（二）中央银行独立性的辩证关系

1.中央银行应对政府保持一定的独立性

中央银行应对政府保持一定的独立性，理由在于：一是中央银行的业务活动必须符合金融运行的客观规律和自身业务的特点，这是由经济与金融的关系和金融行业的特殊性质决定的。二是中央银行的运作具有很强的专业性和技术性。三是中央银行与政府两者所处地位、行为目标、利益需求及制约因素有所不同。四是中央银行的业务活动可以与政府其他部门之间的政策形成一个互补和制约关系，增加政策的综合效力和稳定性，避免因某项决策或政策失误而造成经济与社会发展全局性的损失。五是可以使中央银行和分支机构全面、准确、及时地贯彻总行的方针政策，避免各级政府的干预，保证货币政策决策与实施的统一。

2. 中央银行对政府的独立性是相对的

在现代经济体系中，中央银行作为国家的金融管理当局，是政府实施宏观调控的重要部门。中央银行要接受政府的管理和监督，在国家总体经济社会发展目标和政策指导之下履行自己的职责。中央银行的货币政策目标和宏观调控目标要与国家经济社会发展的总体目标相一致，目标的实现也需要其他政策特别是财政政策的协调与配合，与其他部门的关系也需要由政府来协调。尤其在特殊情况下（如遇到战争、特大灾害等），中央银行必须完全服从政府的领导和指挥。因此，中央银行对政府的独立性只能是相对的，不能完全独立于政府且不受政府的任何制约，更不能凌驾于政府之上。

（三）中央银行独立性的实践

目前，世界各国中央银行的独立性程度差异较大，主要有三类：一是独立性较强的中央银行，如美国联邦储备系统（简称美联储）等；二是独立性较弱的中央银行，如中国人民银行等；三是独立性居中的中央银行，如英格兰银行、日本银行等，一些新兴的工业化国家的中央银行也大致属于这种类型。

《中华人民共和国中国人民银行法》对独立性问题有专门的规定。法律在规定中国人民银行必须接受国务院领导的同时，也对中国人民银行的独立性给予了一定范围的授权。从总体看，中国人民银行在重要事项的决策方面对政府的独立性是较弱的，但这只是对中央政府而言，对地方政府和各级政府部门等，法律赋予中央银行完全的独立性。同时，在货币政策操作、业务活动等方面，中央银行的独立性就更强一些。从发展的角度看，中国人民银行的独立性明显地呈逐步增强的趋势。

原理 11-2：

中央银行的特殊权力和业务范围受法律限制。为保证其业务活动的正常进行，国家赋予中央银行较高的相对独立性。

三、中央银行与各部门的关系

（一）中央银行与政府部门之间的关系

不论中央银行对政府的独立性是强还是弱，中央银行与政府部门之间都有一定的联系。但一般来说，独立性较强的中央银行，与政府部门之间的联系相对松散；而独立性较弱的中央银行，与政府部门之间的联系大都比较紧密。

1.中央银行与财政部门的关系

与中央银行联系最为密切的部门是财政部门。财政部门在经济方面最能代表政府，因此，中央银行与政府的关系在很大程度上反映为中央银行与财政部门的关系，政府对中央银行的管理和干预在许多方面是通过财政部门进行的。中央银行与财政部门的关系，主要反映在：一是中央银行资本金的所有权大都由财政部门代表国家或政府持有；二是绝大多数国家中央银行的利润除规定的提存外全部交国家财政，如有亏损，则由国家财政弥补；三是财政部门掌管国家财政收支，而中央银行经理国库；四是中央银行代理财政债券发行，需要时按法律规定向政府财政融资；五是许多国家财政部门的负责人参与中央银行的决策机构；六是在货币政策和财政政策的制定和执行方面，中央银行与财政部门需要协调配合。

2.中央银行与其他政府部门的关系

除财政部门之外，中央银行还与其他政府部门有一定的联系，如经济运行的管理调节部门、贸易管理部门、经济方面的有关决策部门和咨询部门、统计部门等。中央银行与这些部门之间的关系体现在协作、信息交流、政策配合等方面，无隶属关系。中央银行除了因经理国库与这些部门在国家预算资金拨付上有所联系外，一般无其他业务往来关系。

（二）中央银行与金融监管部门之间的关系

国际上金融监管体制各不相同，有的国家由中央银行负责，有的国家则由中央银行和独立分设的监管部门共同承担。但不管采用何种体制，中央银行都是对金融业实施监督管理的核心机构，与金融监管部门的关系极为密切。

（三）中央银行与商业银行等金融机构之间的关系

从中央银行与商业银行等金融机构的业务关系看，中央银行是各类金融机构从事金融业务活动的支持者和保证者。从中央银行承担监督管理金融业、维护金融稳定、规范金融运作等方面的职责看，中央银行是商业银行等金融机构的领导者和管理者。但与一般行政部门的上下级关系不同，中央银行与商业银行等金融机构不是行政意义上的隶属关系，中央银行的领导与管理主要通过制定和实施有关政策来体现，并且主要是通过具体的金融业务活动实现的。

（四）中央银行的对外金融关系

在经济一体化与金融全球化的趋势下，大力发展一国对外金融关系，建立、发展与各国中央银行间的密切联系，彼此开展自觉的政策协调与合作，已成为必然之举。中央银行的对外金融关系主要体现在以下几方面：一是充当对外金融总体发展战略的制定者；二是充当政府对外金融活动的总顾问和全权代表；三是参与各国中央银行间的交流合作活动；四是进行资本国际流动的调节管理和对外负债的全面监测；五是充当各国黄金和外汇储备的管理以及进行国际货币政策协调。

📑 本章小结

1. 中央银行是专门制定和实施货币政策、统一管理金融活动并代表政府协调对外金融关系的金融管理机构。中央银行在组织形式上有不同的类型，主要有单一中央银行制、跨国中央银行制、复合中央银行制和准中央银行制。

2. 从性质看，中央银行是通过国家授权，负责制定和实施货币政策，调控国民经济；监督管理金融业，维护金融秩序和金融稳定；同时服务于政府和整个金融体系，并代表国家开展金融交往与合作的特殊金融机构或宏观管理部门。中央银行具有发行的银行、银行的银行和政府的银行的职能。

3. 中央银行主要有负债业务、资产业务和其他业务。中央银行的负债业务包括货币发行、存款业务和其他负债业务；中央银行的资产业务包括贴现与放款业务、证券业务、黄金和外汇储备业务、其他资产业务。

4. 各国都对中央银行业务活动做了法律性规定，包括法定业务权力、法定业务范围、法定业务限制三个方面。中央银行的业务经营活动奉行非盈利性、流动性、主动性、公开性四个原则。

5. 中央银行的独立性是指中央银行履行自身职责时法律赋予或实际拥有的权力、决策与行动的自主程度。中央银行应对政府保持一定的独立性，但这种独立性只是相对的。

📑 思考题

1. 简述中央银行产生的原因。
2. 请分析中央银行制度的建立与发展过程。
3. 请比较不同中央银行制度的基本特点。
4. 结合现实，谈谈你是如何认识中央银行的性质和职能的。
5. 中央银行资产负债表的基本关系是什么？基本项目有哪些？
6. 中央银行业务活动的一般原则有哪些？
7. 如何理解中央银行的独立性？如何理解中央银行与政府部门之间的关系？

第十二章　货币供求与均衡

🗋 问题导入

现代经济社会中一切交易都需要用货币计价和支付，一切资源配置和政策调节也都离不开货币因素，货币已经成为经济运作中最基本的要素。对于每天都在使用的货币，很多人并不知道货币需求是由什么决定的，是谁提供货币的，货币供给的多少由谁说了算，如果货币供过于求会发生什么情况。本章将介绍货币需求的决定因素、货币供给的形成，以及货币均衡与失衡的表现，使我们更好地理解货币总量的形成变化及其均衡。

🗋 学习目标

1. 了解货币需求的含义，掌握货币需求的理论；
2. 熟悉货币供给的基本模型，掌握货币创造的机制；
3. 熟悉货币供求均衡与失衡的内涵，理解开放经济条件下的货币均衡；
4. 掌握通货膨胀和通货紧缩的特征、度量、成因和治理。

第一节　货币需求

一、货币需求的含义与分析视角

货币需求是指在一定的资源（如财富拥有额、收入、国民生产总值等）制约条件下，微观经济主体和宏观经济运行对执行交易媒介职能和资产职能的货币产生的总需求。理解货币需求应注意两点：第一，货币需求是一种能力与愿望的统一体。货币需求以收入或财富的存在为前提，即在具备获得或持有货币的能力范围之内愿意持有的货币量。第二，现实中的货币需求包括现金和存款货币的需求。因为在现代经济中，货币的范畴已不再局限于现金，还包括存款货币，两者都能发挥交换媒介和资产职能。

（一）货币需求的宏观与微观视角

对货币需求的分析可以从宏观和微观两个视角进行。宏观视角从一个国家的社会总体出发，探讨一个国家在一定时期内经济发展与商品流通所需要的货币量，其关注点在于货币供求的均衡及其对市场价格的影响。

微观视角从社会经济个体出发，分析各部门（个人、企业等）的持币动机和持币行为，研究一个经济单位在既定的收入水平、利率水平和其他经济条件下所需要持有的货币量，其关注点在于研究货币需求的动机与决定影响因素，分析货币需求变化的微观机制。

把货币需求的分析分为宏观分析与微观分析，只是说明分析的角度和着力点有所不同，并不意味着可以厚此薄彼或相互替代。在对货币需求进行研究时，需要将二者有机地结合起来。这一方面是因为宏观与微观的货币需求分析之间存在不可割裂的有机联系，另一方面是因为货币需求既属于宏观领域，又涉及微观范畴，单独从宏观或微观角度进行分析都有所缺憾。

（二）名义货币需求与实际货币需求

名义货币需求与实际货币需求是经济学家在说明货币数量变动对经济活动的影响过程时所使用的一对概念。名义货币需求是指个人、家庭、企业等经济单位或整个社会在一定时点所实际持有的货币单位的数量，通常以 M_d 表示。实际货币需求则是指名义货币数量在扣除了物价变动因素之后的货币余额，它等于名义货币需求除以物价水平，即 M_d/P。

对于货币需求者来说，重要的是货币实际具有购买力的高低而非货币数量的多寡；对全社会来说，重要的则是寻求最适当的货币需求量，故在物价总水平有明显波动的情况下，区分并研究名义货币需求对于研判宏观经济形势和制定并实施货币政策具有重要意义。

（三）货币需求的数量与结构

货币需求既有数量问题，也有结构问题。货币需求的数量问题主要是测算一定时期内一国的微观经济主体和宏观经济运行对货币的真实需求量，它是交易性货币需求和资产性货币需求的总和。货币需求的结构问题是数量问题的延续与深化。交易性货币需求和资产性货币需求在货币总需求中的比例就是货币需求结构的首要表现。按照国际货币基金组织的口径，通货和货币执行交易媒介职能处于 M1 层次上，而准货币（QM）执行资产职能处于 M2 层次上。基于此，上述货币需求结构通常被称为货币需求的层次结构。除了层次结构外，还可从货币需求的主体结构、区域结构等视角分析货币需求的结构问题。

二、货币需求的主要理论解说

货币需求理论要回答的问题是货币需求是由什么因素决定的。该问题历来为经济学家所重视。20 世纪以前，经济学家侧重于从宏观角度研究商品流通所产生的客观货币需求；20世纪以来，经济学家则更多地侧重于研究个人、家庭、企业等微观主体对货币的需求。在货币需求理论发展演进中，以下几种理论颇具代表性。

（一）马克思的货币需求理论

马克思的货币需求理论集中反映在其货币必要量公式中。马克思的货币必要量公式是在总结古典学派对流通中货币数量研究成果的基础上，对货币需求理论从宏观角度的精练表述。以 M 表示货币必要量，Q 表示待售商品数量，P 表示商品价格，V 表示货币流通速度，货币必要量的公式表示为：

$$M = \frac{PQ}{V} \tag{12-1}$$

马克思经济学从劳动价值论出发，认为商品价格总额是由劳动价值总量决定的，货币流通次数由社会经济制度和习惯决定，因此，该模型强调的是商品流通决定货币流通的基本原理。

（二）古典学派的货币需求理论

古典学派的货币需求理论又称为货币数量论。该理论强调货币数量与经济交易之间的关系，分别从宏观视角和微观视角出发，提出了两个版本的货币数量论学说。从宏观视角提出的货币数量论的著名公式是交易方程式，表示为 $MV = PT$，其含义是流通中的通货存量（M）乘以流通速度（V）等于物价水平（P）乘以交易总量（T）。货币需求表示为：

$$M_d = \frac{PT}{V} = \frac{1}{V}PT \tag{12-2}$$

此公式表明，决定一定时期名义货币需求数量的因素主要是这一时期全社会一定价格水平下的交易总量与同期的货币流通速度。

从微观视角提出的著名货币数量论公式是剑桥方程式，表示为：

$$M_d = kPY \tag{12-3}$$

该货币需求函数是从家庭和企业微观主体出发，认为人们以便利和预防为目的而持有货币，货币持有量与其收入 PY 成比例 k。该理论也被称为货币余额说。

交易方程式和剑桥方程式两者的区别主要在于分析视角的差异。交易方程式从宏观视角出发，主要强调货币的交易职能。而剑桥方程式从微观出发，除了考虑货币的交易职能外，实际上还考虑了货币资产职能对货币需求的影响。因此，剑桥方程式开创了货币需求研究的新视角。后来的西方经济学家正是沿着这样的逻辑思路来发展货币需求理论的。

（三）凯恩斯的货币需求理论

凯恩斯继承了古典学派的货币观点，并把它发展成一种新的理论——流动性偏好说。凯恩斯对货币需求理论的突出贡献在于他对货币需求动机的剖析，并在此基础上将利率引入了货币需求函数，从而论证了利率对货币需求的决定作用，揭示了利率在货币金融理论体系中的枢纽地位。凯恩斯认为，人们持有货币的动机来源于流动性偏好这种普遍的心理倾向，而人们偏好货币的流动性是出于交易动机、预防动机和投机动机。

交易动机是货币交换职能的体现。人们为了满足日常支付交易的目的而需要持有一定数量的货币，称为交易性货币需求。

凯恩斯对预防动机的解释是：人们为了应付不测之需而持有货币的动机。凯恩斯认为，生活中经常会出现一些未曾预料的、不确定的支出机会，人们无法准确预测自己在未来一段时期内所需要的货币数量，为此，人们需要在手中持有一定量的货币，具有预防意外事件的能力，这类需求称为预防性货币需求。凯恩斯认为，这两个动机所引起的货币需求与收入水平存在稳定的关系，是收入的递增函数，用公式表示即为 $L_1(Y)$，Y 代表收入。

投机动机是人们持有货币，希望进行资产的买卖并获得收益的动机。投机动机下持有的货币称为投机性货币需求。凯恩斯把用于保存财富的资产分为货币和债券两大类。货币的收益为零，债券的收益是利率。持有货币就不能获得债券的收益，因此，利率就是持有货币的机会成本。利率越高，人们持有货币的动机越低。用函数式可表示为 $L_2(i)$，i 代表利率。

因此，凯恩斯提出的货币需求函数是收入 Y 和利率 i 的函数，可以表示为：

$$M_d = L_1(Y) + L_2(i) = L(Y, i) \tag{12-4}$$

这一公式表示，货币需求是收入的增函数，同时是利率的减函数。凯恩斯通过对投机动机的分析，提出了一种所谓流动性陷阱的极端现象：当一定时期的利率水平降低到不能再低时，人们的投机性货币需求无限大。

凯恩斯的货币需求理论取得了巨大的成功，但是人们仍然对利率在货币需求中的作用保持怀疑。因此，一些追随凯恩斯的经济学家在此基础上进行了各种理论探索，提出了平方根定律、立方根定律和资产组合理论等，进一步强化了利率对货币需求的决定性作用。

（四）弗里德曼的货币需求理论

美国经济学家米尔顿·弗里德曼（Milton Friedman）在对凯恩斯货币需求理论的质疑中，对古典学派的货币数量论进行了重新表述，提出了货币需求的新货币数量论。该理论从微观视角出发，结合消费者选择理论，分析影响货币需求的因素。

弗里德曼将货币作为一种资产来看。消费者选择货币这种资产的影响因素主要有三类：①财富和收入（Y）以及财富的结构（w）。财富和收入的总量决定持有货币限度的因素。弗里德曼还认为，财富的结构也影响人们持有货币的动机，这个结构主要指人力财富和物质财富的比例。②持有货币的机会成本，包括债券、股票等金融资产的收益（r_b，r_e），预期物价水平的变动 $[(dP/dt)/P]$ 以及货币的收益（r_m）。③持有货币的效用（u）。因此，弗里德曼提出了新的货币需求函数：

$$\frac{M_d}{P} = f\left(Y, w; r_m, r_b, r_e, \frac{1}{p}\frac{dP}{dt}; u\right) \tag{12-5}$$

弗里德曼的货币需求函数与传统货币需求函数不同的几个方面是：①影响货币需求的收入应该是"持久性收入"。持久性收入是指一个人在比较长的一个时期内的过去、现在和将来预期会得到的收入的加权平均数，它具有稳定性的特点。②所考虑的货币层次更宽，是包括存款在内的广义货币口径，因此，与凯恩斯认为的货币没有收益不同，货币也存在收益。③首次将 w 和 u 等因素考虑进货币需求函数的决定变量中。④在货币分析中，考虑了更多的金融资产，如将股票等证券作为影响货币需求的因素进行分析。

弗里德曼的货币需求理论最突出的特点在于：强调持久性收入对货币需求的决定性作用，而弱化利率变量对货币需求的影响。他依据美国的历史数据论证出，持久性收入对货币需求的决定具有最重要的作用，而货币需求对利率的变动不敏感，从而论证了货币需求的稳定性，这就说明了货币对于总体经济的影响主要来自货币供给方面。据此，弗里德曼提出了以反对通货膨胀、稳定货币供给为主要内容的货币政策主张。

（五）我国货币需求的分析

1. 计划经济体制下决定与影响我国货币需求的主要因素

在计划经济体制下，金融活动不发达，企业、居民的货币使用主要在于满足基本的支付结算活动中。此时我国的货币需求基本上是交易性货币需求，商品流通几乎成为决定货币需求的唯一重要因素。在这样的现实经济背景下，我国银行工作者在理论界对马克思货币必要量公式研究的基础上，对我国多年的商品流通与货币流通之间的关系进行实证分析，得出了一个经典的"1 ：8"经验式。其具体含义是：每8元零售商品供应需要1元人民币来实现其流通。在计划经济的几十年里，由于一些制度性和经济性特点基本保持稳定，如生产和分配等各种重要比例关系的格局稳定，整个经济货币化的水平稳定，计划价格体制保证价格水平稳定，现金管理制度保证现金使用范围稳定，等等，"1 ：8"经验式基本符合当时的经济运行情况。

2. 经济体制改革对我国货币需求的影响

改革开放以后，市场机制逐渐起作用。1982—1983 年，社会商品零售总额与流通中货币的比值降到6 ：1，货币流通仍然保持基本正常，"1 ：8"经验式已经不能再作为衡量货币流通正常与否的尺度。究其原因，主要在于计划经济体制向市场经济体制的根本性变革对货币需求产生了重要的影响。包括农村经济体制改革、企业改革、价格体制改革、收入分配体制改革、社会保障体制改革等经济制度的变革都促进了经济的货币化程度，这使得货币需求发生了巨大的变化。体制改革既大幅度增加了我国的货币需求总量，也改变了我国的货币需求结构，而这些都是以西方成熟市场经济为基本假设前提的货币需求理论所难以解释的。我国学者结合我国经济体制改革的实践，对货币需求理论进行了更深入的研究，代表性的观点有货币化解说、制度性解说、国家能力解说等。

3. 现阶段我国货币需求的主要决定与影响因素

经过几十年的经济体制改革，我国经济运行的市场化程度大幅度提升，经济货币化进程、价格改革基本完成，金融市场从无到有，规模逐渐壮大，运作日渐规范，企业的约束机制也逐渐建立起来。新的市场经济体制的基本确立，使我国现阶段货币需求的主要决定与影响因素逐渐接近西方货币需求理论的分析，除了收入、财富等规模变量外，其他金融资产的收益率水平等机会成本变量也成为影响我国货币需求的重要因素。

> **原理 12-1：**
> 货币需求量的决定与变化主要受收入、财富等规模变量和利率等非货币金融资产收益率的影响。

第二节　货币供给

一、现代信用货币的供给机制与基本模型

（一）货币供给的含义

货币供给是指一定时期内一国银行系统向经济中投入或抽离货币的行为过程。货币供给必然会在实体经济中形成一定的货币量，这些货币量都是由银行系统供给的，都是银行的负债。因此，一国经济主体（包括个人、企事业单位和政府部门等）持有的、由银行系统供应的债务总量就称为货币供给量。在纯粹的信用货币流通条件下，货币供给量主要包括现金和存款货币两个部分。货币供给量是一个存量概念，即一个国家在某一时点上实际存在的货币总量。货币供给总量及其层次划分参见第二章。

（二）现代信用货币的货币供给机制

在市场经济体制下，货币供给主要采用"中央银行—存款货币银行"的二级银行体制。中央银行相对独立，主要负责提供和调节基础货币；以商业银行为代表的存款货币银行则通过吸收存款、发放贷款、转账支付等业务活动创造存款货币，形成了"基础货币—存款货币"的"源与流"双层货币供给机制。中央银行通过货币政策工具和操作影响存款货币机构的行为和货币创造能力，最终影响货币供应总量。

（三）货币供给的基本模型与货币供给过程及其特点

1. 货币供给的基本模型

货币供给是一个十分复杂的过程，经过长期的研究，经济学家总结出了一个被广泛接受

的货币供给基本模型：

$$M_s = mB \qquad\qquad (12\text{-}6)$$

式中：M_s——货币供给量；

$\qquad B$——基础货币；

$\qquad m$——货币乘数。

> **原理 12-2：**
> 货币供给量是基础货币与货币乘数的乘积。

2. 货币供给过程及其特点

在现代信用货币制度下，货币供给过程一般涉及中央银行、商业银行、存款人和借款人四个行为主体，其中在货币供给过程中起决定作用的是银行体系。在实行中央银行制度的金融体制下，货币供给量是通过中央银行提供基础货币和商业银行创造存款货币而注入流通领域的。这一供给过程具有以下三个特点：

（1）形成货币供给的主体是中央银行和以商业银行为主体的存款货币银行，即二级银行系统。

（2）两个主体各自创造相应的货币，中央银行策源并创造基础货币，商业银行扩张并创造存款货币，由此形成了"源与流"的双层货币供给机制。

（3）非银行金融机构对货币供给也有重要影响。

银行系统供给货币的过程必须具备三个基本条件：一是实行完全的信用货币流通，即流通中不存在金属货币和国家纸币（由政府直接发行的货币）；二是实行比例存款准备金制度；三是广泛采用非现金结算方式。

二、中央银行与基础货币供给

（一）基础货币及其构成

基础货币又称强力货币或高能货币，是整个银行体系内扩张信用、创造存款货币的基础，其数额大小对货币供应总量具有决定性的作用。

基础货币通常由社会公众持有的流通中现金和银行体系的准备金两部分构成。银行体系的准备金是为应对现金提取和结算支付而保有的，是银行体系维持流动性的基本保证。它有两种存在方式：库存现金和准备金存款。

1. 库存现金

库存现金的"库"是指商业银行的业务库，库存现金是已经从中央银行发行库中提出来而尚未被公众提走的部分。商业银行从发行库中提现后库存现金增加，相应减少的是在中央银行的准备金存款。

2. 准备金存款

准备金存款是商业银行在中央银行账户上的存款。实行法定存款准备金制度以后，商业银行在中央银行的准备金存款可分为两部分：一部分是根据法定存款准备金率的要求计提的法定存款准备金；另一部分是商业银行根据自身经营决策和运营需要存入中央银行的超额准备金，主要用于清算和提取现金。

（二）基础货币的收放渠道和方式

在中央银行的资产负债表中，基础货币直接表现为负债，因此，中央银行可以通过调整资产负债表规模和结构来控制基础货币。下面将从中央银行资产负债表业务来说明中央银行收放基础货币的方式。

1. 国外资产业务与基础货币

中央银行的国外资产由外汇、黄金和中央银行在国际金融机构的资产构成。如果中央银行用基础货币买入外汇和黄金，就是向经济体系投放了基础货币；如果中央银行卖出外汇和黄金，则等于从经济体系收回了相应的基础货币。

一般情况下，若中央银行放弃稳定汇率的目标，则通过该项资产业务投放的基础货币有较大的主动权；若中央银行追求稳定汇率的目标，由于需要买卖外汇来调节供求关系以平抑汇率，从而就使得基础货币有相当的被动性。例如，中国人民银行的外汇储备，已经成为基础货币投放的主要渠道。目前，我国实行的是有管理的浮动汇率制，如果面临经常账户的持续盈余，外汇市场中表现出外汇供大于求，人民币面临升值压力，为了稳定人民币汇率，中国人民银行就必须在外汇市场中购入外汇，投放人民币。

2. 对政府债权与基础货币

政府债权的形成方式表现为中央银行持有政府债券和向财政透支或直接贷款。中央银行如果增加持有对政府的债权，就意味着投放了相应的基础货币；中央银行如果减少持有对政府的债权，就意味着收回了相应的基础货币。

1995 年以前，中国人民银行对政府的债权主要通过财政透支的方式形成，在财政赤字比较严重的年份，中国人民银行的财政透支成为我国数次通货膨胀出现的重要原因。1995年制定的《中华人民共和国中国人民银行法》规定中国人民银行不再为财政透支。这样，1995 年以后，中国人民银行增加的对政府债权都体现在持有的政府债券上，都是从事公开市场业务的结果。

3. 对金融机构债权与基础货币

中央银行对商业银行等金融机构债权的变化是通过办理再贴现或再贷款等资产业务来操作的。当中央银行为商业银行办理再贴现或发放再贷款时，直接增加了商业银行在中央银行的准备金存款，负债方的基础货币就会相应增加。相反，中央银行减少对商业银行等金融机构的债权，则意味着基础货币相应减少。

中国人民银行的再贴现和再贷款曾经是我国基础货币供给的主要渠道。1993 年以前，中国人民银行通过再贷款方式提供的基础货币约占基础货币增量的 80%。随着我国金融体系的日益完善，金融市场特别是货币市场的迅速发展，以及再贴现业务的发展，通过再贷款投放的基础货币的规模越来越小。我国近年来不断改进再贴现业务的操作方式，扩大再贴现范围。中国人民银行创设的常备借贷便利（SLF）、中期借贷便利（MLF）、抵押补充贷款（PSL）、定向中期借贷便利（TMLF）等各种抵押贷款，已成为中央银行吞吐基础货币的重要渠道之一。

4. 负债业务与基础货币

由于中央银行的资产业务决定负债业务，从原理上说，中央银行增加资产业务，负债业务总量必然会相应增加。因此，当中央银行开展上述三项资产业务以后，必然要相应增减负债业务中的货币发行和金融机构存款，基础货币也会相应地发生变化。但如果通过改变负债业务结构，基础货币的变化就可以大于或小于资产业务的变化。改变负债业务结构的主要操作手段就是发行债券或者中央银行票据。中国人民银行从 2002 年开始发行中央银行票据对冲外汇储备增长所导致的基础货币投放，增加了公开市场操作的灵活性和针对性，增强了调节基础货币的能力。

> **原理 12-3：**
> 中央银行通过国外资产业务、对政府债权、对金融机构债权等资产业务收放基础货币，通过发行中央银行票据、回购等负债业务调节基础货币。

三、商业银行与存款货币的创造

（一）商业银行创造存款货币的过程

商业银行通过存贷活动能够创造出新的存款货币。要搞清楚商业银行如何创造存款货币，需要先明白两个概念：原始存款和派生存款。原始存款一般是指商业银行接受的客户以现金方式存入的存款和中央银行对商业银行的资产业务而形成的准备金存款。原始存款是商业银行从事资产业务的基础，也是扩张信用的源泉。派生存款是指由商业银行发放贷款、办理贴现或投资等业务活动引申而来的存款。派生存款产生的过程，就是商业银行不断吸收存款、发放贷款形成新的存款额，最终导致银行体系存款总量增加的过程。下面以规定 10% 的法定存款准备金率举例说明。

现假定厂商 A 将 100 万元现金存入甲银行，甲银行根据法定存款准备金率的要求，将其中的 10 万元缴存中央银行，将余下的 90 万元贷给另一厂商 B，如果厂商 B 并未立即使用这笔贷款，而是将它转存于其在甲银行的存款账户上，则甲银行的资产负债表如表 12-1 所示。

表 12-1　甲银行的资产负债表

资产		负债	
现金	100 万元	厂商 A 存款	100 万元
向厂商 B 贷款	90 万元	厂商 B 存款	90 万元
资产合计	190 万元	负债合计	190 万元

这一过程到此不会结束，因为厂商 B 获取贷款后会立即支付出去。假定厂商 B 以这 90 万元贷款向厂商 C 支付购货款。如果厂商 C 在乙银行开户，那么这 90 万元购货款将存入乙银行 C 厂商的账户，这同厂商 B 在甲银行的存款别无二致，都是派生存款。此时，乙银行又可以用这新增加的 90 万元存款缴存 9 万元作为法定存款准备金后，将余下的 81 万元向别的厂商发放贷款。这个简单的例子已经包含了商业银行扩张信用、创造存款货币的基本原理。

> **原理 12-4：**
> 商业银行以原始存款为基础发放的贷款，通过转账支付又会创造出新的存款。

上述过程如果继续下去，银行体系从甲银行接受 100 万元原始存款开始，经过贷款、转账支付、存款等一系列过程，就可产生越来越多的派生存款。问题在于，派生存款是否可以无限制地增加？如果不能，那么商业银行创造派生存款的能力会受到哪些因素的制约？

（二）商业银行创造存款货币的主要制约因素

1. 法定存款准备金率

中央银行制度建立后，各国在法律上都做出规定：商业银行必须从其吸收的存款中按法定比例提取一部分资金缴存中央银行，商业银行不得动用。这部分资金就是法定存款准备金。法定存款准备金占全部存款的比例就是法定存款准备金率。在现代金融体制下，世界各国均实行法定存款准备金制度。它不仅是商业银行创造存款的前提条件和制约因素，也是有效防范和化解银行危机的制度性安排。

如表 12－1 给出的例子，在给定 10% 的法定存款准备金率时，甲银行收到 100 万元存款能派生出 90 万元派生存款，而如果将法定存款准备金率提高到 20%，则甲银行能够将派生存款降低到 80 万元，进而会减少其他新派生存款的规模。这就是存款准备金制度制约存款货币创造的机制。

2. 提现率

商业银行活期存款的提现率又称现金漏损率，是指现金漏损额与银行存款总额的比率，这也是影响存款扩张倍数的一个重要因素。在现实生活中，存款客户经常会或多或少地从银行提取现金，从而使部分现金流出银行系统，出现所谓的现金漏损。现金漏损的多少与人们对现金的偏好和非现金支付是否发达密切相关。此外，从接受银行贷款的一方来说，其一般也不会将所贷款项悉数转存或投入生产，这也可能会产生一定的现金漏损。不管是由何种原因引起的，这些漏损出来的现金都不再参与存款货币的创造。因为现金漏损减少了客户的存款，银行可用于发放贷款的资金相应减少，派生存款也会减少。所以，提现率也是制约派生存款规模的一个因素，提现率与派生存款规模成反比。

3.超额准备金率

由于商业银行不能动用法定存款准备金，为了满足运营中的现金提取、支付清算、资产运用等需要，商业银行实际持有的准备金必须多于法定存款准备金。商业银行超过法定存款准备金而保留的准备金称为超额准备金。超额准备金的主要存在形式有：一是在中央银行账户上超过法定存款准备金的存款；二是商业银行业务库中的库存现金。超额准备金占全部活期存款的比率就是超额准备金率。超额准备金是相对于法定准备金而言的，二者之和即为总准备金。在存款货币创造过程中，超额准备金率与法定准备金率起着完全相同的作用。

以上三个因素是制约商业银行存款货币创造能力的决定因素。仍以前面厂商 A 的例子加以说明。当法定存款准备金率（r）为 10%、提现率（c）为 5%、超额准备金率（e）为 5%时，甲银行得到 100 万元原始存款后的存款扩张过程大致如表 12-2 所示。

表 12-2　商业银行存款货币扩张过程示意表　　　　单位：万元

银行	原始存款	派生存款	贷款	法定存款准备金率 r（10%）	提现率 c（5%）	超额准备金率 e（5%）
甲银行	100		80	10	5	5
乙银行		80	64	8	4	4
丙银行		64	51.2	6.4	3.2	3.2
丁银行		51.2	40.96	5.12	2.56	2.56
……		…	…	…	…	…
合计	100	400	400	50	25	25

（三）存款扩张的倍数

从表 12-2 可见，经过商业银行体系的业务活动，100 万元原始存款就可以创造出 400 万元的派生存款，从而使总存款增长为 500 万元（总存款 = 原始存款 + 派生存款）。按照乘数原理，总存款与原始存款之间的比率称为存款扩张倍数或存款乘数，此时的存款扩张倍数就是 5。若以 K 表示存款扩张倍数，P 代表原始存款，D 代表总存款，则：

$$K=\frac{D}{P}$$

（12-7）

显而易见，存款扩张倍数的大小与原始存款之间是同方向变动的关系。但同样的原始存款能够创造出多少派生存款，则取决于法定存款准备金率、提现率和超额准备金率等因素对存款扩张的制约。从表 12-2 可以看出，存款扩张倍数（总存款与原始存款之比）为 5，正好是法定存款准备金率（r）、提现率（c）和超额准备金率（e）之和的倒数。因此，存款扩张倍数还可以表示为：

$$K = \frac{1}{r+c+e} \tag{12-8}$$

四、货币乘数及其影响因素

（一）货币乘数及其决定变量

货币供给量对基础货币的倍数关系称为货币乘数，即基础货币每增加或减少一个单位所引起的货币供给量增加或减少的倍数。不同口径的货币供应量有不同的货币乘数。

由于基础货币是由通货即处于流通中的现金（C）和存款准备金（R）构成的，货币供给量由现金和存款货币（D）构成。基础货币（B）与货币供给量（M_s）之间的乘数（m）可以表示为：

$$m = \frac{M_s}{B} = \frac{C+D}{C+R} \tag{12-9}$$

式（12-9）的分子分母同除以 D，可得：

$$m = \frac{\dfrac{C}{D}+1}{\dfrac{C}{D}+\dfrac{R}{D}} \tag{12-10}$$

式中：$\dfrac{C}{D}$——通货—存款比率；

$\dfrac{R}{D}$——准备—存款比率。

这两个比率决定了货币乘数，货币供应量则是基础货币和货币乘数的乘积。从式（12-10）中可见，决定货币乘数的变量主要有两个：通货—存款比率和准备—存款比率。

通货—存款比率是指流通中现金与商业银行存款的比率。这一比率的高低反映了居民和企业等部门的持币行为，它受经济的货币化程度、居民货币收入、储蓄倾向、社会的支付习惯、持有现金的机会成本以及对通货膨胀或通货紧缩的心理预期等多种因素的影响，中央银行难以对其进行有效控制。

准备—存款比率是指商业银行法定准备金和超额准备金的总和占全部存款的比率。中央银行直接控制法定准备金率，超额准备金率由商业银行根据自身经营情况自行决定。

（二）影响货币乘数变动的因素分析

由于决定货币乘数的上述两个比率是不断变化的，货币乘数就不会是一个固定不变的值。通常经济活动中各个主体的活动会影响两个比率，从而影响货币乘数的大小。

1. 居民的经济行为与货币乘数

居民对货币乘数的影响主要通过通货—存款比率发生作用。从上一章货币需求的分析中可知，居民主要根据即期的各种因素（如收支情况、物价水平、利率与资产收益率、财富效应、个人消费习惯及支付偏好等）和对未来经济运行情况的预期，决定持有现金的水平，从而直接影响通货—存款比率。例如，当居民的持币量普遍增加时，通货—存款比率就会提高，在其他因素不变的情况下，货币乘数就会变小。当中央银行对定期存款和活期存款采取不同的法定准备金率时，居民对储蓄种类的选择将影响商业银行计提的法定存款准备金，从而影响准备—存款比率。同时，居民的资产选择行为将影响居民储蓄存款的变化，并同时影响两个比率。

2. 企业的经济行为与货币乘数

企业的经济行为对货币乘数的影响主要有三个方面：一是企业的持币行为影响通货—存款比率，其原理类同于居民。二是企业的理财及其资产组合将影响企业存款的增减，影响存款的种类结构，进而改变通货—存款比率和准备—存款比率。三是企业的经济活动对贷款影响很大，一方面，企业的经营状况影响商业银行的贷款决策；另一方面，企业的贷款需求变化是存款货币创造的前提，对货币乘数有很大影响。

3. 金融机构的经济行为与货币乘数

金融机构的经济行为对货币乘数的影响主要有三个方面：一是商业银行变动超额准备金的行为影响准备—存款比率。例如，在既定的法定存款准备金和存款总额不变时，银行保有的超额准备金越多，准备—存款比率就越高，货币乘数就越小。二是银行的贷款意愿影响准备—存款比率。例如，当银行为了保证安全性而减少贷款时，派生存款会数倍收缩，总存款下降必然导致准备—存款比率提高，货币乘数减小。三是向中央银行借款的行为同时影响准备—存款比率和通货—存款比率。例如，商业银行增加向中央银行借款，一方面，因增加了准备金存款而提高了准备—存款比率；另一方面，通过资金运用扩大贷款而使总存款增加，进而改变通货—存款比率。因此，在货币乘数的变化中，金融机构的作用力很大。

4. 政府的经济行为与货币乘数

政府的经济行为对货币乘数的影响主要是通过弥补财政赤字的三种方式来体现的。如果政府采用增税的方式弥补财政赤字，短期内虽不直接影响货币乘数和货币供应量，但长期内将通过影响投资收益，使投资需求下降、贷款需求减少，导致货币乘数变小。若政府采用举债方式弥补财政赤字，那么在公众和商业银行购买国债时，虽然货币供给总量短期内不变，但货币结构将发生变化，各层次的货币乘数也将发生变化。如果政府采用向中央银行直接借款或透支的方式弥补财政赤字，政府现金支出将直接增加现金投放，从而影响通货—存款比率；政府的转移支付将使非政府部门的存款增加，引起银行存款的增加，导致准备—存款比率增加，进而影响货币乘数。

综上所述，货币供给的决定与影响因素如图 12-1 所示。

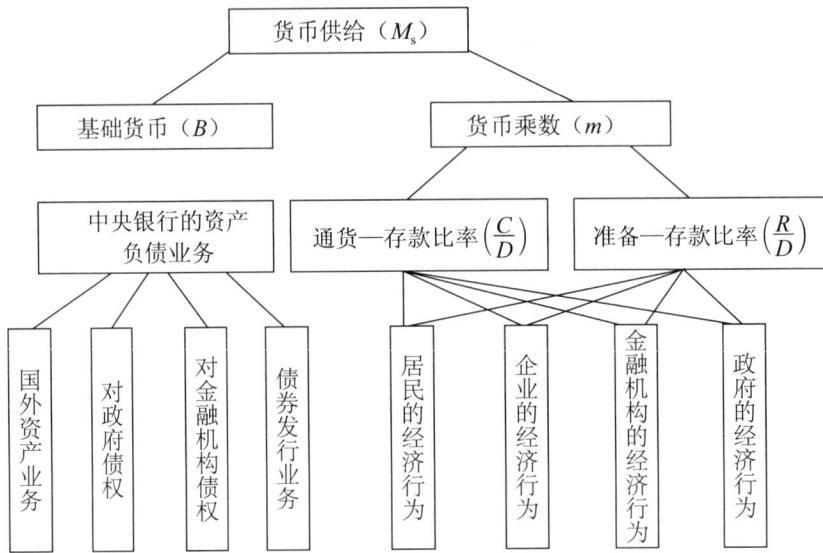

图 12-1　货币供给的决定与影响因素

第三节　货币均衡与失衡

一、货币供求均衡与社会总供求均衡

（一）货币供求均衡原理

货币均衡是指一国在一定时期内，在货币流通的过程中，货币供给与货币需求基本相适应的货币流通状态；反之，则为货币失衡。若以 M_d 表示货币需求量，M_s 表示货币供给量，则货币均衡可表示为：

$$M_s = M_d \qquad\qquad (12\text{-}11)$$

货币均衡是一个由均衡到失衡，再调整恢复到均衡的动态过程。货币均衡实际上是一种在经常发生的货币失衡中暂时达到的均衡状态。货币失衡的表现形式主要有两种类型：一种是 $M_s > M_d$。若这种状态持续发展，则往往会出现通货膨胀。另一种是 $M_s < M_d$。若这种状态持续发展，则可能会出现通货紧缩。

（二）货币均衡与总供求均衡间的关系及实现条件

1. 货币均衡与总供求均衡之间的关系

从形式上看，货币均衡是货币领域内因货币供给与货币需求相互平衡而导致的一种货币流通状态，但其实质则是社会总供求均衡的一种反映。货币均衡与总供求均衡不过是一个问题的两个方面。以 AS 代表总供给，AD 代表总需求，箭头表示主导性的作用，货币供求与总供求之间的相互关系可用图 12 - 2 表示。

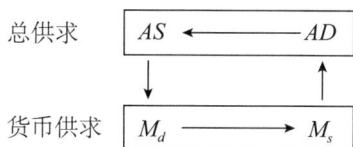

总供求　　$\boxed{AS \longleftarrow AD}$

货币供求　$\boxed{M_d \longrightarrow M_s}$

图 12-2　货币供求与总供求之间的相互关系

图 12 - 2 的四边联动关系表明，社会总供求均衡与货币供求均衡密切相关：①总供给决定货币需求，总供给决定了需要多少货币来实现价值，从而引出货币需求；②货币需求是货币供给的决定依据；③货币供给形成了总需求，成为总需求的载体；④总需求对总供给有决定性的影响。因此，货币均衡的两个基本标志，就是商品市场上的物价稳定和金融市场上的利率稳定。需要指出的是，图 12 - 2 箭头所示的只是一种主导性的关系。在现实中，货币供求与总供求四个因素之间的关系都是相互作用的。

> **原理 12-5：**
> 货币供求与总供求四个因素之间存在着相互作用的四边联动关系。

2. 货币均衡实现的条件

市场经济条件下的货币均衡需要具备两个条件：第一，要有健全的利率机制，利率能够作为金融市场上货币的"价格"，既能够灵敏地反映货币供求的状况，又能够调节货币供求关系并使之实现均衡。第二，要有发达的金融市场，尤其是活跃和发达的货币市场。在金融市场上，有众多的金融工具可供投资者选择，货币与其他各种金融工具之间可以便利而有效地互相转化，从而调节货币供求。

（三）影响货币均衡实现的因素

货币均衡的实现除了受利率机制影响，还受以下因素影响：

1. 中央银行的市场干预和调控

在现代信用货币制度下，货币发行控制在中央银行手中。中央银行经常性地通过货币政策工具对货币供给进行调整，以便更有效地实现货币均衡。

2. 财政收支的基本平衡

大量财政赤字的出现往往迫使政府向中央银行（间接地）借款，这会使中央银行为弥补财政赤字而增加货币投放，进而可能引发通货膨胀。

3. 经济结构的合理性

一国的经济结构如果不合理，就会出现某些部门的产品供给不足与供给过剩并存，最终会引起货币供求失衡。

4. 国际收支的基本平衡

国际收支如果不平衡，就容易引起汇率波动，使本币对外升值或贬值，进而直接影响国内市场价格的稳定，并影响中央银行的基础货币投放，从而使货币供求关系发生变化。

二、国际收支与内外均衡

（一）国际收支平衡表及其构成

国际收支平衡表是在一定时期内一个国家（地区）和其他国家（地区）进行全部经济交易的系统记录，它涵盖了一个经济体居民与非居民机构之间进行的全部交易，反映一个经济体的国际收支状况，是制定宏观经济政策时的重要依据。国际收支平衡表主要包括以下项目。

1. 经常账户

经常账户反映的是居民与非居民之间的实际资源的国际流动，主要包括以下几项：①货物和服务。该项目主要反映进出口贸易情况，是经常账户规模最大的项目。②要素收益。该项目反映的是跨国初次分配的结果，主要包括劳动和资本的收益。③经常性转移。该项目反映的是二次收入分配的结果，主要包括官方的援助、捐赠和战争赔款，私人的侨汇、赠予等以及对国际组织的认缴款等。

2. 资本与金融账户

资本与金融账户包括资本账户和金融账户。

资本账户主要包括居民与非居民之间的资本转移和非生产性、非金融资产的交易。其中，资本转移主要涉及固定资产所有权的变更以及债权债务的减免。而非生产性、非金融资产的交易则是指非生产性有形资产（土地和地下资产）及无形资产（专利、版权、商标和经销权等）的收买和放弃。

金融账户主要包括居民与非居民之间的直接投资、证券投资、金融衍生品及员工股票期权和其他投资，主要反映资金的跨国流动。直接投资包括居民和非居民之间的股本投资、收益再投资和其他资本投资等。证券投资包括居民与非居民之间股本证券和债券（直接投资和储备资产之外）的交易。

3. 储备资产

储备资产是指一国货币当局所直接控制的，实际存在并可随时用来干预外汇市场、支付国际收支差额的资产，包括货币性黄金、IMF 所分配的特别提款权、在 IMF 的储备头寸、外汇资产以及其他债权。如果一国一定时期内经常账户、资本与金融账户表现为顺差，就将使得该国国际储备增加。相反，则导致该国国际储备减少。

4. 净误差与遗漏

由于国际收支核算运用的是复式记账原理，理论上所有项目的借方余额与贷方余额应相等。但实际上，由于各个项目的统计数据来源不一，有的数据甚至需要估算，所以国际收支平衡表中各个项目的借方余额与贷方余额经常是不相等的，其差额就作为净误差与遗漏。

（二）国际收支的失衡与调节

1. 国际收支平衡的判断

国际收支平衡是宏观经济政策的主要目标之一。通常判断国际收支是否平衡的方法是将国际收支平衡表上各个项目区分为自主性交易和调节性交易来进行考察判断。

自主性交易是指企业机构单位由于自身的利益需要而独立进行的交易，如商品和服务的输出入、赠予、侨汇和资本流出入，这些交易出自生产经营、投资或单方面支付等需要，具有相对的自主性。调节性交易是指在自主性交易产生不平衡时所进行的用以平衡收支的弥补性交易。判断一国的国际收支是否平衡，主要是看其自主性交易是否平衡。一般可以通过以下三种具有重要经济意义的差额来评估和度量国际收支是否平衡：①贸易差额，即出口额减去进口额；②经常项目差额；③国际收支总差额，指经常账户与资本与金融账户收支合计所得到的总差额。

2. 国际收支失衡的原因

国际收支失衡的原因有很多，概括起来主要有以下几类：①经济发展状况；②经济结构；③货币性因素；④外汇投机和国际资本流动；⑤经济周期；⑥国际经济环境；等等。上述因素还经常性地相互叠加，引起国际收支的失衡。因此，国际收支失衡的原因通常是非常复杂的。

3. 国际收支调节的方式

国际收支失衡，无论是赤字还是盈余都会对一国经济运行带来不利的影响，因此，各国通常把保持国际收支平衡作为重要的宏观经济目标之一。针对不同原因导致的国际收支失衡，调节的手段也有所不同。从各国的实践来看，调节国际收支的主要手段包括：①财政、收入政策。通常通过财政和收入政策来调节国内的总需求，从而影响进口数量，实现对国际收支的调整。②调整汇率或利率等要素价格。汇率或利率的变动通常通过影响贸易和资本流动两方面对国际收支产生调节作用。③完善投融资体制，加大对劳工保护、能源保护、环境保护等的执法力度，以调节影响本国产品的出口竞争力，转变外贸增长方式，影响资本的流动，提高利用外资的质量。④实行更加有效的外汇管理政策，进一步便利企业进口用汇，大力支持海外直接投资特别是重要产业的并购，更好地满足市场主体对外金融投资的需求，加强外债借用管理。此外，应加强国际经济合作，以应付短期内的国际收支失衡。

（三）国际储备管理

1. 国际储备资产的种类

国际储备资产主要包括以下几类：货币当局持有的黄金、特别提款权、在 IMF 的储备头寸、外汇储备。其中，外汇储备在一国储备资产中最为重要，占据主要份额。能够作为国际储备的外汇也是在变化的，金本位制下英镑代替黄金执行国际货币的职能，成为各国最主要的储备货币；伴随美国经济实力的增强，20 世纪 30 年代起，美元与英镑共同成为储备货币；布雷顿森林体系下美元成为唯一的外汇储备币种。当前，由于世界经济发展的多元化，美元、英镑、日元和欧元等货币都是主要的储备币种，其中美元在各国外汇储备中所占的比重仍然最大。到 2012 年末，全世界外汇储备已超过 10 万亿美元。

2. 国际储备的具体管理

目前，许多国家已经形成高储备的局面，这给外汇储备管理当局带来了巨大的压力，外汇储备管理成为市场经济体尤其是新兴市场经济体面临的一个重要课题。国际储备管理主要涉及两个方面：一是规模管理；二是结构管理。

（1）规模管理。一国应该形成一个适度规模的外汇储备总量，以应对可能的各种经济变化。一般来说，适度规模的影响因素包括持有国际储备的成本、进出口规模及其差额、汇率制度、国际收支自动调节机制和市场效率、国际金融合作状况和国际资本流动状况等。

（2）结构管理。持有合理的外汇储备资产组合对于一国防范风险也具有重要的意义。外汇储备结构选择应遵循三个原则：一是安全性，即能够实现储备货币币值的稳定性，或称为保值性。二是盈利性，即通过恰当的比重搭配和资产运用方式，使外汇储备获得较高的收益。三是便利性，即比重结构的管理应考虑本国对外经济交往的便利程度。

（四）开放经济条件下的货币供求及均衡

1. 国际收支与总供求关系

在开放经济条件下，国际收支平衡与国内总需求和总供给平衡之间存在密切的联系。根据开放经济条件下的国民收入核算，一国的总收入是当年的产出 Y 和国外净资产的收益 rB，r 是国外净资产的收益率，B 是国外净资产总量；而一国的支出包括消费 C、投资 I 和国外净资产投资 ΔB。根据收入等于支出原理：

$$Y + rB = C + I + \Delta B \tag{12-12}$$

国外净资产投资 ΔB 也就是一国的经常账户差额 CA。根据国民收入核算，一国总收入 $Y + rB$ 可以分成消费 C 和储蓄 S 两部分，即 $Y + rB = C + S$。因此，可以得到：

$$CA = S - I \tag{12-13}$$

该公式是一个开放经济条件下的国民核算等式，它表明国际收支平衡与国内储蓄投资平衡之间存在一一对应关系。当储蓄高于投资时，经常账户表现为盈余；反之，当储蓄低于投资时，经常账户表现为赤字。经常账户头寸本质上反映的是一种国际借贷关系，也是一国的一个储蓄账户。当国内资金供给（储蓄）高于国内资金需求（投资）时，多余的资金将借贷给国外部门，形成经常账户盈余；反之亦然。

2. 货币供求与均衡

国内的储蓄投资关系反映的是国内总供给和总需求的平衡关系。储蓄与投资的不平衡意味着国内总供给与总需求的不平衡，也就意味着，经常账户的不平衡反映国内供求的不平衡。进而根据货币供求和总供求之间的四边联动关系可知，经常账户不平衡与货币供求关系存在密切的关系。一种理论认为，经常账户失衡是货币失衡的表现，当货币供大于求时，会出现经常账户的赤字；当货币供小于求时，则会出现经常账户的盈余。

然而，货币供给与货币需求也受到开放经济因素的影响和决定。对于货币供给来说，如果一国采取固定汇率制度，中央银行为了维持汇率稳定而需要主动干预外汇市场，从而影响货币供给的数量。例如，一国出现国际收支盈余，外汇市场中外汇供给大于外汇需求，中央银行就需要买进外汇，投放基础货币，货币供给增加。在灵活汇率制度下，货币供给受国际收支的影响小。但是，即使采取灵活汇率的国家，在特定的时期也有干预外汇市场的需要，因此货币供给也会受到影响。

在开放经济条件下，货币需求受一些新的因素的影响。经济开放会对货币的交易性和预防性货币需求产生影响。开放程度越高，进出口的商品和劳务交易量就越大。对于国际储备货币的发行国家来说，直接体现为交易性和预防性货币需求的增加；对于非储备货币的发行国来说，也会通过货币的兑换影响本国的货币需求。经济开放也会对资产性货币需求产生影响。开放经济条件下的国际资本流动对本国资产性的货币需求有重要影响，包括直接投资的配套资金安排、外资进入后的还本付息需求、国外投资等。另外，在开放经济条件下，外汇本身已经成为重要的资产，公众参与外汇市场的买卖对资产性货币需求形成了重要的影响。

在开放经济条件下，外部因素对社会总供给、货币供给、货币需求都有重要影响和冲击，因此，其货币均衡和经济均衡较封闭经济要复杂得多，也困难得多。从根本上说，开放经济条件下的货币均衡和经济均衡是建立在国内外经济运行和结构平衡的基础之上的，即使在本国基本均衡的情况下，他国的动荡也会对本国造成冲击，东南亚金融危机、美国次贷危机都充分证明了这一点。因此，仅仅依靠市场自发力量是难以实现内外均衡的，要力求达到内外经济的均衡，还需通过财政政策、货币政策、外贸政策等多种政策工具和手段相配合。

三、通货膨胀

（一）通货膨胀及其度量

1.通货膨胀的含义

通货膨胀是指由于货币供给过多而引起货币贬值、物价普遍上涨的货币现象。要理解通货膨胀需注意以下几点：第一，通货膨胀与货币流通相关。通货膨胀是流通中货币过多的表现。第二，通货膨胀是通过物价上涨表现出来的。第三，通货膨胀关注的是一般物价水平，而不仅仅是地区性的或个别商品和劳务价格的波动。第四，通货膨胀并非偶然的、临时性的或季度性的价格上涨，而是一个"持续上涨"的连续过程。通常，当物价持续上涨超过6个月时，可认为出现了通货膨胀。

2. 通货膨胀的分类

（1）公开性与隐蔽性通货膨胀。公开性通货膨胀指通货膨胀完全通过物价水平明显且直接上涨而反映出来，通货膨胀率就等于物价上涨率。隐蔽性通货膨胀是指由于价格管制，物价水平保持不变，但在现行价格水平下，出现商品普遍短缺、有价无货、凭票证供应和黑市猖獗等现象。

（2）爬行式、温和式和恶性通货膨胀。爬行式通货膨胀是指物价指数以缓慢的趋势上升，一般物价水平年平均上涨率在 1%～3%。温和式通货膨胀是指物价水平年平均上涨率在 3%～10%。恶性通货膨胀是指物价水平年平均上涨率在 10% 以上。

（3）需求拉动型、成本推动型、混合型和结构失调型通货膨胀。需求拉动型通货膨胀是指由于社会总需求过度增加，超过社会总供给而拉动物价总水平上涨。成本推动型通货膨胀是指由于生产成本提高而引起的物价总水平上涨。需求拉动和成本推动同时作用就是混合型通货膨胀。结构失调型通货膨胀是指由于国民经济部门结构或比例结构失调而引起的通货膨胀。

3. 通货膨胀的度量

通常采用价格指数度量通货膨胀程度。经常采用的价格指数包括居民消费价格指数（Consumer Price Index，CPI）、生产价格指数（Producer Price Index，PPI）和国内生产总值（GDP）平减指数。

CPI 是综合衡量消费品及服务价格水平的变动情况的指标。PPI 是衡量工业产品出厂价格水平的变动情况的指标。CPI 和 PPI 都是在给定一篮子商品和服务基础上计算的价格指数，并且只包括全社会生产的一部分产品。而国内生产总值平减指数是综合反映一定时期内生产的所有产品和服务价格水平变动情况的指标。它等于以现价计算的本期 GDP 和以基期不变价格（基期价）计算的本期 GDP 的比率。因此，它计算的价格篮子的商品组合是随时间变化的。上述三个价格指数中，CPI 是最受关注的指标，通常在不加以特殊说明的情况下，通货膨胀率指的就是 CPI，因为它直接表示了最终消费品的价格变化，与社会大众的最终福利直接相关。

（二）通货膨胀的社会经济效应

1. 强制储蓄效应

强制储蓄是指在支出不变时由于物价上涨而减少住户部门的实际消费和储蓄。在公众名义收入不变的条件下，按原来的模式和数量进行消费和储蓄，两者的实际额均随物价的上涨而相应减少，其减少部分等于被强制储蓄了。

2. 收入分配效应

收入分配效应指由通货膨胀造成的收入再分配。当发生通货膨胀时，对于固定收入人群来说，其收入的实际购买力下降；而多余的社会财富被转移到灵活收入的人群中。对于资金出借方来说，通货膨胀引起被偿还的资金实际购买力下降；资金借入方则由于实际偿还的资金价值减少，因而获得收益。以上两种情形都会恶化社会财富的分配，从而导致社会贫富差距扩大。

3. 资产结构调整效应

在通货膨胀环境下，实物资产的货币值大体随通货膨胀率的变动而相应升降，金融资产则比较复杂。例如，股票虽然一般会上涨，但由于影响股市的因素很多，也难以确保股票能够保值；持有存款和债券是否受损，取决于实际利率能否及时调整；持有现金将直接遭受货币贬值的损失。

4. 恶性通货膨胀下的危机效应

恶性通货膨胀会引发一系列严重的社会经济问题，容易导致危机。在物价飞涨时，产品销售收入往往不足以抵消必要的原材料成本；同时，不同产业之间、不同区域之间价格的上涨幅度也极不均衡，这会破坏正常的经济联系和流通秩序，从而使正常的生产经营难以进行。债务的实际价值下降，将会使正常的信用关系遭到破坏。其主要表现为：人们普遍地对持有货币缺乏信心，甚至拒绝使用和接受货币，实物交易盛行，货币流通和支付将难以正常进行，还会引起商品抢购和挤兑银行的突发风潮，尤其是对依靠固定收入生活的人伤害最大，最终往往引发社会和政治动荡。

（三）通货膨胀对就业的影响

通货膨胀与失业之间通常被认为存在替代关系，这就是著名的菲利普斯曲线。该曲线的含义是，要使失业率保持在较低的水平，就必须忍受较高的通货膨胀率；反之则反。同时，这种不可兼得的处境也为决策者提供了一种选择，即有可能通过牺牲一个目标来换取另一个目标的实现。决策者可以根据自己的偏好，选择任何一个位于这一曲线上的通货膨胀率与失业率的组合。

菲利普斯曲线被提出后，便成为经济学家对宏观经济政策发表见解的重要依据。但也有许多人提出质疑，如弗里德曼提出"自然失业率假说"，认为在长期内经济主体将不断调整其通货膨胀预期，使之与实际的通货膨胀率相一致，因此无论通货膨胀水平有多高，与之相对应的失业率都只是自然失业率。这样，在长期内，通货膨胀与失业率之间不存在替换关系，还有可能恶化失业。这一理论具有重要的政策含义：通过增发货币的方式来维持高就业水平是不可取的。

（四）通货膨胀的成因及其治理

通货膨胀形成的直接原因是货币供应过多。因此，治理通货膨胀最基本的对策就是控制货币供给量。例如，货币学派认为，治理通货膨胀的唯一方法就是减少货币供给。但是引起通货膨胀的更深层次的原因比较复杂，因此，治理通货膨胀必须从社会总供给与社会总需求等多方面综合施治。对于不同成因的通货膨胀，则应有针对性地采取相应的政策措施进行治理。

1. 需求拉动型通货膨胀的治理

从货币层面看，需求拉动型通货膨胀是过多的货币追求过少的商品的结果；从实际经济的角度看，是消费、投资和政府支出等需求超过产出而引起的。因此，针对需求拉动型通货膨胀的成因，治理对策主要是紧缩性货币政策和紧缩性财政政策。前者包括减少基础货币投放、提高利率和提高法定存款准备金率等；后者则是削减政府支出和加税。另外，增加有效供给也是治理之策，即通过减税以刺激投资和产出增长。

2. 成本推动型通货膨胀的治理

引起成本上升的因素很多，但通常成本推动型通货膨胀主要关注两大原因：一是工会力量对于提高工资的要求；二是垄断行业为追求利润制定的垄断价格。针对不同的原因，治理措施也不同。

针对工资推动型通货膨胀，治理对策是紧缩性的收入政策，一般包括以物价指导线来确定控制各部门工资增长率，管制或冻结工资。针对利润推动型通货膨胀，治理对策包括制定反托拉斯法以限制垄断高价等。

3. 混合型通货膨胀的治理

由于需求推动与成本推动会相互加强，导致"螺旋式"的通货膨胀，有效的治理方法是双管齐下。一方面，通过需求管理政策，采取紧缩性货币政策和紧缩性财政政策控制有效需求；另一方面，通过反垄断政策控制哄抬价格和提高工资。

4. 结构失调型通货膨胀的治理

即使在总供给和总需求相对均衡的条件下，某些结构性因素也可能导致结构失调型通货膨胀。结构性因素包括劳动生产率增长速度的差异、经济发展的"瓶颈"制约、需求转移等。针对结构性通货膨胀的治理，应推进经济结构调整，改善资源配置。

四、通货紧缩

通货紧缩是与通货膨胀相反的货币经济现象。早在20世纪二三十年代经济萧条时期，通货紧缩就是经济学的重要研究对象。

（一）通货紧缩的含义与衡量

通货紧缩是指由于货币供给不足而引起货币升值，物价普遍、持续下跌的货币经济现象。典型的通货紧缩应该同时具备"两个下降"和"一个伴随"。"两个下降"是物价持续下降、信贷和货币供给量下降；"一个伴随"是指伴随着经济衰退。

与通货膨胀一样，通货紧缩也可使用CPI、PPI、国内生产总值平减指数等价格指数来衡量。在实践中，衡量通货紧缩还有两个重要指标，即经济增长率和失业率。

（二）通货紧缩的社会经济效应

和通货膨胀一样，通货紧缩一旦发生，虽然在短期内会给消费者带来一定的好处，有助于提高社会购买力，但从长远来看，会给国民经济带来一系列负面影响。通货紧缩通常引起经济衰退和失业增加。发生通货紧缩时，实际利率有所提高，投资成本升高，投资预期收益下降，从而抑制投资需求。社会生产的萎缩，使得工人工资收入下降以及引起失业增加。收入下降，继而导致消费需求降低。总需求下降又会继续抑制投资活动，从而陷入经济衰退的恶性循环。

较严重的通货紧缩还会破坏社会信用关系。严重的通货紧缩通常会引起大量企业破产，企业间的信用关系断裂，严重时还会引起银行不良贷款上升，危及金融系统的稳定。

（三）通货紧缩的治理

1. 扩大有效需求

有效需求不足是通货紧缩的主要原因之一，因此，努力扩大需求就成为治理通货紧缩的一项直接而有效的措施。总需求包括投资需求、消费需求和出口需求。首先要判断分析导致有效需求不足的主要方面，然后采取具体措施，实现扩张需求的目的。

投资需求的增加有两条主要途径：一是增加政府投资需求，主要手段是发行国债，增加政府直接投资和公共支出。目的是在政府扩大投资的同时，带动民间投资的增加。二是启动民间投资需求，主要手段是改变民间资本的利润预期、改善投资和金融环境、降低利率等。

消费支出更多地取决于对未来收入的预期而非货币政策的松紧程度。因此，解决问题的办法应集中于改善居民部门对未来收入的预期，具体包括通过加强税收征管来缩小收入差距，通过提高就业水平和增加失业补助标准来刺激低收入阶层的消费需求，通过调整政府投资结构和支出方向来改善需求结构，通过加快社会保障制度改革来消除住户部门在增加消费时的后顾之忧，利用股市的财富效应来刺激消费；等等。

2. 调整和改善供给

调整和改善供给结构与扩大有效需求双管齐下，能够形成有效供给扩张和有效需求增大相互促进的良性循环。在一般情况下，一国政府多采取提高企业技术创新能力、反垄断、鼓励竞争和放松管制、扶持小企业或民营企业发展、降低税负等措施。面对不同的国家和不同的经济条件，具体方法则要因时因地而异。

3. 调整宏观经济政策

其主要手段是采取积极的财政政策和货币政策。采取积极的财政政策不仅意味着要在数量上扩大财政支出，更重要的是要优化财政支出结构，也就是既要弥补因个人消费需求不足造成的需求不足，又要拉动民间投资，增加总需求。货币政策能对总支出水平施加重要影响。积极的货币政策可以适度增加货币供给量，降低利率水平，扩大贷款规模，进而在促进物价回升和促进经济复苏方面发挥重要的作用。此外，收入政策也可在治理通货紧缩时发挥一定的作用，但需要掌握好政策实施的力度。

本章小结

1. 货币需求是指微观经济主体和宏观经济运行对执行交易媒介和资产职能的货币产生的

总需求。

2. 研究货币需求影响因素的理论包括马克思的货币需求理论、古典学派的货币需求理论、凯恩斯的货币需求理论、弗里德曼的货币需求理论等。

3. 货币供给是指一定时期内一国银行系统向经济中投入（或抽离）货币的行为过程。货币供给形成货币供给量。货币供给公式是：货币供给量＝基础货币 × 货币乘数。

4. 在实行中央银行制度的金融体制下，货币供给量是通过中央银行提供基础货币和商业银行创造存款货币而注入流通的。

5. 货币均衡实质是总供求均衡的一种反映。货币供求与总供给之间存在联动关系。市场经济条件下的货币均衡需要具备两个条件：健全的利率机制和发达的金融市场。

6. 通货膨胀和通货紧缩都是货币失衡的表现，会给经济造成危害。

7. 开放经济条件下国际收支状况会影响货币供求均衡。

🗂 思考题

1. 从宏观和微观视角分析货币需求有什么不同和联系。

2. 凯恩斯与弗里德曼的货币需求理论有什么不同？

3. 经济体制改革对我国的货币需求产生了怎样的影响？

4. 现代货币供给的基本模型是如何表达的？货币供给的过程有哪些特点？

5. 试分析近十年来中国人民银行收放基础货币渠道的变化与面临的问题。

6. 你是如何理解货币均衡和社会总供求均衡之间的关系的？它们是单方向影响的吗？

7. 作为人口大国，我国面临较大的就业压力。因此，有人提出，牺牲一定程度的物价稳定来缓解就业压力是值得的。你对这一观点有何评论？

第十三章　货币政策

🔲 问题导入

　　货币政策是当代各国政府干预和调节宏观经济运行最主要的政策之一，也是对市场经济影响最大、影响面最广的经济政策，因而成为各个经济主体和新闻媒体最关注的焦点。2020 年 3 月 15 日，美国联邦储备委员会宣布，将联邦基金利率目标区间下调 1 个百分点到 0 ～ 0.25%，并启动 7 000 亿美元量化宽松计划，以保护美国经济免受新冠肺炎疫情影响。美国货币政策的重大举措引起了全球金融市场的剧烈反应。为什么经济下滑需要通过货币政策来干预？中央银行是如何实行货币政策的？货币政策又是通过什么机制影响宏观经济的？本章将通过对货币政策的作用机理、目标、工具、传导机制，以及货币政策与财政政策关系的系统介绍，来理解货币政策在宏观经济中的作用。

🔲 学习目标

1. 掌握货币政策框架，熟悉货币政策调控的作用机理；
2. 了解货币政策的操作指标和中介指标；
3. 掌握货币政策工具的特点；
4. 了解货币政策传导机制的理论特点；
5. 了解货币政策的新发展。

第一节　货币政策的作用机理与目标

一、货币政策的框架与作用机理

（一）货币政策的含义

货币政策有广义与狭义之分。广义的货币政策是指政府、中央银行以及宏观经济部门所有与货币相关的各种规定及采取的一系列影响货币数量和货币收支的各项措施的总和。而狭义的货币政策所涵盖的范围则限定在中央银行为实现既定的目标运用各种工具调节货币供求以实现货币均衡，进而影响宏观经济运行的各种方针措施。本书以后者为讨论对象。

（二）货币政策的基本框架

货币政策主要包括四个方面的内容，即政策工具、操作指标、中介指标和最终政策工具。它们之间的关系主要表现为：中央银行运用货币政策工具，直接作用于操作指标；操作指标的变动引起中介指标的变化；通过中介指标的变化实现中央银行的最终政策目标。在这个过程中，中央银行需要及时进行监测和预警，以便观察政策工具的操作是否使操作指标和中介指标进入目标区，并根据情况变化随时调整政策工具的操作。另外，在理论分析和效果检验中，货币政策还包括传导机制、政策时滞和政策效果等内容。中央银行货币政策的基本框架大致如图 13-1 所示。

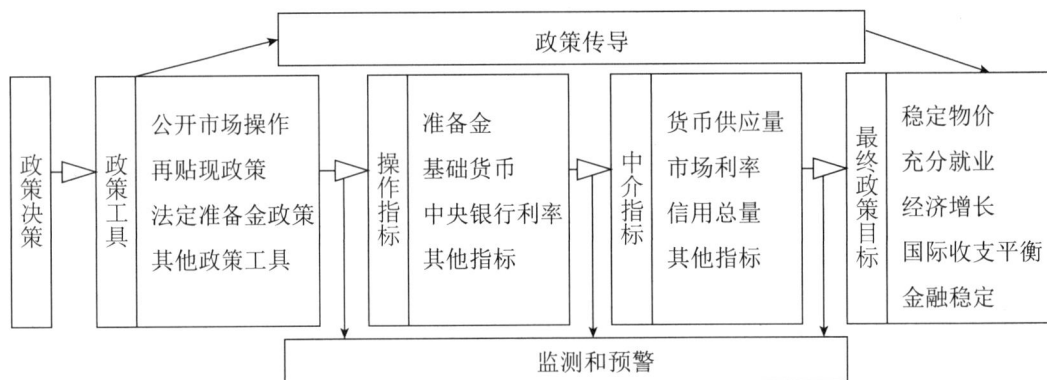

图 13-1　中央银行货币政策的基本框架

（三）货币政策调控的作用机理

货币政策调控的作用机理主要表现为：

（1）通过调控货币供求追求货币均衡，保持币值稳定。现代信用货币制度下的货币价值取决于货币供求在数量和结构上的均衡，货币供求的失衡会导致币值的变化。币值的变化对内将引起普遍的价格涨跌，出现通货膨胀或紧缩；对外则引起本币汇率的波动，导致国际收支的失衡。因此，保持币值稳定是保证市场经济中价格机制发挥作用的前提。货币政策对货币供求的决定和影响因素都可以产生作用。因此，中央银行可以通过货币政策工具的操作直接调控货币供给和需求，保持币值的稳定。

（2）通过调控货币供给追求社会总供求的内外均衡，促进充分就业和经济增长。在现代市场经济中，社会总需求的大小都是直接与货币供给量相联系的。没有货币供给量的增加，社会总需求的增长是不可能实现的。由于货币政策对货币供给的数量有决定性影响，故其可以调节社会总需求。货币政策对社会总供给也有调节作用。货币供给的增长和贷款利率的降低可减少投资成本，刺激投资增长和生产扩大；货币供给的减少和贷款利率的提高则使投资成本上升，结果会抑制投资和缩减生产。在实际经济运行的过程中，货币政策正是通过对社会总需求和社会总供给两方面的调节使经济保持内外均衡，并促进充分就业和经济增长。

（3）通过利率和汇率调节消费、储蓄与投资，影响就业、经济增长和国际收支。通过对利率和汇率的调节，货币政策能够产生重要的作用。因为在市场经济中，利率和汇率是最重要的金融杠杆，能够影响各个经济主体的决策和行为。低利率刺激投资和消费；高利率则抑制投资和消费；汇率的变化直接影响进出口贸易和国际资本流动。货币政策可以通过调节货币供求、中央银行利率和公开市场操作有效地影响市场利率和汇率，改变消费、储蓄与投资的数量结构，进而影响就业、经济增长和国际收支。

原理 13-1：

货币政策通过调节货币供求和利率、汇率等金融价格，作用于各经济变量，进而影响币值稳定、充分就业、国际收支、经济增长和金融稳定。

二、货币政策的目标

货币政策目标是指货币政策的制定和实施所期望达到的最终目的，是中央银行的最高行为准则。在历史发展进程中，货币政策的目标发生了各种变化，不同的历史时期，不同目标的主次关系数度发生变化。当代各国货币政策的目标大致可概括为五项：稳定币值（或稳定物价）、充分就业、经济增长、国际收支平衡和金融稳定。

1. 稳定币值

稳定币值指中央银行通过货币政策的实施，使币值保持稳定，从而保持一般物价水平和汇率的基本稳定。这里的物价是指物价的一般水平或总体水平，而不是某种或某类商品的价格。稳定物价往往成为各国货币政策追求的首要目标。在经济全球化迅速发展的今天，由于汇率的影响越来越大，稳定汇率已成为各国货币政策亟待关注的目标。

2. 充分就业

充分就业指将失业率降到社会可以接受的水平。充分就业并不意味着消除失业，因为在多数国家，即使社会提供工作机会与劳动力完全均衡，也可能存在摩擦性或结构性失业。另外，在市场经济发达的国家，失业队伍是产业的后备军，是劳工市场供给要素流动的必备条件。

3. 经济增长

保持经济增长是各国政府追求的最终目标，因此，作为宏观经济政策组成部分的货币政策，自然要将它作为自己的一项重要的调节目标。在一般情况下，货币政策可以通过增加货币供应量和降低利率保持较高的投资率，为经济运行创造良好的货币环境，从而达到促进经济增长的目的。

4. 国际收支平衡

国际收支平衡有利于一个国家国民经济的健康发展，保证对外经济活动的正常进行，特别是对于开放经济部门占总体经济比重较大的国家更是如此。中央银行通过货币政策措施的具体实施，如稳定币值，调节利率、汇率等，可以改善贸易收支和资本流动，解决或预防国际收支的失衡问题。因此，通常保持国际收支平衡也是货币政策的目标之一。

5. 金融稳定

在现代货币信用经济中，金融稳定是经济和社会稳定的重要条件，各国都努力保持金融稳定，避免出现货币危机、银行危机和金融危机。中央银行把保持金融稳定作为其政策目标，就是要通过适当的货币政策决策与操作，维持利率与汇率的相对稳定，防止银行倒闭，保持本国金融的稳健运行，并与各国中央银行和国际金融机构合作，共同维护国际金融的稳定。

三、货币政策各目标的关系

货币政策各目标之间的关系是比较复杂的，有的在一定程度上具有一致性，如充分就业与经济增长，二者呈正相关关系；有的则相对独立，如充分就业与国际收支平衡；但它们之间的关系更多地表现为冲突性。货币政策各目标的矛盾主要表现为：

（一）稳定物价与充分就业的矛盾

这是因为二者之间通常存在着一种此高彼低的交替关系。英国经济学家菲利普斯（A. W. Phillips）于1958年通过实证研究发现，在失业水平和工资变化率之间存在着一种稳定的负相关关系：高失业水平伴随着工资下降；低失业水平伴随着工资上涨。因此，政府可以采用较高的通货膨胀率来实现低失业率的目标或是进行相反操作。

货币政策要实现充分就业的目标，只能通过扩张信用和增加货币供给量来刺激投资和消费，促进就业，但伴随而来的将是一般物价水平的上涨，中央银行也只能以牺牲稳定物价的政策目标为代价。因此，物价稳定与充分就业之间是相互矛盾的，很难做到同时实现，中央银行只能根据当时的社会经济条件，寻求物价上涨率和失业率之间达到某一适当的组合点。

（二）稳定物价与经济增长的矛盾

物价稳定与经济增长之间的矛盾性较为突出，因为要刺激经济增长，中央银行就需要扩张信贷和货币供给，通货膨胀必然带来物价上涨，而为了防止通货膨胀和物价上涨，中央银行需要采取收缩货币的措施，但这会抑制经济增长，使中央银行经常陷入两难选择。

对这两个目标的矛盾性，理论界存在不同的看法。有人认为，物价稳定是经济增长的前提，经济增长则是物价稳定的物质基础，从这个角度看，二者存在统一性。还有人认为，适度的物价上涨能够刺激投资和产出的增加，从而促进经济增长；经济增长又取决于新生产要素的投入和劳动生产率的提高，当劳动生产率提高时，产出的增加会伴随着单位产品生产成本的降低，因此，内涵性的经济增长，可使价格趋于下降或稳定。

（三）稳定物价与国际收支平衡的矛盾

一般来说，只有各国都维持基本相同的物价水平，并且在贸易形态和商品结构不变的条件下，物价稳定才能与国际收支平衡同时存在。但事实上这是不可能的。若其他国家发生通货膨胀，本国物价稳定，则会造成本国出口增加，进口减少，国际收支发生顺差；若本国发生通货膨胀，其他国家的物价稳定，则表明本国货币对内贬值，在一定时期内购买外国商品便宜，会导致本国出口减少，进口增加，使国际收支恶化。

（四）经济增长与国际收支平衡的矛盾

经济增长与国际收支平衡之所以会出现矛盾，是因为伴随着经济增长，就业人数增加，收入水平提高，对进口商品的需求通常也会相应增加，从而使进口贸易增长得更快，其结果是出现贸易逆差。为了平衡国际收支，消除贸易逆差，中央银行需要减少货币供给，以抑制国内的有效需求，但是生产规模也会相应缩减，从而导致经济增长速度放慢。因此，经济增长与国际收支平衡二者之间也相互矛盾，难以兼得。

正因为货币政策各目标之间既有统一性，但更多地表现为矛盾性，所以货币政策几乎不可能同时实现这些目标，于是就出现了货币政策目标的选择问题。在理论上主要有主张以稳定币值为唯一目标的"单一目标论"；主张同时追求稳定币值和经济增长的"双重目标论"；主张总体上兼顾各个目标，而不同时期确定各目标的主次地位和先后顺序的"多重目标论"。各国由于经济发展水平和经济结构的差异，在货币政策目标的选择上各有差异。

四、我国货币政策目标的选择

在 1984 年至 1995 年 3 月《中华人民共和国中国人民银行法》颁布之前，我国事实上一直奉行的是双重货币政策目标，即发展经济和稳定货币。这种做法符合我国过去的计划经济体制，特别是在把银行信贷作为资源进行直接分配的情况下，货币总量控制与信贷投向分配都由计划安排，发展经济和稳定货币这两个目标比较容易协调。但随着改革开放的推进和计划性的递减，货币政策的双重目标越来越难以同时实现。

1995 年 3 月颁布实施的《中华人民共和国中国人民银行法》对"双重目标"进行了修正，确定货币政策目标是"保持货币币值的稳定，并以此促进经济增长"。2003 年修改的《中华人民共和国中国人民银行法》再次确认了这一目标。这个目标体现了两个要求：第一，不能把稳定币值与经济增长放在等同的位置上。中央银行应该以保持币值稳定来促进经济增长。第二，即使在短期内兼顾经济增长的要求，仍必须坚持稳定货币的基本立足点。

第二节　货币政策的操作指标与中介指标

一、货币政策操作指标和中介指标的作用与基本要求

由于货币政策的最终目标是中央银行难以直接实现的结果，因此，中央银行在货币政策的操作中必须选择某些与最终目标关系密切、可以直接影响并在短期内可度量的金融指标作为实现最终目标的中间性指标，通过对这些指标的控制和调节最终实现政策目标。中间性指标主要由操作指标和中介指标两个层次构成。

（一）货币政策操作指标

货币政策操作指标是中央银行通过货币政策工具操作能够有效、准确实现的政策变量。操作指标有两个特点：一是直接性，即可以通过政策工具的运用直接引起这些指标的变化；二是灵敏性，即对政策工具的运用反应极为灵敏。一般来说，操作指标是在中央银行体系之内的可控性指标。

（二）货币政策中介指标

货币政策中介指标处于最终目标和操作指标之间，是中央银行通过货币政策操作和传导后能够以一定的精确度达到的政策变量。由于中介指标不在中央银行体系之内，而是受整个金融体系影响，因此，中央银行对中介指标的可控性较弱，但中介指标与最终目标之间的关系十分密切。中央银行主要通过政策工具直接作用于操作指标，进而控制中介指标，最终达到期望的政策目标。

通常认为货币政策操作指标和中介指标的选取要兼备以下几个基本要求：第一，可测性，指中央银行能够迅速获得这些指标的准确的资料数据，并进行相应的分析判断。第二，可控性，指这些指标能在足够短的时间内接受货币政策的影响，并按政策设定的方向和力度发生变化。第三，相关性，指该指标与货币政策最终目标有极为密切的关系，控制住这些指标就能基本实现政策目标。第四，抗扰性，指该指标受非政策因素的干扰程度低，能够较好地传递和反映货币政策的作用。

二、可作为操作指标的金融变量

中央银行货币政策可选择的操作指标主要是准备金和基础货币，有的国家还将中央银行利率作为操作指标。

（一）准备金

准备金是中央银行货币政策工具影响中介指标的主要传递指标，也是中央银行可直接操作的指标。准备金主要有三种计量口径：准备金总额、法定准备金、超额准备金。法定准备金与超额准备金之和即准备金总额。法定准备金的多少取决于中央银行决定的法定准备金率，具有很强的可测性、可控性、相关性和抗扰性。中央银行可直接操作的经常性指标是超额准备金。

（二）基础货币

基础货币可测性好。在中央银行提供基础货币的过程中，多种货币政策工具，如法定准备金率、公开市场业务、再贴现和再贷款、发行中央银行票据等都可以作用于基础货币，可控性和抗扰性较强，但离货币政策最终目标较远。只有在经济机制充分发挥作用和货币乘数稳定的情况下，调控基础货币才能实现对货币总供求的调节，相关性较弱。

（三）其他指标

在可选择的操作指标中，除了准备金和基础货币之外，还有中央银行自行决定的利率，如再贴现率、再贷款利率、准备金存款利率、中央银行票据利率等。中央银行自行决定的利率的可控性、可测性、抗扰性都很强，但与货币政策最终目标的相关性较弱。有的中央银行也以货币市场的利率作为操作指标。货币市场的交易相对集中，信息比较透明，可测性较好。这些指标与最终目标的相关性也较强。但是，要选用这些指标作为中央银行的操作指标，最重要的条件是有一个发达的货币市场。

三、可作为中介指标的金融变量

在市场经济比较发达的国家，可作为中介指标的一般有利率、货币供应量，有的国家也把信贷量和汇率包括在内。

（一）利率

选取利率作为中介指标，其优点是可测性和相关性都较强，能有效地作用于货币和金融变量，调节市场总供求。不足之处在于作为中介指标的必须是市场利率，其本身是由经济体系内部因素决定的内生变量，抗干扰性较差。因此，利率作为内生变量和政策变量在实践中很难区分，中央银行较难判断货币政策操作是否已经达到了预期的目标。

（二）货币供应量

选取货币供应量作为中介指标，其优点在于该项指标与经济发展状况联系密切，社会总供给与总需求失衡会通过货币供应量的过多或过少反映出来，并且这一指标与货币政策最终目标比较接近，相关性较强，中央银行比较容易判断其政策效果。在金融发展稳定的阶段，货币供应量的可测性、可控性和抗干扰性都较强。但值得注意的是，近年来随着金融创新的活跃，货币供应量本身包含的范围或统计口径越来越难以清晰界定，可测性在减弱；由于货币供给内生性的增强，中央银行控制货币供应量的难度也在加大；同时，各经济主体的行为对货币乘数的影响很不稳定，这降低了该指标的抗干扰性。

（三）其他指标

除了利率和货币供应量之外，还有一些指标可充当中介指标，主要有信贷量和汇率。信贷量通常又称贷款规模，它具有较好的相关性、可测性和可控性。但贷款规模是利用行政手段而非经济手段发挥作用，不利于市场机制作用的发挥；同时，当一国金融市场和直接融资较发达时，贷款规模控制与最终目标之间的相关性就减弱了。汇率也可以充当中介指标，特别是在一些对外经济依赖性大的规模较小的国家和实行本币与某国货币挂钩的国家或地区。但由于汇率的决定和影响因素比较复杂，可控性和抗干扰性较弱，同时因汇率的传导机制有较大的不确定性，其与最终目标之间的相关性也较弱。

四、我国货币政策的操作指标与中介指标

20 世纪 80 年代，我国货币政策以贷款规模与现金发行作为货币政策的中介指标。把贷款规模作为中介指标的理论依据是建立在计划体制及其货币供给机制之上的，因为货币都是通过贷款渠道供应的，贷款 = 存款 + 现金，只要控制住贷款，就能控制住货币供应。但随着改革开放的深入和市场化金融运行体制的确立，货币政策实施的基础和环境都发生了根本性变化，贷款规模作为货币政策中介指标逐渐失去了两个赖以生存的条件：一是资金配置由计划转向市场；二是国有银行的存款在全社会融资总量中的比重趋于下降。因此，指令性的贷款规模不宜再作为中介指标，中国人民银行于 1998 年取消了指令性的贷款规模管理。

中国人民银行于 1994 年提出货币政策中介指标主要有四个：货币供应量、信用总量、同业拆借利率和银行超额储备金率。目前，在实际工作中，货币政策的操作指标主要是基础货币、银行的超额储备金率和货币市场基准利率——上海银行间同业拆放利率、银行间债券市场的回购利率；中介指标主要是货币供应量和以商业银行贷款总量、货币市场交易量、社会融资规模为代表的信用总量。

第三节　货币政策工具

一、货币政策工具的含义

货币政策工具是指中央银行为调控中介指标进而实现货币政策目标所采用的政策手段。

货币政策中介指标和最终目标都是通过中央银行对货币政策工具的运用来实现的。货币政策工具一般分为一般性货币政策工具、选择性货币政策工具和其他货币政策工具三大类。

二、一般性货币政策工具

一般性政策工具是指西方国家中央银行多年来采用的三大政策工具，即法定存款准备金政策、再贴现政策和公开市场业务。

（一）法定存款准备金政策

20 世纪 30 年代经济危机后，各国普遍实行了法定存款准备金制度，法定存款准备金率便成为中央银行货币政策的主要工具之一。各国中央银行根据存款的类型或规模确定不同的缴存比率，并根据货币政策的需要进行调整。一般来说，存款期限越短，货币性就越强，所以活期存款的法定准备金率高于定期存款的法定准备金率；也有些国家只对活期存款规定准备金率要求；还有的国家对超过规定数量的存款要求缴存比率更高。大多数国家对法定准备金存款不付息。

法定存款准备金政策通常被认为是货币政策最有力的工具之一。因为法定存款准备金率是通过决定或改变货币乘数来影响货币供给的，即使准备金率调整的幅度很小，也会引起货币供应量的巨大波动。尽管商业银行等存款机构由于种种原因持有超额准备金，法定存款准备金的调整会增减相应的超额准备金，对商业银行创造派生存款的能力有很强的作用力。因此，这个工具的优点主要在于作用力大、主动性强、见效快。

但法定存款准备金政策也存在明显的局限性：第一，由于准备金率调整的效果较强烈，其调整对整个经济和社会心理预期都会产生显著的影响，不宜作为中央银行调控货币供给的日常性工具，这致使它有了固定化的倾向。第二，为了体现中央银行的中立性和公平性，各国的法定准备金率对各类存款机构都一样，但调整时对各类存款机构的冲击不同，因而不易把握货币政策的操作力度与效果。第三，调整法定准备金率对商业银行的经营管理干扰较大，增加了银行流动性风险和管理的难度。正因为如此，20 世纪 90 年代以后许多国家逐步降低了法定存款准备金率的要求，如欧元区降至 2%；有的国家（如加拿大、澳大利亚、新西兰）则已降至零。

中国人民银行自 1984 年专门行使中央银行职能后，就开始实行存款准备金制度，在我国货币政策的实施中发挥了积极的作用，在实际运用中有几个特点：

第一，调整频繁。改革开放以来，我国存款准备金率不断调整，尤其是 2007 年以来，存款准备金率已经成为我国中央银行货币政策操作中运用频繁的政策工具之一。2007—2019年我国法定存款准备金率变化如图 13-2 所示。

第二，有同有异。我国准备金率不区分存款种类，实行统一的法定准备金率；但是，对不同机构应差别对待，2008 年开始对大型金融机构和中小型金融机构实行差别的准备金政策。

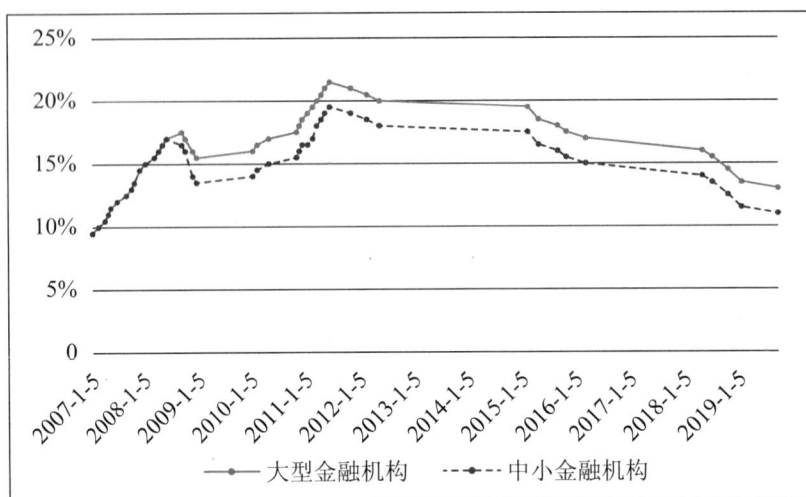

图 13-2 2007—2019 年我国法定存款准备金率变化

资料来源：历年《中国金融年鉴》。

第三，对准备金存款付息。我国从 1984 年起就一直对法定准备金和超额准备金存款支付利息，对准备金存款付息已成为中央银行利率体系中的一个工具。

（二）再贴现政策

再贴现政策是中央银行通过向商业银行等金融机构提供融资的方式，来进行货币政策的操作。内容包括：一是再贴现率的确定与调整；二是申请再贴现资格的规定与调整。再贴现率的调整主要着眼于短期的供求均衡，中央银行可根据市场资金供求状况调整再贴现率，一方面能够影响商业银行借入资金的成本，进而影响商业银行向社会提供的信用量；另一方面反映中央银行的政策意向，在金融市场上产生一种告示效应，对市场利率有重要的导向作用。中央银行对再贴现资格条件的规定与调整，能够改变或引导资金流向，可以发挥抑制或扶持作用。再贴现政策还是中央银行扮演最后贷款人角色的途径，在保持金融稳定方面发挥着重要的作用。

但是，再贴现政策也存在一定的局限性：第一，主动权并非只在中央银行。是否申请再贴现，取决于商业银行的行为。第二，再贴现率的调节作用是有限度的。再贴现率的调整未必会对市场活动产生明显的影响。第三，由于它是中央银行利率，随时调整会引起市场利率的大幅波动，加大利率风险，干扰市场机制。第四，中央银行通过再贴现充当最后贷款人，有可能加大金融机构的道德风险。

中国人民银行的再贴现业务自 1986 年正式开展以来，在一个较长时期内，再贴现的总量很小，加上再贴现利率与其他贷款利率一样由国家统一规定，其政策效果小到可以忽略不计。但在 1994 年以后，中国人民银行加大了开展再贴现业务的力度，全国再贴现业务发展较快，特别是在世纪之交再贴现政策的效果比较明显。

2013 年，中国人民银行推出了一种新型的货币政策工具——借贷便利。该工具是结合了再贴现和再贷款政策工具的一种创新。借贷便利与传统再贴现相同的是，都需要金融机构主动向中央银行提出再融资需求申请；不同的是，借贷便利以合格的高信用评级的债券和优质信贷资产等抵押方式发放贷款。

（三）公开市场业务

公开市场业务是指中央银行在金融市场上公开买卖有价证券，以此来调节金融机构的准备金和基础货币，进而影响市场利率和货币量的政策行为。当中央银行放松银根时，就在金融市场上买进有价证券，将基础货币投放出去；反之，则相反。

同前两种货币政策工具相比，公开市场业务有明显的优越性：第一，主动性强。中央银行的公开市场业务可以不计证券交易的价格，从容实现操作目的。第二，灵活性强。中央银行可根据金融市场的变化，进行经常性、连续性的操作，并且买卖数量可多可少。第三，调控效果和缓，震动性小。由于这项业务以交易行为出现，不是强制性的，加之中央银行可以灵活操作，所以其对经济社会和金融机构的影响比较平缓。第四，告示效应强，影响范围广。中央银行在金融市场上公开买卖证券，其操作的方向和力度代表了货币政策的取向，给商业银行和公众以明确的信号，可以影响他们的预期和经济行为。

公开市场业务虽然能够有效地发挥作用，但必须具备以下三个条件才能顺利实施：第一，中央银行必须具有足以干预和控制整个金融市场的资金实力。第二，要有发达和完善的金融市场，中央银行可买卖的证券种类必须达到一定规模，经济主体的理性化程度较高，有完善的政策传导机制。第三，必须有其他政策工具的配合。

我国在 1994 年以前尚不具备上述基础与条件。1994 年我国正式开始在上海银行间外汇市场通过买卖外汇进行公开市场操作，1995 年通过中央银行融资券的买卖在本币市场开始尝试公开市场业务，1996 年以国债为对象进行公开市场业务操作。随着改革的深入和市场化程度的提高，公开市场业务的基础和条件日益成熟，1999 年后公开市场业务已成为中国人民银行货币政策日常操作最重要的工具，通过日常的外汇买卖、发行中央银行票据、回购业务等政策操作，在调控货币供应量和商业银行流动性水平、引导货币市场利率走势等方面发挥了积极的作用。

三、选择性货币政策工具

除上述三大工具之外，中央银行有一些可选择性使用的货币工具，故被称为选择性货币政策工具，以便与传统的一般性货币政策工具相区别。选择性货币政策工具主要有以下几类：

（一）消费信用控制

消费信用控制是指中央银行对不动产以外的各种耐用消费品的销售融资予以控制。在消费信用膨胀和通货膨胀时期，中央银行采取消费信用控制，能起到抑制消费需求和物价上涨的作用。

（二）证券市场信用控制

证券市场信用控制是指中央银行对有关证券交易的各种贷款和信用交易的保证金比率进行限制，并随时根据证券市场的状况加以调整，目的在于控制金融市场的交易总量，抑制过度投机。

（三）不动产信用控制

不动产信用控制是指中央银行对金融机构在房地产方面放款的限制性措施，包括对房地产贷款规定最高限额、最长期限及首次付款和分期还款的最低金额等，以抑制房地产投机和泡沫。

（四）优惠利率

优惠利率是指中央银行对国家重点发展的经济部门或产业，如出口工业、农业等所采取的鼓励性措施。优惠利率不只是大多数发展中国家采用，发达国家也普遍采用。

（五）预缴进口保证金

预缴进口保证金是指中央银行要求进口商预缴相当于进口商品总值一定比例的存款，以抑制进口过快增长的措施。预缴进口保证金多为国际收支经常项目出现逆差的国家所采用。

四、其他货币政策工具

其他货币政策工具主要有直接信用控制和间接信用指导两大类。

（一）直接信用控制

直接信用控制是以行政命令或其他方式，直接对金融机构尤其是商业银行的信用活动进行控制，这类手段的运用需要金融监管来进行配合。直接信用控制的手段一般都是根据不同情况有选择地使用，主要手段有以下几种：①规定利率限额；②采用信用配额；③规定金融机构流动性比率；④直接干预。不同的国家，在不同历史时期都采用过一种或几种直接信用控制手段来管理货币运行。例如，利率限制一直以来是我国货币政策的主要手段之一，随着利率市场化的推进，对利率的限制才逐渐减少。

（二）间接信用指导

间接信用指导是指中央银行通过道义劝告、窗口指导等办法来间接影响商业银行等金融机构行为的做法。道义劝告一般包括情况通报、书面文件、指示及与负责人面谈意向等。窗口指导是中央银行在其与商业银行的往来中,对商业银行的季度贷款额度附加规定,否则中央银行便削减甚至停止向商业银行提供再贷款。虽然道义劝告与窗口指导均无法律效力,但中央银行的政策目的与商业银行的经营发展总体上是一致的,且商业银行对中央银行有依赖性,因此,在实际中这种做法的作用还是很大的。

第四节 货币政策传导机制

一、货币政策传导机制的理论分析

货币政策传导机制是指中央银行运用货币政策工具作用于操作指标,进而影响中介指标,最终实现既定政策目标的传导途径与作用机理(如图 13 - 1 所示)。由于不同政策工具对操作指标的影响不一,操作指标与中介指标、最终目标之间的关系非常复杂,传导过程本身又无法直接观察到,学者对传导过程只能进行理论分析,不同的分析形成了不同的传导机制理论,大致有三类:

(一)金融价格传导论

这类观点认为,货币政策的传导主要通过金融资产的价格来进行。例如,凯恩斯学派认为货币供给的增减首先影响货币的价格——利率,利率变化以后通过影响资本边际效率作用于投资,进而影响就业和总供求,其中,利率是最关键的传导环节;美国经济学家 F. 莫迪利亚尼(Franco Modigliani)认为资本市场价格变动引起的财富效应是最重要的传导环节;美国经济学家 J. 托宾(James Tobin)则把股票价格纳入传导模型,提出著名的 Q 理论,他把 Q 定义为公司市值与公司资本重置成本之比,当货币政策导致货币供应量变化,引起利率变化后,股票价格就会发生反向变化,Q 值就会改变,从而引起投资和产出的改变;还有人认为货币政策通过影响汇率,影响进出口和资本流动,进而影响国内的投资和产出。

(二)货币传导论

这类观点认为,货币政策主要通过货币量的变化进行传导。如货币学派认为,货币供应量增加以后,由于货币需求并没有同时发生变化,公众就会将大于期望保有量的货币用于支出,不同的支出引起相应资产收益率的变化,最终引起总供求的变化,其中,货币支出是关键的传导渠道。

(三)信贷传导论

这类观点认为,货币政策主要是通过银行信贷渠道进行传导的。货币政策操作以后,银行会根据利率、流动性和借款人的信用状况做出灵敏的反应，进而改变贷款的供给，企业、个人就将因此减少资金来源或增加贷款成本，从而影响他们的生产、消费和储蓄、投资等活动，最终影响总产出。

二、货币政策传导机制的主要环节

一般来说，在市场经济发达的国家，货币政策传导机制一般有三个主要环节：

首先，从中央银行到商业银行等金融机构和金融市场。中央银行的货币政策工具操作，首先影响的是商业银行等金融机构的准备金、融资成本、信用能力和行为以及金融市场上货币供给、需求及其价格。

其次，从商业银行等金融机构和金融市场到企业、居民等非金融部门的各类经济行为主体。商业银行等金融机构根据中央银行的政策操作调整自己的行为，从而对企业生产、投资和居民的消费、储蓄、投资等经济活动产生影响；所有金融市场的参与者都会根据市场行情的变化调整资产组合和经济行为。

最后，从非金融部门经济行为主体到社会各经济变量，包括总支出量、总产出量、物价、就业等。

在货币政策的传导过程中，金融市场发挥着极其重要的作用。一方面，中央银行主要通过金融市场实施货币政策操作。商业银行等金融机构通过市场感应中央银行货币政策的调控意图，它们的经济行为及其交易影响利率、汇率和证券价格等各种金融变量。另一方面，企业、居民等非金融部门经济行为主体通过市场利率的变化，接受金融机构对资金供应的调节，进而调整投资与消费行为。

原理 13-2：

货币政策需要在正确的决策下，通过准确的工具操作和顺畅的传导机制影响中介指标，进而实现最终政策目标。

三、我国货币政策的传导机制

目前，我国货币政策的传导机制也包含三个环节：中央银行至金融机构；金融机构至企业、居民；企业、居民至国民经济各变量。目前，我国主要以间接融资为主导，这种金融结构使我国货币政策的传导过程显得相对直接和简单。中央银行货币政策措施直接作用于各金融机构；各金融机构则在既定的政策和经营规则约束下，向社会提供货币；客户按照一定的利率标准衡量资金使用成本，在货币供应许可的情况下，获得资金进行生产与经营，进而影响国民经济各变量。

值得关注的是，随着我国金融市场的发展和加入世界贸易组织以后对外开放的扩大，经济主体对金融资产的选择、金融机构成分的变化和市场化运作程度的提高，使我国货币政策的传导机制变得复杂起来。

四、货币政策时滞

货币政策时滞是指从货币政策制定到最终影响各经济变量、实现政策目标所经过的时间，也就是货币政策传导过程所需要的时间。货币政策时滞可分为内部时滞和外部时滞。

内部时滞可以分为两个阶段：第一，根据客观需要，中央银行采取行动到中央银行认识到这种必要性所经过的时间，称为认识时滞。第二，从中央银行认识到这种必要性到实际采取行动所经过的时间，称为行动时滞。内部时滞的长短取决于货币当局对经济形势发展变化的预见能力、反应灵敏度、制定政策的效率和行动的决心与速度等。

外部时滞是指从中央银行采取行动到对政策目标产生影响所经过的时间，也就是货币对经济起作用的时间。外部时滞的长短主要由客观的经济和金融条件决定。内部时滞可以通过中央银行的提高效率而缩短；对于外部时滞，中央银行则很难加以控制。西方学者的研究表明，在市场经济国家，货币政策的外部时滞一般在半年到一年半。在我国，由于金融体制和传导机制有着不同的特点，货币政策的外部时滞较短，通常为 2～3 个月。

货币政策时滞是影响货币政策效应的重要因素。中央银行必须准确认识时滞的特点，才能使货币政策发挥应有的效应，否则，货币政策可能成为引起宏观经济波动的根源之一。因此，货币政策制定和执行中应该强调政策的前瞻性。

第五节　货币政策的最新进展

随着货币政策在宏观经济管理中的作用和地位不断突出，各国对货币政策的操作越来越精细化。同时，货币政策理论也得到了不断发展。过去，在凯恩斯主义的主张下，各国中央银行采取相机抉择的货币政策来稳定经济，而现在逐步开始强调货币政策规则的重要性。在此基础上又发展出"通货膨胀目标制"的货币政策操作框架，在 20 世纪 90 年代以来，通货膨胀目标制在发达国家迅速流行。而 2007 年金融危机爆发以后，经济面临下滑，以美国为首的发达国家采取了"量化宽松"的货币政策，危机之后的一段时期这类政策风靡全球。

一、规则与相机抉择

（一）相机抉择的货币政策

相机抉择的货币政策是指中央银行根据当前的宏观经济环境制定与执行特定的货币政

策，实现货币政策的相应目标。所谓特定的货币政策意味着货币政策只根据当时环境需要而制定，不考虑货币政策过去的历史，以及该政策对未来经济的影响。实施这样的货币政策，中央银行具有很大的灵活性，可以根据当前经济环境的需要采取被认为合适的政策措施。这种政策是凯恩斯学派的政策主张。凯恩斯主义者认为，货币政策按规则行事束缚了中央银行的手脚，认为依经济环境而进行相机抉择的货币政策能够有效地起到削峰填谷的作用，实现经济稳定。

然而，凯恩斯主义的批评者指出，相机抉择具有很大的主观性，由于货币政策存在时滞且不稳定，因此往往导致政策过度，无法实现政策目标。有的观点甚至认为，20 世纪 70 年代西方国家出现的"滞胀"现象就是由相机抉择的货币政策造成的。

相机抉择的货币政策会产生一种称为"时间不一致"的问题。时间不一致是指事前中央银行承诺的最优货币措施，到了实施时发现其不再是最优的，从而需要改变政策措施来实现政策目标。产生时间不一致的原因是货币政策对预期的影响。因为，中央银行对货币政策的事先承诺会影响人们的预期形成，但是一旦预期形成之后，中央银行会发现，在这种环境下采取更加激进的货币政策会达到更好的效果。然而，人们也会对货币政策的时间不一致做出反应，最终使得货币政策也无法达到最理想的结果。

学者们发现，由于时间不一致性导致相机抉择的货币政策并不一定是有效的政策。货币主义学派、理性预期学派等经济学流派在批评这种货币政策的基础上，开始强调货币政策规则的重要性，提出基于规则的货币政策操作框架。

（二）基于规则的货币政策

所谓基于规则的货币政策，是指中央银行事先承诺一种货币政策操作方式，在以后的政策执行中，按照这一规则行事。货币主义学派曾提出过"单一规则"的货币政策。该学派认为，货币供应量应该遵循一个固定增长率，以实现长期的物价稳定，避免货币政策失误对经济产生不良影响。

最著名的货币政策规则是泰勒规则。它是美国经济学家泰勒在 1993 年提出，并被广泛应用的货币规则。泰勒规则的表述是：

$$r = \phi\pi + \psi y$$

其中，r 是名义利率，π 是通货膨胀率，y 是产出缺口（产出缺口是实际产出相对于潜在产出的变化），参数 ϕ、ψ 是给定的常数。泰勒根据美国 20 世纪 80 年代的货币实践给出：$\phi=1.5$，$\psi = 0.5$。

泰勒规则的含义是：当发生通货膨胀加剧或者产量上升时，中央银行应该提高利率；反之，通货膨胀下降或产量下降时，中央银行应该降低利率。而且，泰勒规则还限定了利率对通货膨胀率和产出变化做出反应的大小。

除了泰勒规则外，著名的货币规则还有麦卡隆规则。该货币规则以货币增速作为货币政策工具，限定货币增速对经济增速变化的反应系数。另外，在泰勒规则和麦卡隆规则的基础上，现代学者还提出了各种扩展了的规则。在 2007 年金融危机爆发之前，货币政策规则成为发达国家流行的货币政策操作方法。

二、通货膨胀目标制

（一）通货膨胀目标制的含义

传统理论认为，货币政策目标包括稳定物价、充分就业、经济增长、国际收支平衡和金融稳定等。但是，这种多目标制的货币政策规则受到越来越多的理论和实践的挑战。20 世纪 90 年代以来，部分发达国家的中央银行逐渐将货币政策目标集中在稳定物价上，形成了"通货膨胀目标制"。一些学者还将 20 世纪 90 年代到 2007 年近二十年西方国家出现的长期经济稳定的现象（被称为"大温和"）归因于这类货币政策。

通货膨胀目标制是指货币当局明确以稳定中长期的通货膨胀率为首要目标，并将未来一段时间要达到的目标通货膨胀率向外界公布。通货膨胀目标制不再强调货币政策工具与最终目标之间的中间目标，货币政策的操作主要依据的是未来通货膨胀预期与目标值的偏离程度。

（二）实行通货膨胀目标制的条件

实行通货膨胀目标制通常需要满足一定的条件：第一，要确定合理的通货膨胀目标区间。合理的通货膨胀目标是保证政策有效性的前提。然而，不同国家由于经济客观条件不同，合理的目标通货膨胀率是有差异的，这就对中央银行提出了第一个挑战。第二，中央银行要有精确预测通货膨胀率的能力。通货膨胀目标制下的政策操作是根据既有预测的通货膨胀率与目标通货膨胀率之差来操作的，因此，只有准确预测未来通货膨胀率，才能确定合适的货币政策操作力度。第三，中央银行要有高度的独立性。中央银行的独立性是保障通货膨胀目标制得以实施的必要制度保障。如果中央银行独立性差，其政策就可能受到干预，从而无法有效实现其通货膨胀目标。

（三）通货膨胀目标制的优点

相对于传统货币政策，通货膨胀目标制具有一些优越性。一方面，它有助于克服传统货币政策规则那种单纯盯住某种经济和金融变量的弊端，实现了规则性与灵活性的高度统一。在通货膨胀目标制下，中央银行无须承诺特定的货币政策规则，而只需承诺目标通货膨胀率，这就大大解放了中央银行的手脚。同时，目标通货膨胀的承诺能够有效管理预期，有利于实现货币政策目标。另一方面，通货膨胀目标制提高了货币政策的透明度。实施通货膨胀目标制的中央银行不仅公布目标通货膨胀率，还会定期向公众解释当前经济的状况和政策措施，从而形成有效的沟通机制和监督机制。以上两方面的原因，通常使人们认为通货膨胀目标制更有利于实现经济的稳定。

三、量化宽松的货币政策

（一）量化宽松的货币政策的含义

随着 2007 年金融危机爆发并蔓延至世界各国，各国的货币政策发生了极大的变化。美联储首先实行了非常规货币政策对美国金融市场进行了救助，以缓解金融危机对经济的影响。随后，非常规货币政策在西方国家盛行。所谓非常规货币政策主要是与常规货币政策主要以调节利率进行政策操作加以区别。非常规货币政策没有准确的定义，在实际运行中，主要以"量化宽松"为主要特点。

量化宽松的货币政策是指在利率降到零附近导致中央银行没有办法继续采用利率作为货币工具时，采取以货币数量扩张为主要特征的货币政策，以实现经济和金融市场稳定等政策目标。

（二）量化宽松的货币政策的特点

在实践中，量化宽松的货币政策主要有两大特点：第一，中央银行资产负债表的总量扩张。在量化宽松的货币政策下，中央银行以前所未有的速度和规模扩大其资产负债表，积极地为市场注入大量流动性。第二，货币政策工具的创新。量化宽松的货币政策下，公开市场操作从买卖政府债券扩展到购买大量的私人债券，如资产抵押支持证券等。另外，在美国的量化宽松的货币政策中，还有大量的新型货币政策创新，如扭曲性操作。扭曲性操作是指在国债市场上买入短期债券的同时，出售同样规模的长期债券。这种政策操作试图将收益率曲线拉平，降低长期投资的成本，以刺激经济的复苏。

量化宽松的货币政策属于非常规的货币政策，它意味着这种政策是临时应对性的，是为了应对突发性的危机事件而采取的应急措施。因此，当危机过去，量化宽松的货币政策也应该适时退出，使货币政策回归到常规货币政策操作框架中来。

（三）量化宽松的货币政策的效果和不足

总体来说，量化宽松的货币政策在国际金融危机期间产生了非常积极的作用，主要包括以下几个方面。第一，量化宽松的货币政策有效地稳定了金融市场。例如，2007 年爆发的金融危机的程度不亚于 1929—1933 年的大萧条，但是由于中央银行的积极干预，没有发生特别大规模的银行破产风潮。中央银行的流动性注入较快地稳定了金融市场，没有出现持续的资产价格暴跌、金融机构倒闭、货币收缩等恶性循环。第二，量化宽松的货币政策缓解了金融危机对实体经济的影响。通常大的金融危机都会带来大的经济危机，但实施量化宽松的货币政策后，金融危机对经济影响的深度、广度和持续性都会减弱。例如，2020 年 3 月，美国受到疫情和国内外经济下行、金融市场动荡的冲击，美联储 1 个月内推出了一系列非常规货币政策，继实行 3 月 15 日宣布实施"零利率"后，3 月 23 日美联储又宣布实施不限量、开放式量化宽松政策，对美国经济和金融市场的止跌反弹产生了比较积极的影响。

但是，量化宽松的货币政策也存在一些不足之处，可能给经济运行带来不良影响。具体表现在：第一，量化宽松的货币政策本质上也是中央银行最后贷款人功能的体现。最后贷款人作用的发挥通常会存在"道德风险"问题。如果量化宽松的货币政策采取过于频繁，反而会加剧整个金融市场的系统性风险。第二，量化宽松的货币政策面临如何退出的挑战。当经济逐渐恢复常态之后，如何消化如此大规模的流动性成为货币政策的巨大挑战。如果选择的退出时机和退出速度不合时宜，政策退出可能带来很大的经济风险。

四、数量型与价格型的货币政策框架

目前，各国货币政策的框架主要有两种不同的类型：数量型货币政策框架和价格型货币政策框架。在锁定货币政策目标之后，前者侧重于控制货币供应等数量指标，后者主要关注利率、汇率等价格指标。与之相应，货币政策工具和传导机制亦有差异。各国中央银行主要根据本国实际来选择货币政策框架的类型。

（一）数量型货币政策框架

数量型货币政策框架通常以货币供应量为中介指标，货币政策工具主要包括法定存款准备金政策、公开市场业务、再贴现（再贷款）政策和信贷政策四种。在传导机制中，存款性公司是最重要的调控对象，中央银行发挥主导调控作用，通过调整货币供应量的大小来调控宏观经济。

（二）价格型货币政策框架

价格型货币政策框架通常以利率为中介指标，货币政策工具主要包括利率政策、汇率政策、公开市场操作等几种。在传导机制中，主要通过利率、汇率和资产价格变化，影响微观主体的财务成本和收入预期，促使微观主体根据宏观调控信号调控自己的行为，进而实现政策目标。

从理论上分析，数量型目标（如货币供应量）和价格型目标（如利率）是难以相容的，中央银行只能二择其一。选择哪种类型不仅受制于不同的制度安排，也要依据金融的发展状况。一般来说，数量型工具（如存款准备金率）可操作性强，但作用较猛，容易出现"急刹车"等消极影响；而利率、汇率等价格型工具便于微调，对微观经济主体有较好的宣示效果和可观测性，有利于实现货币政策调控的精准性和有效性，但是需要有良好的市场化环境和相对理性的经济主体。国际经验表明，由于科技发展和银行规避监管，多国中央银行逐渐放

弃了以存款准备金制度为核心的数量型货币政策，转而采用了以利率调控为主的价格型货币政策。

（三）我国货币政策框架由数量型向价格型的转变

改革开放以来，我国主要采用的是数量型为主的货币政策框架。近年来，国内外经济金融形势发生了很大变化，金融市场尤其是货币市场日益发展成熟，经济主体的金融意识不断增强，金融价格的形成市场化程度越来越高，强化价格型调控的必要性和迫切性在上升。一方面，数量型货币政策逐渐失效，随着金融脱媒和影子银行的不断发展，大量资金由表内转向表外，导致中央银行很难控制实际的货币派生状况，货币供给的内生性日益增强；由于货币流通速度难以界定，货币需求也变得不稳定，数量型调控容易出现货币供给与需求的不匹配问题，货币数量的相关指标也在逐渐失效。另一方面，2015 年 10 月，中国人民银行放开存款利率上限，标志着我国的利率管制已经基本取消，利率的价格杠杆功能逐渐显现，金融机构自主定价能力逐渐增强；2019 年，中国人民银行发布公告，宣布改革贷款市场报价利率（LPR）定价机制；同时，中央银行也通过创设多种新型政策工具用以管理中短期利率水平，建立公开市场每日操作常态化机制，引导市场预期，这些都为货币政策调控方式由数量型为主向价格型为主转变创造了条件。

由于数量型货币政策难以解决结构问题，我国中央银行货币政策转向价格型的另一个重要原因来自货币政策目标的转变，即由稳增长和防通货膨胀等总量问题，逐渐转向去杠杆和防风险等结构问题。因此，从数量型向价格型货币政策的转变，结合新架构的宏观审慎政策框架，形成双支柱的宏观调控体系有利于防范系统风险和降低杠杆率，是针对我国现状做出的切实调整。为此，需要继续改善金融生态环境，发展和规范金融市场活动，建立利率走廊机制以稳定短期利率，完善国债收益率曲线，进一步疏通利率传导机制，进一步促进金融宏观调控向市场化方向转变。

⤵ **本章小结**

1. 现代通常意义上的货币政策是指中央银行为实现既定的目标运用各种工具调节货币供求以实现货币均衡，进而影响宏观经济运行的各种方针措施。

2. 货币政策目标是指通过货币政策的制定和实施所期望达到的最终目的，一般可概括为五项：稳定币值（或稳定物价）、充分就业、经济增长、国际收支平衡和金融稳定。我国现行的货币政策目标是：保持货币币值的稳定，并以此促进经济增长。

3. 货币政策的中间性指标分为操作指标和中介指标。操作指标是中央银行通过货币政策工具操作能够有效、准确实现的政策变量。中介指标处于最终目标和操作指标之间，是中央银行通过货币政策操作和传导后能够以一定的精确度达到的政策变量。目前，我国货币政策的操作指标主要有准备金和基础货币；中介指标主要有利率和货币供应量。

4. 货币政策工具是指中央银行为调控中介指标进而实现货币政策目标所采用的政策手段。

5. 货币政策传导机制是指中央银行运用货币政策工具作用于操作指标，进而影响中介指标，最终实现既定政策目标的传导途径与作用机理。

6. 货币政策时滞是指从货币政策制定到最终影响各经济变量、实现政策目标所经过的时间，货币政策时滞可分为内部时滞和外部时滞。

7. 相机抉择的货币政策是指只针对当前的经济环境制定相应的政策进行干预，而不关心该政策对未来可能的影响。基于规则的货币政策规则是指货币当局承诺货币政策操作按照事前承诺的方式进行操作。著名的规则是泰勒规则。

8. 通货膨胀目标制是指货币当局明确以稳定中长期的通货膨胀率为首要目标，并将未来一段时间要达到的目标通货膨胀率向外界公布。实施的条件包括确定合理的通货膨胀目标区间，中央银行要有精确预测通货膨胀率的能力，中央银行要有高度的独立性。

9. 量化宽松的货币政策是指在利率降到零附近导致中央银行没有办法继续采用利率作为货币工具时，采取以货币数量扩张为主要特征的货币政策，以实现经济和金融市场稳定等政策目标。量化宽松的货币政策的特点包括货币当局资产负债表大规模扩张和多种新型的货币政策工具的实施。

10. 货币政策框架主要有数量型和价格型两种。在锁定货币政策目标之后，前者侧重于控制货币供应等数量指标，后者主要关注利率、汇率等价格指标；货币政策工具和传导机制亦有差异。

思考题

1. 结合我国实际来说明货币政策主要有哪些作用。
2. 如何理解货币政策的各目标及其彼此间的关系？
3. 你是如何理解和评价我国现行货币政策目标的？
4. 什么是货币政策的操作指标和中介指标？选定这些指标有何标准？
5. 你对目前我国货币政策的操作指标和中介指标有何了解？
6. 传统的货币政策三大工具及其作用原理是什么？试对其政策效果进行分析。
7. 我国和发达国家的货币政策传导机制有何异同？
8. 试对美国数轮量化宽松的货币政策及其内外影响进行分析。
9. 查一查相关资料，请对近五年来我国货币政策的实施效果做出评价。

第十四章 金融监管

2007 年金融危机爆发后，金融监管越来越受到重视。巴塞尔委员会于 2010 年推出了《巴塞尔协议Ⅲ》，对全球银行业的监管提出了更高的要求。在我国，自 2016 年以来，被称为"监管风暴"的一系列监管法律法规出台和举措强化对于金融业运作产生了重大影响，2018 年党的十九大提出了防范系统性金融风险，构建货币政策与宏观审慎政策"双支柱"的政策框架的目标。究竟什么是金融风险？什么是系统性金融风险？为什么需要金融监管？什么是宏观审慎监管？货币政策与宏观审慎监管之间的关系如何？监管部门是如何实施监管的呢？本章将从基本原理和制度安排等方面对金融监管进行讨论。

学习目标

1. 熟悉金融监管的概念，掌握金融监管的一般原理；
2. 了解金融监管的模式；
3. 掌握金融监管的手段与方法；
4. 掌握宏观审慎监管与微观审慎监管的区别；
5. 掌握银行业、保险业、证券业监管的主要内容。

第一节 金融监管原理

一、金融监管概述

（一）金融监管的概念

金融监管的含义有广义和狭义之分。广义的金融监管除包括一国中央银行或金融监管当局对金融体系的监管以外，还包括各金融机构的内部控制、同业自律性组织的监管、社会中介组织的监管等，目前各国的金融监管体系通常是在广义的范畴下架构的。狭义的金融监管仅指一国的中央银行或金融监督管理当局依据法律、法规的授权，对金融业实施的监督管理。中央银行或金融监管当局是监管的主体，其作为社会公共利益的代表，运用国家法律赋予的权力监管整个金融体系。金融监管是经济监督的重要组成部分。

（二）金融监管的必要性

1. 金融体系的正效应

首先，金融在市场资源配置中起着重要的作用。金融作为现代经济运行中最基本的战略资源，不是一种简单的生产要素，而是广泛、深刻地渗透到社会经济生活的各个方面，在市场资源配置中起着重要作用。其次，金融作为一种特殊的资源，具有引导和配置其他资源的作用。作为资金运动的"信用中介"，金融最基本的特征和作用就是聚集和分配资金，调剂资金余缺，从而实现社会资源的重新整合，优化资源配置。最后，金融安全是国家经济安全的核心，维护国家经济安全，必须高度重视金融安全，金融监管不可或缺。

2. 金融体系的负效应

金融体系的负效应表现在金融体系的风险和内在不稳定性等方面。金融体系的内在不稳定性是指金融机构，特别是商业银行和相关贷款者固有的经历周期性危机和破产的倾向。自17世纪近代银行产生以来，随着金融业的快速发展，金融体系的负效应也一直伴随其中。自20世纪70年代以来，金融风险明显加剧，金融危机的频率加快，影响也越来越深。例如，20世纪90年代相继爆发了国际商业银行倒闭、欧洲进入市场动荡、墨西哥金融危机、巴林银行倒闭、东南亚金融危机及美国次贷危机等。

（三）金融监管的作用

金融监管有以下作用：第一，维护社会公众的利益，控制金融机构的经营风险，避免发生金融风险的"多米诺骨牌效应"。第二，维护金融业的良性运转，促进金融机构发挥正效应，预防负效应的发生和发展。第三，保持货币制度和金融秩序的稳定，有效调控货币，规范金融秩序，避免金融业恶性竞争。第四，防范金融风险，避免引发金融危机。第五，保证货币政策的实施。有力的金融监管是获取真实、及时、准确的信息数据的保障，是有效实施货币政策的基础。

（四）金融监管的目标与原则

1. 金融监管的目标

金融监管的目标可分为一般目标和具体目标。一般目标是监管者通过对金融业的监管所要达到的一个总体目标，一般有四点：一是确保金融稳定安全，防范金融风险；二是保护金融消费者权益；三是提高金融体系的效率；四是规范金融机构的行为，促进公平竞争。具体目标各国虽有不同，但基本内容都包括金融业合理竞争和稳健安全等。

2. 金融监管的原则

金融监管的原则是指监管当局的行为准则，主要包括依法监管与严格执法原则，不干涉金融机构内部管理的原则，综合性与系统性监督原则，公平、公正、公开原则，有机统一原则，"内控"与"外控"相结合的原则，监管适度与合理竞争原则，稳健运行与风险预防原则，监管成本与效率原则等。

> **原理 14-1：**
> 金融监管是为了发挥金融体系的正效应并克服负效应，以确保金融体系的安全稳定，防范金融风险，保护金融消费者权益，提高金融体系的效率，规范金融机构的行为并促进公平竞争。

二、金融风险

金融监管是为了防范和化解金融风险，而对金融风险的准确识别与测度则是有效金融监管的前提。

（一）金融风险的内涵

风险是一种不确定性，在经济领域可以表示为经济主体决策结果带来收益或损失的可能性。金融风险则专指金融领域的风险。广义的金融风险是指经济主体在金融活动过程中获得收益或遭受损失的可能性，也可以将其称为投机风险。狭义的金融风险则是指金融活动中遭受损失的情况，又称为纯粹风险。由于狭义金融风险只关注遭受损失的情况，一般利用收益分布的左侧分位数来表示风险，即可用在险价值（value at risk，VaR）表示。本章主要关注狭义的金融风险。

（二）金融风险的特征

1. 不可消散性

金融风险具有不可消散性，虽然可以通过风险管理、金融创新等手段对其进行一定程度的分散或转移，但都不能消散金融风险。此外，金融工具的每一次创新都意味着新的风险的产生，而且金融创新中可能嵌入的较高杠杆，会使得风险从一个主体转移至另一个主体时积聚的总风险变得更大。

2. 随机性

由金融风险的内涵可知，金融风险只是一种可能性，因而其是随机变量。任何确定无疑的收益或损失都不是金融风险。

3. 普遍性

金融风险具有无时不在、无处不在的特性。金融风险是金融体系内生的，是不可避免的，只要是市场经济，只要有金融交易存在，金融风险就必然存在。

4. 隐蔽性

金融风险有隐藏和爆发两个阶段，在隐藏阶段风险累积，积聚一段时间才爆发，进而以各种损失呈现出来。因此，从某种程度而言，风险具有隐藏性，不能被直观识别出来。对于整个金融部门而言，当隐藏的金融风险累积到超过金融部门所能承受的范围时，其很有可能以金融危机的极端形式爆发出来。

5. 传染性

金融风险存在较强的传染性。金融风险容易在金融机构之间、金融工具之间、金融市场之间传染，从而使初始的风险源被成倍放大。

（三）金融风险的种类

金融体系由若干相互作用、相互依赖的部分组合而成，是一个具有特定功能的有机整体，因此，对于衡量金融体系安全状态的金融风险，可以从多个角度、多个层次予以分类。

1. 系统性金融风险和非系统性金融风险

按照是否站在整个金融系统稳定的视角，可以分为系统性金融风险和非系统性金融风险。系统性金融风险是影响整个金融系统稳定甚至导致金融体系崩溃的风险，是一种宏观金融风险，其核心是专注于金融体系内部金融机构与金融机构之间、金融市场与金融市场之间、金融工具与金融工具之间的风险传染性。非系统性金融风险主要是指单家机构、单个市场自身的风险，考察的视角不是整个系统，也不考虑风险的传染性。

系统性金融风险有两个维度，即时间维度与空间维度。其中，时间维度指的是金融体系整体风险随时间的演进趋势，来源于金融部门与实体经济之间的相互作用而引起的顺周期性效应；空间维度指的是某一时刻系统性金融风险在金融体系内部的具体分布，主要关注风险在金融机构之间、金融市场之间的相互传染。

2. 信用风险、市场风险、流动性风险、操作风险等

按照风险性质划分，可以分为信用风险、市场风险、流动性风险、操作风险等。其中，信用风险关注债权人与债务人之间的关系，从债权人视角看待其持有资产收回的可能性以及收回的数额。市场风险主要关注金融资产价格的波动。流动性风险主要关注金融资产的期限、市场深度等。操作风险关注经济因素之外的由于硬件、指令、操作人员失误等造成的风险等。

3. 宏观金融风险和微观金融风险

按照衡量风险范围的角度划分，可以分为宏观金融风险和微观金融风险。宏观金融风险主要关注金融部门整体的风险，如前所述的系统性金融风险。该类风险不仅影响金融部门的整体稳定，还可能通过影响金融部门功能的发挥而影响宏观经济的稳定。微观金融风险则主要关注微观金融个体，如单个金融工具、金融机构、金融市场等风险。

4. 内源性金融风险和外源性金融风险

按照风险的来源划分，可以分为内源性金融风险和外源性金融风险两种。前者是来自内

部的风险，后者是源于外部的风险。以前述系统性金融风险为例，如果是单家金融机构破产而引发的机构之间的传染风险，则可以称之为内源性金融风险。如果是金融部门之外的宏观经济下滑，而导致贷款不良率提升而引发的系统性金融风险，则可称之为外源性金融风险。

三、金融监管的微观审慎与宏观审慎

微观审慎监管主要强调对单个金融机构或单种金融业务的监管。微观审慎监管也就是传统的金融监管模式，它强调具体微观机构和微观业务的问题管理，而忽视宏观层次的系统性风险。

宏观审慎监管是为了维护金融体系的稳定，防止金融系统对经济体系的负外部性而采取的一种自上而下的监管模式。由于意识到金融监管过分关注个体金融机构的安全从而忽视了保障整个金融系统的稳定这一更为重要的目标，早在 20 世纪 70 年代末，国际清算银行就提出了"宏观审慎"概念，以示关注系统性金融风险的监管理念，《巴塞尔协议Ⅲ》中宏观审慎也是重要内容，次贷危机以后，宏观审慎成为各界关注的重点。

微观审慎监管与宏观审慎监管主要在监管目标、关注的风险和政策工具这三方面存在显著差异。在监管目标上，微观审慎监管的主要目标是避免单一金融机构的倒闭和保护金融消费者；而宏观审慎监管的目标是避免系统性金融风险及其对宏观经济的负面影响。在关注的风险上，微观审慎监管主要考虑单个金融机构的风险；而宏观审慎监管则关注风险的相关性和金融机构的共同风险暴露，以此分析金融机构同时倒闭的可能性，及其给整个金融体系带来的风险。在政策工具上，微观审慎监管与宏观审慎监管所使用的工具并无本质区别，如都采用资本监管、贷款损失监管、审慎信贷标准、流动性风险指标和其他风险管理要求等工具，但政策工具的着眼点和具体运用有区别。如微观审慎监管在整个经济周期中对所有机构运用相同的资本监管标准，而宏观审慎监管会考虑针对系统性的随经济周期变动的逆周期资本要求，或根据系统重要性机构提出差异性的资本要求。

四、金融监管的构成体系

（一）监管理论体系

监管理论体系包括：一是基础理论，即揭示金融监管普遍本质和一般发展规律的知识体系。二是应用理论，包括金融监管准则以及各种金融监管实务操作的具体程序和具体方法技术。三是相关理论，指与金融监管有关联的其他学科的理论，如审计学理论、金融会计理论、银行信贷理论、银行管理理论、银行财务管理理论、金融法学理论等。

（二）监管法律法规体系

监管法律法规是指为了保证有效开展监管，由政府和监管机构制定的一系列法律法规，

既用来规范并调整商业银行及其他金融机构的行为，也是金融监管当局监管商业银行的法律依据和准绳。监管法律法规体系包括四个层次：一是行业性法律，如银行法、证券法、保险法等；二是行业内法律，主要针对特定种类金融机构制定，如商业银行法、投资银行法等；三是专业性法规，主要针对开展的业务经营而制定，如票据法、进出口信用法、外资利用法、银行审计法等；四是监管当局依据国家法律制定的一系列管理办法。

（三）监管组织体系

监管组织体系是根据监管模式设立的一整套监管机构。从广义监管的角度，金融监管组织体系包括以下四个部分：监管主体系统、金融机构内部控制系统、金融业行业自律系统和体制外金融机构监管系统。从监管当局角度，监管组织体系包括两个系统：一是监管系统，由监管机构各级监管部门组成；二是监管后评价系统，由监管机构各级非监管部门组成。

（四）监管内容体系

监管内容体系包含三个部分：①市场准入监管。这是指政府行政管理部门按照市场运行规则设立或准许某一行业及其所属机构进入市场的一种管制行为。②业务运营监管。这是指对金融机构的各项经营行为的监管。③市场退出监管。这是指监管当局对金融机构退出金融业、破产倒闭或合（兼）并、变更等的管理。

五、金融监管的成本与边界

实施监管是需要消耗资源的。这就存在一种可能：实施监管可能是不合算的，即在实施监管过程中花费的成本大于实现目标后的收益。一般而言，监管成本包括两大类：一是监管引起的直接资源成本，包括监管机构执行监管过程中消耗的资源与被监管者因配合监管而消耗的资源；二是监管引起的间接效率损失，主要是指被监管者因监管改变原来的行为而造成的福利损失。

（一）直接资源成本

监管的直接资源成本可分为由政府负担的成本和由被监管企业负担的成本，前者称为行政成本，后者称为奉行成本。监管需要由政府部门设立特定的机构来负责制定和施行监管，这一过程需要耗费人力、物力，即行政成本。而被监管者因奉行监管条例需要支出的成本包括为按照规定保留记录而雇用专人的费用，提供办公设施和材料等的成本，聘用专业律师等专业人员的费用，按照规定交纳各种费用等。

奉行成本存在两个明显的特征：第一，让被监管者承担一定数量的成本正是监管借以实现目标的主要手段之一；第二，被监管者有可能通过提高金融服务价格将部分成本转嫁给他们的客户。因此，监管者应该在制定政策时考虑到这种影响，以保证监管的效率。

（二）间接效率损失

间接效率损失是难以观察和衡量的，但又确确实实存在的损失。金融监管的效率损失可能通过以下途径发生：第一，监管可能导致被监管者的道德风险；第二，监管可能削弱竞争，导致静态低效率；第三，监管可能妨碍金融创新，导致动态低效率；第四，监管过度，导致金融服务效率降低。

（三）监管的边界

由于监管会带来种种成本，在追求金融监管既定目标时，就需要考虑监管带来的好处和成本之间的权衡。这意味着，监管不是越多越好，监管应该存在一定的边界。判断监管边界的方法是成本—收益分析。合理的监管边界应该满足加强监管的边际社会成本与边际社会收益相等。然而，在实践中，监管的成本和收益都是较难度量的。因此，通常采取一些替代方案来判断监管是否有效，如发生危机的金融机构数目是否比之前减少了，是否及时遏止了系统性风险，对金融机构的投诉是否比之前少了，等等。

第二节　金融监管体制

一、金融监管当局与监管对象

（一）金融监管当局

金融监管当局是依法对金融业实施监督与管理的政府机构，是金融业监督和管理的主体。中央银行是最早的金融监管当局，而且金融监管本身是推动中央银行制度建立的重要原因。中央银行职能的完善，都与金融监管目标相关，中央银行自然成为金融监管的主角。从历史发展看，中央银行的监管职能经历了弱化和加强的不同时期。

（二）金融监管对象

金融监管对象也称为被监管者，是从事金融业经营和投资经济活动的企业、组织、单位和个人，包括金融中介机构、工商企业、基金组织、投资者和金融活动的关系人等。金融监管对象可分为不同的类别：①银行业监管对象，包括商业银行、政策性银行、信用合作机构、专业储蓄机构、专业信贷机构、信托投资公司、财务公司、金融租赁公司、典当行等。②证券业和期货业监管对象。证券业监管对象包括证券经纪公司、上市公司、投资基金、投资者和证券交易所等；期货业监管对象主要包括期货经纪公司、期货投资者、期货交易所及其附属储备库等。③保险业监管对象，包括保险公司、人寿保险基金等。

二、功能监管与机构监管

功能监管又叫业务监管，是按照经营业务的性质来划分监管对象，如将金融业务划分为银行业务、证券业务和保险业务，监管机构针对不同业务进行监管。其优势在于：监管的协调性高；金融机构资产组合总体风险容易判断；可以避免重复和交叉监管现象的出现，为金融机构创造了公平竞争的市场环境。

机构监管则是按照不同机构的类别来划分监管对象，其优势在于：当金融机构从事多项业务时易于评价金融机构产品系列的风险；机构监管也可避免不必要的重复监管，一定程度上提高了监管功效，降低了监管成本。

三、金融监管体制的分类与变迁

（一）金融监管体制的分类

金融监管体制是由一系列监管法律法规和监管组织机构组成的体系。按监管机构的设立划分，可分为两类：一类是由中央银行独家行使金融监管职责的单一监管体制，另一类是由中央银行和其他金融监管机构共同承担监管职责的多元监管体制。而按监管机构的监管范围划分，可分为集中监管体制和分业监管体制。一般来说，实行单一监管体制和混业经营的国家多实行集中监管体制，而实行多元监管体制和分业经营的国家大都实行分业监管体制。

（二）金融监管体制的变迁

从历史发展看，金融监管体制的变迁大致经历了以下三个阶段：

1. 混业经营与集中监管

从全球视角看，20世纪30年代以前，金融业基本上是混业经营的格局，银行业是金融业的核心，证券业、保险业不发达。19世纪初期，美国的商业银行就开始兼营证券业务，尤其是证券承销业务。在混业经营的金融体制下，金融监管职能基本上归中央银行履行，中央银行是唯一的监管机构，是典型的集中监管体制。

2. 分业经营与分业监管

20世纪30年代的大危机对银行业和证券业是一个毁灭性的打击，1933年美国国会通过了《格拉斯—斯蒂格尔法案》，该法案确立了银行与证券机构、银行与非银行机构分业经营的制度，成为划时代的一部金融立法，对全球金融经营体制的影响长达66年之久。为了加强对证券业的监管，同年美国又颁布了《证券法》，1934年出台了《证券交易法》，1939年发布了《信托契约法》，1940年发布了《投资公司法和投资顾问法》，于1934年特设了"证券交易委员会"，专司监管证券业之责。美国的分业监管模式成为战后许多国家重建金融体系的参照模式。

3. 金融再度混业经营下的监管体制变革

从 20 世纪 70 年代末开始，金融机构在规避管制的金融创新中，再次走向了混业经营。20 世纪 90 年代以来，全球化发展加剧了金融机构间的竞争，金融机构通过兼并重组来达到壮大资本实力、扩大市场份额的目的，出现了花旗集团、汇丰集团、瑞穗集团等巨型金融集团公司。它们已不再单纯是银行机构，而变成可以提供全方位金融服务的混业机构。1999年，美国颁布《金融服务现代化法》，允许金融持股公司下属子公司对银行、证券、保险兼业经营，证券和保险公司也可通过上述方式经营商业银行业务，美国金融重新进入混业经营的时代。在这种背景下，过去追随美国实行分业经营的国家，纷纷放弃分业经营，转向混业经营。

四、当前各主要国家金融监管体系简介

2007 年爆发的金融危机暴露了一直以来国际金融监管中存在的一个基本问题：监管主体与监管对象的不匹配。金融全球化的趋势已经使一国的金融活动越出国界，金融机构在全球范围内进行业务活动。但是，金融监管仍限制在一国之内。同时，各国监管差异极大，导致国际监管协调困难，降低了监管效率。为此，金融危机之后，在 G20（二十国集团）峰会的积极倡导下，各国纷纷进行了大刀阔斧的金融监管改革，同时也逐步加强国际金融监管的协调。

（一）美国的金融监管

20 世纪 30 年代经济大危机后，根据 1933 年出台的《格拉斯—斯蒂格尔法案》，美国金融业逐步形成了分业经营和分业监管的体制，银行、证券和保险各金融行业分别由不同的机构实施监管。1999 年以后，随着金融混业经营的发展，美国的金融监管体制也出现不完全集中监管的改革趋势，形成了伞式监管加功能监管的体制模式。

美国现行金融监管体制是一种典型的分权型多头监管模式。美国的伞式监管体制是按照《金融服务现代化法》设置的。该法规定：同时从事银行、证券、互助基金、保险与商人银行等业务的金融持股公司实行伞式监管制度，指定联邦储备银行为金融持股公司的伞式监管人，负责该公司的综合监管，金融持股公司又按其所经营业务的种类接受不同行业主要功能监管人的监督。为避免重复与过度监管，伞式监管人的权力受到严格的限制，美联储必须尊重金融持股公司内部不同附属公司监管当局的权限，尽可能采用其检查结果。在未得到功能监管人同意的情况下，美联储不得要求非银行类附属公司向濒临倒闭的银行注入资本。但在金融持股公司或其附属公司因风险管理不善及其他行为威胁其下属银行的稳定性时，美联储有权加以干预。通过这种特殊的监管框架，金融持股公司的稳健性与效率都可以得到一定的

保障。美国伞式监管的监管理念已经从过去重视由监管机构全面测量金融机构的风险程度，转为重视监督其建立与执行自身完善的风险监测机制，同时亦强调借助市场与公众约束。

2007 年金融危机暴露了美国金融监管体制中的许多缺陷。在这种背景下，美国实施了一系列金融监管改革。例如，2008 年美国财政部颁布的《现代化金融监管架构蓝图》，2009 年奥巴马政府颁布的《金融监管改革——新基础：重建金融监管》，2010 年颁布的《多德—弗兰克华尔街改革和消费者保护法案》，这些法案改变了美国的监管格局，加强了美联储的监管权力，同时非常强调对金融消费者的保护，通过创设"消费者金融保护局"来更有力地保护消费者的权益。另外，对衍生品交易的监管也受到了极大的重视，对系统性金融风险的监管更加有效，从而强化了金融稳定体制的框架。

（二）英国的金融监管

1997 年，英国政府将英格兰银行的监管职能剥离，成立了金融服务监管局，统一监管银行业、证券业和保险业，标志着英国集中监管体制的形成。英国金融监管体制的改革适应了金融经营体制由分业转为混业的需要，规范了政府债务及现金管理，确保有关债务管理的决策不受内部信息的影响，增加了政府债务及现金管理的透明度。2007 年金融危机爆发之后，英国也对国内金融监管进行了深入的改革，主要改革措施反映在《2009 年银行法》《2010 年金融服务法》《金融监管新方法：改革蓝图》白皮书中。其旨在稳定现有的金融体系，加强监管国际合作和保护消费者权益，强化和改善现有金融监管体系的结构，取而代之的是一种更加集中的监管格局。其中，英格兰银行成为监管的核心机构，统领整个英国的监管系统。

（三）欧盟的金融监管

受 2007 年爆发的金融危机影响，欧元区在 2010 年伊始还爆发了欧洲主权债务危机，这些危机迫使欧盟对金融监管进行了大幅度的改革。在整个金融业监管体系改革中，欧盟通过一系列措施形成了宏观审慎监管和微观审慎监管两个层次的清晰监管框架。其中，宏观审慎监管由欧洲系统性风险委员会领导，同时建立泛欧金融监管系统专司微观审慎监管。欧盟金融监管改革中，最具亮点的改革推进是银行业联盟。欧洲银行业联盟的建立标志着欧元区统一监管格局的形成。欧盟通过了《单一规则手册》《单一监管机制》《单一清算机制》等一系列协议，在欧盟内部以欧洲中央银行为监管机构，实行银行业的单一监管。该制度已于 2014 年实行。

（四）日本的金融监管

日本在第二次世界大战后效仿美国的《格拉斯—斯蒂格尔法案》，建立了自己的金融监管体系。日本在 2001 年的行政机构改革中设立了金融厅，大藏省改名为财务省，与金融厅成为两权分立的分别执掌金融行政和金融监督的政府机构集中监管体制。

金融行政监管的最高权力机构是金融厅，除政策性金融机构由财务省（原大藏省）负责监管以外，银行、证券、保险等商业性金融机构均由金融厅独立监管或与相关专业部门共管。金融厅为内阁的外设局，主要负责对金融机构的检查和监督、金融制度改革的重大决策、制定与民间金融机构国际业务相关的金融制度、检查企业财务制度等。财务省以及劳动省、农林水产省等行政部门作为金融监管的协作机构，根据金融厅授权或相关法律规定对相关金融机构实施监管。日本银行和存款保险机构可依据交易合同对与其有交易行为的金融机构进行财务检查。

2007 年金融危机爆发后，日本强化了中央银行的宏观审慎管理职能，2011 年发布《日本银行强化宏观审慎管理的方案》：将宏观审慎管理与现场检查、非现场监测相结合，参考金融机构对金融体系的影响力设定检查频率和范围；定期发布《金融稳定报告》；为金融机构提供必要的流动性支持，确保金融稳定；从宏观审慎角度增强货币政策的有效性。

五、我国金融监管体制的发展演变

（一）集中监管体制阶段（1984—1992 年）

1979—1984 年，我国先后恢复了中国银行、中国农业银行、中国建设银行以及中国人民保险公司，外资金融机构开始在北京等城市设立代表处。在这种背景下，金融管理和监督越来越重要。1983 年 9 月，国务院决定由中国人民银行专门履行中央银行职能，中国人民银行正式成为我国的货币金融管理当局。1984 年中国工商银行成立，中国人民银行成为现代意义上的中央银行，负责货币政策的制定和金融监管。从此，银行、信托、保险、证券等所有金融业务都归中国人民银行监管，形成了集中监管体制。

（二）分业监管体制形成与发展阶段（1992—2003 年）

1990 年、1991 年上海和深圳两大证券交易所的成立大大推动了我国证券业的发展。由中国人民银行负责股票、债券的发行、上市的审批和交易监管已经不能适应证券业快速发展的需要。1992 年 10 月，国务院决定成立国务院证券委员会和中国证券监督管理委员会，负责股票发行上市的监管，中国人民银行仍然对债券和基金实施监管。1995 年颁布的《中华人民共和国中国人民银行法》第 2 条规定："中国人民银行在国务院领导下，制定和实施货币政策，对金融业实施监督和管理。"这是我国第一次从立法角度明确了金融监管的主体。1997 年受亚洲金融危机的影响，国务院决定健全证券市场的"集中统一"监管体制。1998年 6 月，国务院决定将证券委员会并入中国证券监督管理委员会，将中国人民银行的证券监管权全部移交中国证券监督管理委员会。同年 11 月，国务院决定成立中国保险监督管理委员会（简称保监会），将中国人民银行的保险监管权分离出来。中国人民银行专门负责货币政策和对银行业的监管。至此，中国金融分业监管体制格局正式形成。2003 年 3 月 10 日，关于组建"中国银行业监督管理委员会"的方案被第十届全国人民代表大会第一次会议审议通过，4 月 28 日中国银行业监督管理委员会正式挂牌运作，成为我国金融业垂直的分业监管体制运作的标志。

（三）从以微观审慎为主到重视微观审慎和宏观审慎的平衡（2003 年至今）

2007 年金融危机爆发后，基于微观审慎监管的问题逐渐暴露，对系统性金融风险进行宏观审慎监管的重要性日益凸显。2009 年，我国加入巴塞尔委员会，正式成为巴塞尔委员会的一员。2010 年，巴塞尔委员会发布了《巴塞尔协议 Ⅲ》，确立了微观审慎和宏观审慎相结合的金融监管新模式，并要求各成员经济体两年内完成相应监管法规的制定和修订工作。2011 年，中国人民银行引入差别准备金动态调整机制，在加强宏观审慎管理，维护金融宏观稳定方面发挥了重要的作用。2013 年，中国人民银行会同银监会、证监会、保监会、外汇局建立的金融监管协调部际联席会议制度正式运行，其中一项重要工作就是防范化解金融领域重大风险隐患，维护金融稳定。2015 年，中国人民银行将外汇流动性和跨境资金流动纳入宏观审慎管理范畴，同年 12 月，构建了金融机构宏观审慎评估（Macro Prudential Assessment，MPA）体系，作为差别准备金动态调整的"升级版"，并于 2016 年开始实施。MPA 体系从资本和杠杆、资产负债、流动性、定价行为、资产质量、跨境业务风险、信贷政策执行情况七个方面引导银行业金融机构加强自我约束和自律管理，进一步完善宏观审慎政策框架。2017 年，党的十九大强调健全货币政策与宏观审慎政策双支柱调控框架，健全金融监管体系，守住不发生系统性金融风险的底线，保障金融安全。为了顺应综合经营趋势，更好地发挥协同作用以提高监管效率，2018 年，国务院决定将银监会和保监会合并，4 月 8 日中国银行保险监督管理委员会正式挂牌，依照法律法规统一监督管理银行业和保险业；由中国人民银行拟订银行业、保险业重要法律法规草案和审慎监管基本制度，形成了"一行二会"（中国人民银行、中国银行保险监督管理委员会和中国证券监督管理委员会）的监管新格局。

第三节　金融监管的实施

一、金融监管的手段与方法

各国金融监管主要运用法律手段、经济手段和行政处罚手段，并建有成套的系统性规章制度，创立了多种方式方法。从总体上看，各国的金融监管主要依据法律法规来进行，在具体的监管过程中，主要运用金融稽核手段，采用"四结合"并用的全方位监管方法。

（一）依法实施金融监管

金融监管必须依法进行，这是金融监管的基本点。要保证监管的权威性、严肃性、强制性和一贯性，才能保证它的有效性。而要做到这一点，金融法规的完善和依法监管是基础。

（二）运用金融稽核手段实施金融监管

金融稽核是中央银行或监管当局根据国家规定的稽核职责，对金融业务活动进行的监督和检查。它是由管辖行的稽核机构派出人员以公正的客观地位，对辖属行、处、所或业务领导范围内的专业机构，运用专门的方法，就其真实、合法、正确、完整性，做出评价或建议，向派出机构及有关单位提出报告。金融稽核、检查监督的主要内容包括业务经营的合法性、资本金的充足性、资产质量、负债的清偿能力、盈利情况、经营管理状况等。

（三）"四结合"的监管方法

1. 现场稽核与非现场稽核相结合

现场稽核是指监管当局派人员直接到被稽核单位，按稽核程序进行现场稽核检查；非现场稽核是指由被稽核单位按规定将各种报表、统计资料、记录等文件如期报送监管当局，稽核部门按一定程序和标准进行稽核分析。

2. 定期检查与随机抽查相结合

定期检查是按事先确定的日期进行稽核检查，被监管机构预先可知；随机抽查则根据情况随时进行，随机抽查事先不通知被监管金融机构。

3. 全面监管与重点监管相结合

全面监管是指对金融机构从申请设立、日常经营到市场退出的所有活动自始至终进行全方位的监管，重点监管是指在全面监管的基础上抓住关键问题或重要环节进行特别监管。

4. 外部监管与内部自律相结合

外部监管除了官方的监管机构外，还包括社会性监管，它指协助监管的各种社会机构，如会计师事务所、审计师事务所、律师事务所、信用评级机构等，以及社会公众和新闻媒体的监督。内部自律一方面包括金融机构内部的自我控制机制，另一方面包括行业公会的同业互律，如各国的银行业公会、证券业公会、保险业公会等行业公会都通过共同制定行业活动规则，彼此约束和自我约束，保护共同的利益和良好的秩序，以实现行业内部的互律性监管。

> **原理 14-2：**
> 金融监管必须依据法律法规来进行，主要运用金融稽核手段，采用现场稽核与非现场稽核相结合、定期检查与随机抽查相结合、全面监管与重点监管相结合、外部监管与内部自律相结合以及并用的方法实施监管。

二、对银行业的监管

各国监管机构对银行业的监管重点包括三个方面：市场准入监管、日常经营监管和市场退出监管。

（一）市场准入监管

市场准入是监管的首要环节。把好市场准入关是保障银行业稳健运行和整个金融体系安全的重要基础。各国对商业银行市场准入的监管主要包括两个方面：第一，商业银行设立和组织机构的监管，包括设立的基本条件、最低注册资本、商业银行的组织形式、分支机构的设立规定、分立或合并的规定、商业银行高级管理人员的任职资格和条件等。第二，对银行业务范围的监管，各国一般都通过相应的法律对银行业务经营范围做出规定。

（二）日常经营监管

1. 资本充足性监管

资本充足率是指资本对加权风险资产的比例。它是评价银行自担风险和自我发展能力的一个重要标志，银行在开展业务时要受自有资本的制约，不能脱离自有资本而任意扩大业务。全球银行业资本充足率监管标准由巴塞尔委员会制定，1988 年以来，相继推出了三个版本的"巴塞尔协议"。

2. 对存款人保护的监管

此类监管主要包括制定存款业务的原则、对存款人权益的保护性规定、对存款利率和存款方式的监管、对存款保险的规定等。例如，为了维护存款者利益和金融业的稳健经营与安全，许多国家在金融体制中设立负责存款保险机构，规定本国金融机构按照吸收存款的一定比例向专门保险机构缴纳保险金，当金融机构出现信用危机时，由存款保险机构向金融机构提供财务支援。我国 2015 年正式实施存款保险制度，所有吸收存款的银行业金融机构都纳入存款保险范围，最高偿付限额为人民币 50 万元。

3. 流动性监管

流动性监管非常重要。当流动性不足时，银行无法以合理的成本获得所需的足够资金，其后果就是银行利润受到侵蚀，甚至导致支付危机，所以监管当局对银行的流动性非常重视。

4. 贷款风险的控制

为了追求利润，商业银行会把以存款方式吸收来的资金尽可能地用于贷款和投资，并集中于高盈利资产，但相应地也会产生高风险。因而，大多数国家都限制商业银行的存款与贷款比例、防止贷款对象过度集中、重点监管不良贷款的比例以分散风险。

5. 准备金管理

商业银行的存款准备金不仅是保持商业银行清偿力的必要条件，而且是中央银行操作存款准备金工具实施货币政策的基础。监管当局的主要任务是确保银行及时足额地提取法定存款准备金，提取和保留必要的超额准备金。

6. 对商业银行财务会计的监管

对商业银行财务会计的监管主要包括对商业银行的财务会计制度的规定、对商业银行会计账册真实性的监管、对商业银行财务会计审计的规定、对商业银行提取呆账准备金的规定等。

（三）市场退出监管

当商业银行已经或可能发生信用危机，严重影响存款人利益时，监管当局将对商业银行做出市场退出的处理。为了保证市场退出的平稳性和最大限度地保护存款人利益，监管当局主要对商业银行的接管、终止、清算、解散等做出具体规定，并进行全过程监管。其大体上包括三个方面：一是金融机构破产倒闭等行为，包括接管、解散、撤销和破产；二是金融机构变更、合并（兼并）行为；三是终止违规者经营行为。

三、对证券业的监管

自 20 世纪 30 年代以来，各国都对证券业的监管予以高度重视并采取了各种有效措施。对证券业的监管主要体现在以下三个方面：

（一）对证券机构的监管

证券机构属于特许经营行业，只有经证券监督机构审查批准，由工商部门注册的合法证券公司才能从事各项证券业务。为了将证券机构的经营活动纳入规范化轨道，《中华人民共和国证券法》第六章专门对证券公司的设立、业务范围、经营规则等做出了具体规定。由证监会统一负责证券公司设立、变更、终止事项的审批，依法履行对证券公司的监督管理职责。其监管内容主要有：对证券经营机构设立、变更和终止的监管；对证券从业人员的管理以及对证券经营机构的日常监管和检查。

除证监会的监管之外，证券交易所对会员公司的监管、证券业协会的自律监管以及证券公司内部控制与风险管理都是证券机构监管体系中不可或缺的组成部分。

（二）对证券市场的监管

对证券市场监管的主要任务是保护投资者的合法权益，基本原则是坚持公开、公平、公正的"三公"原则。对证券市场的监管重点主要包括：

1. 防止内幕交易

证券内幕交易又称知情证券交易，是指内部知情人利用地位、职务或业务等便利，获取未公开但将影响证券价格的重要信息，利用信息进行有价证券交易或泄露该信息的行为。《中华人民共和国证券法》针对我国证券市场存在的屡禁不止的内幕交易问题，规定了"禁止证券交易内幕信息的知情人和非法获取内幕信息的人利用内幕信息从事证券交易活动"。为了配合《中华人民共和国证券法》的立法宗旨，《中华人民共和国刑法》中也增加了证券内幕交易罪、泄露内幕信息罪等相关内容。

2.防止证券欺诈

证券欺诈行为是指证券公司及其从业人员违背客户真实意思表示，从事损害客户利益的行为。为了禁止证券欺诈行为，1993年国务院发布了《禁止证券欺诈行为暂行办法》。该办法对我国证券发行、交易及相关活动中的证券欺诈行为进行了明确的界定并制定了相应的处罚措施。该办法已于2008年废止，相关内容已被《中华人民共和国证券法》代替。

3.防止操纵市场

证券市场中的操纵市场行为是指个人或机构背离市场自由竞争和供求关系原则，人为地操纵证券价格，以引诱他人参与证券交易，为自己牟取私利的行为。1996年，中国证券监督管理委员会颁布的《关于严禁操纵证券市场行为的通知》，对操纵市场的行为进行了明确界定。该通知已于1999年废止，其相关内容由《中华人民共和国证券法》等法律法规替代。

（三）对上市公司的监管

对上市公司的监管着眼于两个基本目标，即提高上市公司运作效率和运作质量，充分保护投资者利益。为了实现这两个目标，对上市公司的监管主要集中在两个方面：一是建立完善的上市公司信息披露制度，对其信息披露进行监管；二是加强对上市公司治理结构的监督，规范其运作。

四、对保险业的监管

各国的保险监管职能主要由政府依法设立的保险监管机关行使。虽然立法和司法部门也在一定程度和范围内对保险市场进行监管，但对保险市场的监管主要是由政府监管机构承担的，即政府会委托某一职能部门来负责对保险市场的监管。保险公司也会在政府支持下，成立行业协会、同业公会等组织，协调行业内部关系，进行自我约束、自我管理。

在各国保险市场上，保险行业的自律组织——行业协会因其特有的协调功能而在监管中发挥着重要作用。在我国，除中国保险行业协会外，有三家以上的保险公司分公司的地区也可以成立地区保险行业协会。目前，全国已有2/3以上的省、自治区、直辖市成立了地区保险行业协会。这些协会对于沟通保险信息、加强行业自律起着越来越重要的作用。

五、宏观审慎监管

（一）宏观审慎监管实施的时间和空间维度

宏观审慎监管是以限制系统性金融风险发生和维护金融体系整体稳定为目标的一种监管。对应于系统性金融风险，宏观审慎监管的实施也有时间维度和空间维度两个维度。时间维度宏观审慎监管，指的是以限制时间维度系统性金融风险为目标，一般采取逆金融周期的实施方式，如《巴塞尔协议Ⅲ》的逆周期资本充足率要求，就是根据金融周期（信贷周期）来动态调整资本充足率要求：在信贷膨胀较快时，提高资本充足率要求；较慢时则反之。空间维度宏观审慎监管是以限制空间维度系统性金融风险为目标的宏观审慎监管，一般关注金融工具之间、金融机构之间、金融市场之间产生的传染风险。通过限制金融体系内部之间的传染风险来降低系统性风险。如《巴塞尔协议Ⅲ》中的系统重要性银行资本附加即是例证。所谓系统重要性银行指的是在发生风险传染时，对整个金融体系系统性金融风险影响较大或者是其能对系统其他银行产生巨大传染风险的银行，通过对系统重要性银行征收更高的资本金要求，尽可能限制该银行对其他银行造成的风险传染性。

（二）宏观审慎监管与货币政策

第五次全国金融工作会议以及党的十九大报告中均提出了要构建"货币政策与宏观审慎"双支柱的政策框架。根据本书第十三章内容可知，货币政策的最终目标涵盖金融稳定，而宏观审慎政策则以金融部门的稳定为目标。因此，作为宏观金融的两大政策在传导过程中必然存在一定的关联关系，这种关联关系使得两类政策需要协调。

中国宏观审慎监管实践由中国人民银行和中国银保监会推动。其中，中国人民银行则是将已有的差别准备金动态调整和合意贷款管理机制"升级"为"宏观审慎评估体系"，分别包含资本与杠杆情况、资产负债情况、流动性、定价行为、资产质量、跨境融资风险、信贷政策执行七大类。在每一类中，中央银行给出代表性的指标，并赋予权重。在具体实施时，中央银行会根据每一大类指标（总计指标）单独打分，MPA 的评价结果影响各参评机构的法定存款准备金利率。中国银保监会主要是借鉴《巴塞尔协议Ⅲ》的内容制定实施宏观审慎政策。

🗒 本章小结

1. 金融监管的含义有广义与狭义之分。金融监管的目标包括：确保金融稳定安全，防范金融风险；保护金融消费者权益；提高金融体系效率；规范金融机构行为，促进公平竞争。

2. 金融监管体系由监管理论体系、监管法律法规体系、监管组织体系和监管内容体系共同构成。

3. 金融监管模式分为功能监管和机构监管两种模式。

4. 金融监管体制经历了三个阶段：混业经营与集中监管、分业经营与分业监管、金融再度混业经营下的监管体制变革。我国目前的金融监管体制实行的是分业监管。

5. 对银行业的监管主要包括市场准入监管、日常经营监管和市场退出监管。

6. 对证券业的监管包括对证券机构的监管、对证券市场的监管、对上市公司的监管。

7. 金融危机后，全球发达国家的金融监管体系发生了大幅度的变动，监管体系进行了重构，主要特色包括：凸显中央银行在监管中的地位，强调宏观审慎监管，强调消费者保护，加强对衍生品的监管等。

思考题

1. 各国为何都极其重视金融监管？金融监管具有哪些作用？

2. 金融监管都包括哪些内容？分别涵盖哪些方面？

3. 如何理解金融监管的成本和边界？

4. 为何要实施宏观审慎监管？

5. 什么是集中监管体制和分业监管体制？各自的优缺点是什么？我国当前为何选择分业监管体制？

6. 银行业、证券业与保险业监管包括哪些方面？

第十五章　金融发展

问题导入

近半个世纪以来，金融创新最活跃的美国金融业迅猛发展，但2007年一场因次级抵押贷款机构破产、大量投资机构倒闭、股市剧烈震荡引起的次贷危机如疾风骤雨般席卷美国，成为20世纪30年代"大萧条"以来最为严重的金融危机，全球金融体系都受到重创，极大地危害了实体经济，我国也深受影响。金融被形象地称为"野蛮生长"，暴露了金融发展中的混乱和风险。金融发展的正确方向和内在规律是什么？如何处理好金融与实体经济之间的关系？如何在金融创新中扬利抑弊？本章主要通过讨论金融发展与经济发展的关系、结构演进规律和金融发展的趋势来解读这些问题。

学习目标

1. 认识金融发展与经济发展的关系；
2. 掌握金融创新的理论和方向；
3. 把握金融发展中的结构演进规律；
4. 了解经济发展中的金融化趋势和金融发展中的全球化趋势。

第一节　金融发展与经济发展

一、经济发展决定金融发展

（一）金融产生于经济活动并随之发展

金融是依附于商品经济的一种产业，是在商品经济的发展过程中产生并随着商品经济的发展而发展的。商品经济越发展，交换关系越复杂，金融就越发达。金融的范畴在商品经济的发展过程中得以不断拓展。现代金融已是社会经济活动中居民、企业、政府和国外经济部门等各经济主体实现融资、投资、风险管理等金融目标的必要渠道。在满足经济活动对金融需求的同时，金融自身也获得了充分的发展。

（二）经济发展水平决定金融规模、层次和结构

经济发展的不同阶段对金融发展提出不同的要求，同时，在不同的经济发展时期，金融的发展条件也不同，由此决定了金融发展的规模、层次和结构。

首先，经济发展水平决定了金融规模。随着人类经济发展水平的提高，金融的规模不断扩大。从货币角度看，货币供给的规模依据于社会货币需求量，而货币需求内生于经济活动，与经济发展水平紧密相关。从金融资产角度看，一国金融资产总规模是该国居民、企业、政府等各经济主体所持有的金融资产总额，它取决于该国的国民收入水平和经济发展水平。

其次，经济发展水平决定了金融层次。在经济发展的低级阶段，经济活动较简单，经济活动的正常进行仅需要货币提供顺畅的媒介服务。此时，金融只体现为层次较低的货币流通、货币融通和货币支付清算等。随着经济的发展，经济活动对金融需求的广度和深度逐渐扩展，金融活动的层次和复杂程度不断提高，新的金融工具和金融交易方式不断产生。同时，为稳定金融活动，新的金融调控、监管工具与方式不断推出。

最后，经济发展水平决定了金融结构。这主要表现为：宏观经济的部门结构决定了金融结构，如经济中开放部门与非开放部门的结构决定了金融业的开放结构；企业的组织结构和商品结构决定了金融机构的业务结构；市场结构决定了金融体系的组织结构和金融总量的结构；等等。

二、金融在经济发展中的重要地位与推动作用

（一）金融是国民经济的核心

第一，现代经济是市场经济，其本质是一种发达的货币信用经济或金融经济，它的运行表现为货币资金运动引导物质资源运动，金融在现代经济活动和社会资源的配置中具有支配性作用。第二，金融是现代经济活动的纽带。现代一切经济活动几乎都离不开货币资金运动。金融连接着国内各经济部门，连接着各经济主体，同时又连接着跨国经济主体之间的经济活动。第三，金融是现代经济的重要调节杠杆。现代经济通过市场机制配置社会资源，而金融是连接国民经济各方面的纽带，能够比较深入、全面地反映社会各部门的经济活动。

（二）金融对经济发展的推动作用

第一，金融活动为经济发展提供基础条件。现代经济是高度发达的货币信用经济，一切经济活动都离不开货币信用因素。因此，金融为现代经济发展提供了必要的基础条件。

第二，金融促进社会储蓄，并促进储蓄转化为投资。一方面，金融能提供存款、贷款、债券、股票等多样化的产品，满足资金闲置者的储蓄需求和资金不足者的融资需求。另一方面，金融体系具有风险识别与资源配置功能，能通过金融机构和金融市场的活动，识别风险和提高资源配置的效率。

第三，金融活动节约社会交易成本，促进社会交易的发展。金融机构的业务活动和金融市场的交易活动，极大地促进了社会资金流动，节省了社会交易成本，并最终实现社会资源的良好配置，提高经济发展的效率。

第四，金融业的发展直接为经济发展做出贡献。金融作为第三产业，是现代经济的重要组成部分。随着现代市场经济的发展，金融业获得了快速的发展，金融业的产值大幅度增加，占国民生产总值的比重也在不断提高。

三、金融活动可能对经济发展产生的不良影响

金融活动可能对经济发展产生的不良影响如下：

（1）因金融总量失控而出现通货膨胀、信用膨胀，导致社会总供求失衡，危害经济发展。信用货币制度下，货币发行容易失控，导致通货膨胀。同样，由于信用关系已渗透到经济生活的各个方面，信用不仅能解决盈余部门和短缺部门的调剂问题，还可以创造或抑制需求。例如，当社会总供给大于总需求时，信用的扩张可以扩大社会总需求；但当信用过度膨胀到已进入较严重的供求失衡的状况时，信用扩张只会加剧供求矛盾，进而引发通货膨胀、信用危机和金融危机。

（2）因金融业经营问题而形成系统性金融风险，进而引发金融危机。金融业是经营信用的产业，在经营过程中始终伴随着风险。这些风险的存在直接威胁着金融业的安全，一旦风险失控，就会出现债务危机、流动性危机。一旦金融危机爆发，还会影响整体经济运行和社会经济秩序，甚至引发经济危机。2007 年爆发的美国次贷危机所引发的全球金融危机和经济衰退的案例告诉我们，金融具有脆弱性和极强的传导性，金融风险的系统性爆发必将严重影响经济的稳定和发展。

（3）因金融创新过度而形成金融过度繁荣。当代货币信用经济高度发达，大量新型金融工具不断涌现，新型金融市场不断形成。这些创新成果在活跃金融、推动金融发展的同时，也加大了信用膨胀的可能性与现实性。尤其是各种衍生产品在金融市场上通过反复易手而自我膨胀，滋生金融泡沫，极大地积累了金融风险。这种金融风险造成金融市场的动荡和整体经济运转的失常，拉大经济波动的幅度并可能引发经济危机。

原理 15-1：

经济发展决定金融发展，金融在为经济发展服务并与之紧密结合中才能稳健发展。金融发展是现代经济发展的推动力量。

四、金融发展的新理念

（一）金融发展理念的变化

自金融业形成以来，关于金融发展的理念一直是学者思考的重点问题。在金融业形成的初期，金融发展的理念集中在金融如何促进经济增长方面，关注金融体系提供货币和信用是否有利于促进经济发展的问题。20 世纪 70 年代以后，金融发展的理念转向如何处理好金融体系的发展和政府政策的作用关系，关注如何提高金融体系的运作效率的问题。20 世纪 90 年代以来，金融发展的理念又有了新的变化，关注的重点更多地放在如何合理利用和配置金融资源并有利于实现经济的可持续发展方面，这些新的理念主要体现在普惠金融、绿色金融和金融业的社会责任等方面。

（二）普惠金融

普惠金融是指立足机会平等要求和商业可持续原则，以可负担的成本为有金融服务需求的社会各阶层和群体提供适当、有效的金融服务。这是联合国在 2005 年提出的理念，基本内涵是通过发展小额信贷或微型金融方式建立能有效、全方位地为社会所有阶层和群体提供服务的金融体系。普惠金融本意是金融服务能够惠及所有人，所关注和强调的一是每个人都应该获得金融服务机会的权利，进而有机会参与经济发展并从中获益；二是需要立足机会平等的要求和商业可持续原则，鼓励金融机构创新产品和管理，提供小额信贷和小微金融，以可负担的成本为有需求的社会各阶层和群体提供适当有效的金融服务；三是政府需要通过加大政策引导扶持、完善金融服务设施、在法律和监管政策方面提供适当的空间，鼓励小额信贷机构等新型金融机构的发展，建设普惠金融体系。

我国近年来高度重视发展普惠金融，目标是让所有市场主体都能分享金融服务。国务院制订了《推进普惠金融发展规划（2016—2020 年）》，明确提出了发展普惠金融的指导思想、基本原则、总体目标和各项举措，目的是推进普惠金融发展，提高金融服务的覆盖率、可得性和满意度，增强所有市场主体和广大人民群众对金融服务的获得感。

（三）绿色金融

绿色金融是指为支持环境改善、应对气候变化和资源节约高效利用的经济发展所提供的金融服务。其基本理念是金融部门要把环境保护作为一项基本政策，在业务活动中要考虑潜在的环境影响，把与环境条件相关的潜在的回报、风险和成本都要融合进日常业务管理中，注重对生态环境的保护以及环境污染的治理，通过对社会经济资源的引导，促进社会的可持续发展。绿色金融最突出的特点，在于更加强调人类社会的生存环境利益和生态效应，将对环境保护和对资源的有效利用程度作为计量其活动成效的标准之一，通过金融业自身的活动，引导各经济主体注重自然生态平衡。

在全球经济发展追求绿色增长的趋势下，针对环保、节能、清洁能源、绿色交通、绿色建筑等领域，通过绿色信贷、绿色债券、绿色股票指数和相关产品、绿色发展基金、绿色保险、碳金融等金融工具和相关政策构建的绿色金融体系，是支持经济向绿色化转型的一种制度安排。主要目的是动员和激励更多社会资本投入绿色产业，同时更有效地抑制污染性投资。构建绿色金融体系，有助于加快经济向绿色化转型，支持生态文明建设，也有利于促进环保、新能源、节能等领域的技术进步，有利于培育新的经济增长点并保持、提升经济的可持续发展。

由于商业性金融机构具有内生的趋利性，建立健全绿色金融体系，既需要政府提供金融、财政、环保等政策和相关法律法规的配套支持，通过建立适当的激励和约束机制解决项目环境外部性问题。同时也需要金融机构加大创新力度，通过开发新的金融工具和服务手段，解决绿色投融资所面临的期限错配、信息不对称、产品和分析工具缺失等问题。2016年 8 月 31 日，中国人民银行、财政部等七部委联合印发了《关于构建绿色金融体系的指导意见》，提出了构建大力发展绿色信贷、推动证券市场支持绿色投资、设立绿色发展基金、发展绿色保险、完善环境权益交易市场和工具、支持地方发展绿色金融、推动开展绿色金融国际合作包含 7 个基本领域的中国特色的绿色金融体系。

（四）金融企业的社会责任

金融企业的社会责任是指金融机构对其股东、员工、消费者、商业伙伴、政府和社区等利益相关者以及为促进社会与环境可持续发展所应承担的责任。其主要包括：

1. 经济责任

在遵守法律法规的条件下，营造公平、安全、稳定的行业竞争秩序，以优质的专业经营持续为国家、股东、员工、客户和社会公众提供金融服务并创造经济价值。

2. 社会责任

以符合社会道德和公益要求的经营理念为指导，积极维护消费者、员工和社区大众的社会公共利益，努力践行普惠金融；提倡慈善责任，积极投身社会公益活动，参与构建和谐社会，促进社会发展。

3. 环境责任

通过绿色金融体系支持国家产业政策和环保政策，节约资源，保护和改善自然生态环境，支持社会可持续发展。

强调社会责任体现的是金融机构伦理化经营的理念。近年来，我国政府和各类金融机构高度重视社会责任，逐步将社会责任融入金融机构的发展战略、治理结构、企业文化和业务流程之中，形成流程化的管理机制，建立适当内外部评估机制和企业社会责任的信息公开披露制度，构建金融机构履行社会责任的长效机制。

第二节 金融创新与金融发展

一、金融创新的概念与分类

金融创新是指在金融领域内部,通过对各种要素的重新组合和创造性变革而创造或引进的新事物。按金融创新的内容大致归为以下三类:

(1)金融制度创新,包括各种货币制度创新、信用制度创新、金融管理制度创新等与制度安排相关的金融创新。

(2)金融业务创新,包括金融工具创新、金融技术创新、金融交易方式或服务创新、金融市场创新等与金融业务活动相关的创新。

(3)金融组织结构创新,包括金融机构创新、金融业结构创新、金融机构内部经营管理创新等与金融业组织机构相关的创新。

二、当代金融创新的主要表现

当代金融创新是指 20 世纪 70 年代以来的金融新事物,主要表现为以下几个方面:

(一)金融制度创新

1. 国际货币制度的创新

20 世纪 70 年代,布雷顿森林体系崩溃后,在国际货币基金组织倡导下的《牙买加协议》,创立了现行的在多元化储备货币体系下以浮动汇率制为核心的新型国际货币制度。国际货币制度创新的另一重要表现是区域性货币一体化趋势。其中,最著名的是由欧洲中央银行于 1999 年 1 月 1 日发行的欧元。此外,阿拉伯货币基金组织、西非货币联盟、中美洲经济一体化银行、拉美地区的安第斯储备基金组织、中非货币联盟、加勒比开发银行等都是区域性的货币联盟。

2. 国际金融监管制度的创新

面对动荡的国际金融环境、频繁的国际金融创新和日益严重的金融风险,国际清算银行主持成立了巴塞尔委员会,制定了《巴塞尔协议》,成为国际银行业监管的一座里程碑。此后,巴塞尔委员会出台了《有效银行监管的核心原则》和《巴塞尔协议Ⅱ》。随着国际证券事务监察委员会、国际保险监督官协会、国际投资与跨国企业委员会、期货业国际公会、证券交易所国际公会等机构的创立与履职,一个新型的国际性金融监管组织体系已经开始运转。各国监管当局的联手监管和专门机构的跨国监管正在不断创新监管方式和手段,着手创建一个集早期预警、风险防范、事后救援三大系统于一体的新型国际化监管体系。

（二）金融业务创新

1. 新技术在金融业的广泛应用

以微电子技术的发展和广泛运用为核心的西方新技术革命，为金融业务创新开辟了一个全新的领域，使金融业务发生了巨大的变革。金融业普遍装备了电子计算机，改变了传统的业务处理手段和程序，形成了国内外纵横交错的电子化资金流转网络。信息技术的发展为金融业务创新奠定了基础，实现了金融业务中信息流、资金流和交易指令流的即时化、全球化和全时化。

21 世纪以来，金融技术创新蓬勃兴起，云计算、大数据、人工智能和区块链等新兴技术与金融业务不断融合，互联技术、分布式技术和安全技术等底层关键技术在金融领域的应用日益深化。科技对于金融发展的作用被不断强化，对金融科技的投入力度持续加大，金融业务环节的应用场景更加丰富，数据价值持续不断地体现并释放出来，金融解决方案创新推陈出新。科技赋能正在成为金融机构战略转型的突破口，随着第五代移动通信技术（5G）、量子计算等前沿技术由概念阶段到实际应用，金融科技的发展势头强劲。

2. 金融工具不断创新

各类金融机构通过对原有金融工具特性的分拆和重组，不断推出新型的金融工具。有满足投资、投机、保值等多种需求的金融工具，有适合大小投资者、长短期资金余缺者、国内外投资者等多种对象的金融工具，有介于定活期存款间、股票债券间、存款与债券间、存款与保险间、贷款与证券间等各种组合式的金融工具，等等。总之，多样化、灵活化、标准化、国际化、通用化的各种新型金融工具源源不断地涌现出来。

3. 新型金融市场不断形成

金融市场的创新主要表现在两个方面：其一，金融市场的国际化。在金融自由化浪潮的冲击下，各国陆续取消或放松了对国内外市场分隔的限制，各国金融市场逐步趋于国际化；欧洲及亚洲美元市场、欧洲日元市场等新型的离岸金融市场纷纷出现。其二，金融衍生工具市场异军突起。人们通过预测股价、利率、汇率等变量的行情走势，以少量保证金签订远期合同，买卖期权或互换不同金融商品，由此形成了期货、期权、互换等不同衍生工具市场。

4. 新业务和新交易大量涌现

银行、证券、保险、信托、租赁等各类金融机构一方面在传统基础上推陈出新，另一方面积极开拓全新的业务与交易。例如，银行在传统的存、贷、汇业务基础上推出了大额可转让定期存单、可转让支付命令活期存款账户、协议账户等新型的存款业务，各类批发或零售贷款业务或安排，新的结算工具与方式；同时大量开发新型的跨国业务、信息业务、表外业务、信用卡业务、咨询业务、代理业务及各种服务性业务等；期货交易、期权交易、掉期交易等各种新型的金融交易被不断地设计、开发出来。

（三）金融组织结构创新

1. 创设新型金融机构

20 世纪 80 年代以来，在金融创新中涌现出与传统金融机构有别的新型金融机构：有以计算机网络为主体而无具体营业点的电子银行；有以家庭为专门对象，居民足不出户就可以享受各种金融服务的家庭银行；有专为企业提供一切金融服务的企业银行；有一切业务均由机器受理的无人银行；有各国银行以股权方式联合成立的国际性联合银行；有集银行、证券、保险、信托、租赁和商贸于一体的大型复合金融机构。

2. 各类金融机构的业务逐渐趋同

金融机构在业务和组织创新的基础上，逐渐打破了职能分工的界限，实际上的混业经营迫使分业管制被动放松。例如，美国1980年新银行法允许商业银行、储蓄银行、证券商之间进行交叉业务和竞争，日本1981年的新银行法允许商业银行、长期信贷银行、信托银行经办证券业务，英国于1986年允许所有金融机构均参加证券交易所交易。

3. 金融机构的组织形式不断创新

在过去单一银行制、总分行制的基础上，出现了连锁银行制、控股公司制以及经济上相互独立而业务经营上互助互认并协调一致的联盟制银行。在分支机构形式上，也创新了全自动化分支点、百货店式分支点、专业店式分支点、金融广场式分支点。

4. 金融机构的经营管理频繁创新

20世纪60年代以来，金融机构通过管理创新不断调整业务结构，开发出多种新型负债和资产业务。中间业务特别是表外业务的比重日益加大，业务手段、业务制度、操作程序、管理制度等不断革新，金融机构的内部机构设置不断创新，经营管理方法推陈出新。

5. 金融业态不断创新

21世纪以来，随着互联网的蓬勃发展，金融与互联网结合的创新层出不穷，形成了以互联网为介质的金融新业态。一方面是以电商的互联网平台为依托，借助支付、云计算、社交网络以及搜索引擎、App（应用程序，Application的缩写）等互联网工具，实现资金融通、支付和信息中介等业务的一种新兴金融业态，如第三方支付平台、P2P（Peer to Peer，个人对个人）信贷、众筹网络，也包括网络小额贷款公司、互联网基金、保险销售平台等。另一方面是传统金融服务借助互联网的拓展，包括网上银行、电子银行以及手机银行等，体现了金融与科技深度融合的创新。

三、引发当代金融创新高潮的主要因素

引发当代金融创新高潮的主要因素有以下几点：

（一）经济思潮的变迁

20世纪70年代西方兴盛的经济自由主义思潮，为金融业要求放松管制、追求自由经营提供了思想武器。在经济自由主义思潮的支配下，金融业强烈要求当局放松第二次世界大战后设置的种种限制和管制，并不约而同地通过金融创新逃避管制，形成了金融自由化浪潮。而各国当局在经济自由主义思潮的影响下，一方面主动放弃了一些明显不合时宜的管制，另

一方面被迫默认了许多规避管制的创新成果，放松了金融管制的力度，这又进一步促进了金融创新。

（二）需求刺激与供给推动

第二次世界大战后，各国经济与金融的快速发展，从需求和供给两个方面掀起了金融创新高潮。在需求方面，许多新的金融需求随着金融化程度的提高不断产生出来。同时，当代西方经济和金融发展的内在矛盾冲突，产生了新的金融需求。例如，严重的通货膨胀、过度的汇率浮动、国际债务危机等的发生，导致金融风险成为矛盾的焦点，从而引发了期货、期权、互换等各种转移风险的金融创新。

在供给方面，金融机构资产的剧增，大大提高了金融创新的规模报酬，刺激了金融机构增加创新的供给。在金融业垄断竞争的格局下和激烈的竞争中，金融机构只有通过创新才能获取潜在收益，扩展或保持自己的市场份额。而当代金融创新的有利条件增多，技术难度和成本呈下降趋势，金融机构的创新能力增强，因此，金融创新层出不穷。

（三）对不合理金融管制的回避

20世纪70年代前后，随着经济和金融的发展、技术的进步、需求的更新、供给的变化，原有的管制出现了不合时宜或过分限制的问题，管制的副作用开始加大。当管制已经不能适应经济、金融发展的要求而又未做改革时，金融机构就会通过回避金融管制的创新冲破障碍，抵消管制的副作用。

（四）新科技革命的推动

新科技革命掀起了一场金融领域的科技革命，使金融发展进入一个更高的层次与阶段。新科技成果的应用，降低了创新的成本，增加了创新的收益；提高了金融机构的经营效率；增强了金融机构的创新供给能力。20世纪70年代以来，几乎所有的金融创新都依赖于新科技革命所提供的物质装备和技术支持。

四、当代金融创新对金融与经济发展的影响

（一）当代金融创新对金融和经济发展的推动作用

1. 提高了金融机构的运作效率

金融创新通过大量提供新的金融服务和工具，增加了金融商品和服务的效用，提高了金融机构的运作效率。电子计算机引入支付清算系统，极大地提高了支付清算能力和速度，促进了资金快速周转，节约了流通费用。金融创新扩张了金融机构所拥有的资金流量和资产总量，由此提高了金融机构经营活动的规模报酬，使金融机构的盈利能力大为增强。

2. 提高了金融市场的运作效率

金融创新通过提高市场组织与设备的现代化程度和国际化程度，提高了金融市场价格变动的灵敏度，从而提高了价格的合理性和价格机制的作用力。而各种金融工具的涌现，增加了可供选择的金融商品种类，各种创新增强了剔除个别风险的能力。同时，创新降低了交易成本与平均成本，使投资收益相对上升，吸引了更多投资者和筹资者进入市场，提高了交易的活跃程度。

3. 增强了金融业的发展能力

金融业的发展能力主要体现为金融机构在经营活动中开创未来的能力，包括开拓新业务和新市场的能力、资本增长的能力、设备配置或更新能力、经营管理水平和人员素质的提高能力等。在当代金融创新的浪潮中，金融业的这些能力都有较大幅度的提高。

4. 金融作用力大为增强

金融作用力主要是指金融对经济整体运作和发展的作用能力，一般通过对总体经济活动和经济总量的影响及其作用程度体现出来。当代金融创新主要通过以下四个方面从总体上提高了金融作用力：①提高了金融资源的开发利用与再配置效率；②社会投融资的满足度和便利度上升；③金融业产值的迅速增长，直接增加了一国 GDP 的总量，加大了金融业对经济发展的贡献度；④增强了货币作用效率，实现以较少的货币推动较多的经济总量。

（二）当代金融创新产生的新矛盾和挑战

当代金融创新产生的新矛盾和挑战如下：

（1）金融创新使货币供求机制、总量、结构乃至特征都发生了深刻变化，对金融运作和宏观调控影响重大。在货币需求方面，金融创新改变了货币结构，降低了货币需求的稳定性。在货币供给方面，金融创新赋予了非银行金融机构更多的货币创造能力，增加了货币供给的主体；新型金融工具的不断涌现，增强了金融资产的流动性，从而导致货币定义和计量日益困难和复杂化。货币供给的内生性增强，削弱了中央银行对货币供给的控制能力与效果，容易导致货币政策失效和金融监管困难。

（2）金融创新改变了货币政策的决策、操作、传导及效果，对货币政策的实施产生了一定的不利影响。金融创新降低了货币政策中介指标的可靠性，给货币政策的决策、操作和预警系统的运转造成较大困难；削弱了法定存款准备金政策和再贴现政策的作用力，减少了可操作工具的选择性；加大了政策传导的不完全性。同时，金融创新后，指标增多、时滞不定，使货币政策的传导过程离散化、复杂化，对政策效果的判定也更为困难。

（3）金融风险有增无减，金融业的稳定性下降。金融创新在提高金融效率的同时，也增加了金融业的系统性风险。一是因为创新加大了原有的系统性风险，如授信范围的扩大与条件的降低无疑会增加信用风险；二是创新中产生了新的金融风险，如大规模的金融电子化创新所产生的电子风险等。20 世纪 80 年代以来银行的资产风险和表外业务风险猛增，导致了金融业的稳定性下降，金融机构的亏损、破产、倒闭、兼并、重组事件频繁发生，整个金融业处于一种结构调整和动荡不定的状态之中。

值得关注的是，金融科技发展也带来了新型金融风险。比如，因新技术应用对数据可得性和质量的高度依赖，风险评估会存在一定偏差，带来业务风险、技术风险、网络风险的叠加和外溢效应；新技术产生的金融业务表外化和新业态，导致风险的扩散性大大增加；金融科技催生的金融机构跨业、跨市场经营也增大了系统性风险；等等。如何在鼓励创新和控制金融风险之间取得平衡是一个新的课题。

（4）金融市场出现过度投机和泡沫膨胀的不良倾向。在当代金融创新中，金融市场上出现了许多高收益和高风险并存的新型金融工具和金融交易，如股票指数期货交易、股票指数期权交易等。一些避险性的创新本身又成了高风险的载体，如外汇互换、利率互换、货币互换等。这些新型的金融工具和交易以其高收益和冒险刺激，吸引了大批的投资者和大量的资金，由此产生大量的泡沫，极易引发金融危机。

综上所述，当代金融创新虽然有利有弊，但利远大于弊。正确认识和客观评价金融创新对于金融发展和经济发展的积极推动作用，是充分发挥其动力作用，最大限度地推动金融、经济发展和社会文明进步的基本前提。当然，金融创新的副作用亦不能忽视，必须加以有效引导和监管。

第三节　金融结构与金融发展

一、金融结构的含义

金融结构是指构成金融总体的各个组成部分的分布、存在、相对规模、相互关系与配合的状态。在某一时点上考察金融结构时，它表现为静态的既定状况；从历史的角度看，它始终处于动态的演变状况，其结果导致了金融发展水平和层次的提升。

金融结构有多种表现形态，考察金融结构的表现形态可以从多方面来进行。一般通过考察金融业各分行业（银行、证券、保险、信托、租赁等）的产业结构、金融市场结构、融资结构、金融资产结构、金融开放的结构等，可以综合反映出一国金融结构的基本状况。

二、形成金融结构的基础性条件

（一）经济发展的商品化程度和货币化程度

商品化程度是指所有产出品中用于交换的比例。货币化程度是指商品交换与分配过程中使用货币的比例。以交换为基本关系的商品经济，需要货币信用的各种形式和工具来解决交换中出现的困难，需要各类金融机构来提供交换的服务，需要建立宏观金融管理机构来协调解决全社会商品交换的价值总量平衡问题。因此，商品化程度和货币化程度越高，交换关系越复杂，货币使用范围越大，金融结构就越发达。

（二）商品经济的发展程度

在商品经济逐步发达的高级阶段，市场上出现了许多复杂的金融新需求，金融规模也随之日益扩大，此时，金融业必须通过多种金融机构、多种金融业务、多种金融工具、多条融资途径才能提供社会所需的各种金融产品与服务，从而满足广大投资者和筹资者的需求，金融结构也因此而日益复杂。

（三）信用关系的发展程度

信用关系的发展程度通常可以从四个方面考察：一是多种信用形式齐备、规范，各经济主体都可以通过相应的形式从事信用活动；二是全社会成员在经常性的信用活动中具有明确的信用价值理念和是非观念，普遍具有良好的守信习惯与意愿；三是各种信用活动都在具有强大约束力和制衡力的信用规则下运行，信用秩序井然并具有自动维护机制；四是社会信用体系健全，信用中介机构、信用服务机构和信用管理机构齐备并规范运作，所建立的社会征信系统高效运作，覆盖面宽并具有权威性。

（四）经济主体行为的理性化程度

在市场经济中，各独立的经济主体的理性化主要体现在它们能够趋利避害地进行选择。各种投资和融资活动都以获取收益为目的，投融资双方都将选择各种有利于降低成本、增加收益的投融资方式或渠道，充分利用各种金融业务、金融交易与金融工具，灵活调度和有效运用资金。因此，经济主体的理性化程度越高，金融需求就越旺盛，金融业务、金融交易与金融工具的种类就越多，金融结构就越发达。

（五）文化、传统、习俗与偏好

不同的文化、传统、习俗与偏好，通过对人们经济行为和金融行为的作用在金融结构的形成中具有重要的影响。例如，倡导儒家文化传统、偏好安全性、推崇团队精神、历史上银企关系密切的日本人和韩国人，与崇尚个性、弘扬个性、偏好风险的美国人，在金融工具的选择和投融资方式的偏好等方面存在较大差异，在长期的历史进程中各国逐渐形成了特有的金融结构。

三、金融结构变化的主要影响因素

金融结构变化的主要影响因素包括：

（一）制度因素

不同的制度安排对一国的金融结构具有决定性的作用。例如，计划和市场的经济和金融体制安排产生了单一金融形式和复杂金融形式；分业和混业经营和监管制度导致金融业结构、市场结构的差异；金融监管制度的变迁也会导致货币结构、金融资产结构和融资结构的变化；等等。

（二）金融创新的活跃程度

金融创新越活跃，新的金融机构、金融工具、金融市场、融资方式和技术就越多，推陈出新就越频繁，金融结构也就变化越快。20 世纪 70 年代以来，西方发达国家在大规模、全方位的金融创新中，广泛采用新技术，不断形成新市场，新金融工具、新交易、新服务层出不穷，直接导致了金融结构的深刻变化，形成了世界金融业的新格局。

（三）技术进步

技术进步及其在金融业的广泛应用，已经并将继续导致金融结构发生巨大的变化。近几十年来，数学分析技术、电子技术、信息技术、工程技术、管理技术等多种技术在金融业的引入，改变了原有的金融结构。其中最突出的是微电子技术及计算机网络技术在金融业的大量运用。金融活动的电子化发展，使金融市场结构和金融业结构正在发生深刻的变化。

（四）开放程度

在开放经济条件下，一国的金融结构在相当程度上受外部因素的支配和影响。特别是与东道国金融关系密切的发达国家，利用金融机构的进入、金融业务和融资技术的带入、资本流动等形式，使东道国金融结构变动。这一点在过去的殖民地国家中表现得尤为突出，也是目前许多发展中国家在开放进程中金融结构变化的重要原因。

四、金融结构的分析指标与评价角度

对一国金融结构的状况与优劣可以从多层面、多角度展开分析。金融结构分析通常采用结构比率分析方法。例如，西方学者戈德史密斯采用以下结构比率指标对金融工具和金融机构的结构进行考察：

（1）金融相关比率：现有金融资产总值在国民财富中所占的份额。

（2）金融构成比率：各类金融工具在金融工具总额中所占的份额。

（3）金融工具比率：金融机构发行的金融工具与非金融机构发行的金融工具之比。

（4）金融部门比率：各经济部门在金融资产和金融工具中所占的份额。

（5）分层比率：同类金融机构资产在全部金融机构总资产中所占的份额以及在主要金融

工具中所占的份额。

（6）金融中介比率：所有金融机构持有的金融资产在全部金融资产中所占的份额。

（7）融资比率：各融资方式占全部资金来源的份额。

由于金融问题的复杂性，到目前为止，对金融结构的规范性研究还无法用一个或一组确定的数量比率指标来进行。因此，单纯用定量分析方法不能全面评价金融结构，还需要运用定性分析方法，对金融结构的合理性和优劣程度做出评价。

对金融结构合理性与优劣程度的考察可以采用功能视角进行。金融的功能可概括为三个：一是投融资功能。这主要表现在金融资源的开发利用程度、投融资的便利程度、投融资的成本大小和价格的合理程度、投融资的效率高低、资金配置的优化程度等方面。二是服务功能。这主要表现为能否提供支付清算的便利以促进交易的完成，能否提供丰富的金融服务以满足社会各种金融需求，能否提高经济生活的质量并增加社会总福利。三是风险管理功能。这主要表现为能否有效地分散和回避风险以保持金融资产的安全性，能否为人们生活中的各种不确定性风险提供保险和保障等。

五、金融结构的作用与影响

（一）对金融发展的决定与影响力

金融结构越复杂，金融功能就越强，金融发展的水平和层次就越高。从历史上看，只有通过金融结构的变化，才能提升金融功能，促进金融发展。在各国金融发展的进程中，金融结构的差异往往会导致金融功能的强弱不一，从而影响各国在国际金融活动中的竞争力。同时，不同的金融结构也是影响各国金融稳定的重要因素。

（二）对经济发展的影响

金融结构对经济发展的影响主要表现在两方面：第一，金融结构演进有利于提高储蓄、投资水平，促进经济增长。第二，通过金融结构的优化，完善服务功能和风险管理功能，可以提高经济发展的水平。金融业通过提供大量具有特定内涵与特性的金融工具、金融服务、交易方式或融资技术等成果，为经济社会提供各种金融便利和服务，满足不断增加的各种金融需求。

综上所述，金融结构不仅是金融发展状况的具体体现，而且对一国金融发展和经济发展具有重要的决定作用和影响力。金融结构的演进与优化总是和金融效率、金融发展水平、金融国际竞争力紧密相关。

> **原理 15-2：**
> 金融的发展水平、稳定性程度、产业功能和运作效率与金融结构的合理性正相关。

第四节　经济金融化与金融全球化

一、经济金融化

（一）经济金融化的含义

经济金融化是指一国经济中金融资产总值占国民经济产出总量的比重处于较高水平并不断提高的过程及趋势。可以从以下三个方面理解经济金融化的含义：

第一，金融增长快于经济增长，金融资产占社会总资产的比重不断上升。第二次世界大战以后，金融业也出现爆发性发展，金融业的发展速度超越了经济发展速度。尤其是 20 世纪 80 年代以后，金融业的发展速度不断加快，金融业的增长速度快于经济增长 3～4 倍。金融业的高速增长，使得金融在整个经济中的地位不断提高。

第二，经济金融相互渗透融合，信用关系成为最基本的经济关系，现代经济也被称为金融经济。社会各经济主体之间的经济关系越来越表现为债权、债务关系，股权关系，保险关系和信托租赁等金融关系，人们的财富也越来越多地以金融资产的形式体现，现代经济关系日益金融化。

第三，政府对经济的调控管理活动日益体现为对金融的调控管理活动。政府可以利用金融在经济中的重要地位和作用，来实现对经济活动的调控和管理。随着经济金融化程度的加深，加强国际金融风险管理与防范已经成为各国的共识，国际金融风险的防范和国际金融关系的协调也成为各国政府经济协调的核心部分。

（二）经济金融化的发展进程

经济金融化的发展进程明显地体现出两阶段特征。20 世纪 70 年代以前为第一阶段，具体表现为经济货币化；20 世纪 70 年代后至今为第二阶段，即经济金融化。

经济货币化是指一国国民经济中用货币购买的商品和劳务占其全部产出比重的提高过程及趋势。如果严格按照货币化的定义，货币化程度应该用一定时期内媒介商品劳务交易的货币总量与总产出量之比来表示，即为货币化比率。

经济金融化程度通常用金融相关率来衡量，是指一定时期内社会金融活动总量与经济活动总量的比值。金融活动总量一般用金融资产总额表示。与此相应，经济货币化也就发展为更为广义的经济金融化。

（三）经济金融化的作用与影响

经济金融化是一国经济发展水平和经济发展进程最重要的标志，不同国家在货币化比率和金融相关率上的差别反映了其经济金融发展水平的差距。对于低货币化和金融化的经济体而言，提高货币化和金融化的过程是改善经济发展条件和金融推动经济发展的过程。

经济金融化是经济与金融逐渐走向融合的过程，是经济与金融互动发展的过程。经济与金融的交融发展，既促进了经济的发展，也为作为重要产业的金融的发展拓宽了空间。但也必须看到，经济金融化的过程是金融高速增长和膨胀的过程，也是金融与经济逐步脱节与虚拟化的过程。一旦金融与经济的融合度降低，金融出现自身膨胀，就将积累起巨大的风险，引发危机。

二、金融全球化

金融全球化的基础与背景是经济全球化，同时，金融全球化又是经济全球化的表现形式和发展阶段。

（一）经济全球化

经济全球化是当今世界经济发展的主要趋势。它相继经历了贸易一体化、生产一体化和金融全球化三个发展阶段。

1. 贸易一体化

贸易一体化是指在国际贸易领域内国与国之间普遍出现的全面减少或消除国际贸易障碍的趋势，并在此基础上逐步形成统一的世界市场，它是经济全球化的先导和首要标志。

19 世纪后半叶，随着资本主义生产方式在主要资本主义国家的确立，资本主义国家国内市场的狭小成为生产规模进一步扩大的主要障碍，商品交换开始走出国境，国际贸易开始有了较大规模的发展。第一次世界大战以后，以美国为首的资本主义经济强劲发展，带动贸易一体化进入了一个新高潮。20 世纪 90 年代以后，随着冷战格局的打破，世界商品贸易迅速增长。1995 年世界贸易组织正式成立，为经济全球化的发展创造了良好的国际协作基础。

2. 生产一体化

生产一体化是指生产过程的全球化，是从生产要素的组合到产品销售的全球化。跨国公司是生产一体化的主要实现者。跨国公司在数量和地域范围上极大地扩展了跨国经营的分支机构，并实行组织和管理体制上的无国界规划，逐步建立了以价值增值为基础的跨国生产体系。

19 世纪 80 年代，英、美等殖民主义国家变商品输出为资本输出，纷纷在殖民地开矿办厂，生产一体化开始发展。19 世纪末 20 世纪初，随着世界工业化的高速发展，跨国公司获得了迅猛发展。20 世纪 70 年代后，生产一体化在跨国公司的推动下日益成为一种潮流，生产一体化逐步成为经济全球化的主要形式，并逐渐形成了区域一体化的国际生产体系。20 世纪 90 年代以后，跨地区的一体化因素也被逐步引入跨国公司的经营管理之中，进一步更新为全球范围内价值链上下或之间的分工，形成了公司职能跨地区的全球一体化经营战略。

3. 金融全球化

金融全球化是指世界各国和地区放松金融管制、开放金融业务、放开资本项目管制，使资本在全球各地区、各国家的金融市场自由流动，最终形成全球统一的金融市场和货币体系的趋势。金融全球化的历史可以追溯到 19 世纪初英国银行业的海外扩张，但金融全球化的迅速发展则是在第二次世界大战以后。伴随着贸易全球化和生产全球化进程，金融全球化自 20 世纪 70 年代以来快速发展。布雷顿森林体系崩溃以后，各国普遍实行浮动汇率制，并逐步放开了对资本项目的管制，促进了资本的国际自由流动，催生了跨国金融机构和离岸金融市场。随之而来的金融创新的活跃，使金融全球化向更高的层次迈进。

（二）金融全球化的主要表现

1. 金融机构全球化

金融机构全球化包括金融机构的准入和准出两方面。20 世纪 70 年代以后，由于国内竞争加剧和金融管制的放松，发达国家的各种金融机构纷纷建立代理行关系或直接设立代表处、分行、子银行与联号银行，大力拓展海外业务。发展中国家出于吸收发达国家资金的需要，开始逐步放宽对外资金融机构的限制。进入 20 世纪 90 年代后，跨国金融兼并、收购浪潮此起彼伏，在银行业、证券业、保险业等不同金融产业之间，跨国金融集团不断涌现。

2. 金融业务全球化

金融机构全球化必然带来金融业务全球化。金融业务全球化一是体现为金融机构在全球范围内调度资金，经营各种业务。一般用国际性金融业务量占总业务量的比重来衡量金融业务全球化的程度。二是体现为金融业务种类和规程的全球化，即无论是传统业务，还是创新业务，特别是电子金融业务，全球通用性日益提高。

3. 金融市场全球化

各地区之间的金融市场相互连接，形成了全球性的金融市场。由于发达国家金融管制的放松和发展中国家实行的对外开放战略，大批新兴的金融市场在适合的环境下迅速发展，成为重要的国际性金融市场。在全球性金融市场的发展下，各国金融市场的价格联动性增强，主要金融资产的价格和收益率的差距日益缩小。

4. 金融监管与协调全球化

面对金融机构、金融业务、金融市场的全球化，单靠一国金融监管当局的力量已经无法适应这种迅速发展的全球化需求，这必然要求有相应的国际金融协调、监管机构和机制。金融全球化条件下的金融监管和协调更多地依靠各国政府的合作、国际性金融组织的作用以及国际性行业组织的规则。例如，国际货币基金组织、国际清算银行等国际金融机构在全球金融活动和金融监管中扮演着越来越重要的角色。

（三）金融全球化的作用与影响

金融全球化是经济全球化在金融领域的表现。如同经济全球化具有积极和消极两方面的影响一样，金融全球化也是一把"双刃剑"，会产生积极和消极两方面的效应。

1. 金融全球化的积极作用

（1）通过促进国际贸易和国际投资的发展推动世界经济增长。金融全球化使各国资金可以在全球范围内调剂余缺，从而可以实现资本等生产要素在全球范围的优化配置，提高了配置和利用效率。在金融全球化发展过程中，国际范围内资本形成的增加、人力资源的开发、技术知识的转移、生产能力的利用、市场的开拓和对外贸易的扩大，有力地推动了各国经济的发展。

（2）促进全球金融业提高效率。金融全球化促进了金融机构之间的竞争，从而降低了金融交易成本。同时，金融全球化使国内资本市场与国际资本市场相衔接，实现投资者与融资者的跨国与跨区域选择与流动，从而实现全球范围内的最佳投资组合。

（3）加强了金融监管领域的国际协调与合作。金融全球化使各国的经济利益息息相关，加强国际协作合乎各国共同利益。同时，资本的自由流动、汇率和利率的市场化对各国金融管理体制提出了更高的要求，势必将促进各国在金融监管领域的深入合作。

2. 金融全球化的消极作用

（1）增大了金融风险。这主要体现在三个方面：第一，金融机构的全球化经营将面对国际政治变化和社会动荡等风险因素，从而加大内部管理难度。第二，金融全球化加大了金融业原有的利率风险、市场风险、信用风险、流动性风险和经营风险等。第三，金融全球化将加大信息不对称程度，增加道德风险和逆向选择风险。

（2）削弱了国家宏观经济政策的独立性和有效性。金融全球化使得一国的经济和金融发展越来越受到外部因素的影响，其采取的经济政策将受到其他国家经济政策的冲击，降低经济政策制定的独立性与执行的有效性。

（3）加快了金融危机在全球范围内的传递，增加了国际金融体系的脆弱性。金融全球化使各国的经济联系不断加强，加速了金融风险在全球的传播，金融局部失衡蔓延范围在扩大、程度在加深，单个国家的金融危机可以迅速演化为地区性甚至是世界性的金融危机。

本章小结

1. 现代经济社会中，金融与经济高度融合。经济发展对金融起决定性作用，经济发展决定了金融的产生、规模、层次和结构；金融是国民经济的核心，金融对经济发展产生巨大的推动作用。

2. 金融创新是指金融领域内部通过各种要素的重新组合和创造性变革所创造或引进的新事物。金融创新提高了金融机构和金融市场的运作效率，增强了金融业的发展能力。但金融创新同时也增大了金融风险。

3. 金融结构是指构成金融总体的各个组成部分的分布、存在、相对规模、相互关系与配合的状态。金融的发展既是金融总量或规模的增长过程，又是金融结构的演进与优化过程。

4. 形成一个国家或地区金融结构的基础性条件主要有经济发展的商品化程度和货币化程度、商品经济的发展程度、信用关系的发展程度、经济主体行为的理性化程度以及文化、传统、习俗与偏好等。而导致金融结构发生变动的主要因素有制度因素、金融创新的活跃程度、技术进步、开放程度等。

5. 金融结构对经济发展的影响主要表现在两个方面：一是金融结构演进有利于提高储蓄和投资水平，促进经济增长；二是通过金融结构的优化，完善服务功能和风险管理功能，可以提高经济发展的水平。

6. 经济货币化是指一国国民经济中用货币购买的商品和劳务占其全部产出的比重及其变化过程。提高经济的货币化程度是促进现代市场经济发展的内在要求。

7. 经济金融化是指一国国民经济中金融资产总值占国民经济产出总量的比重处于较高状态并不断提高的过程及趋势。经济金融化的早期表现形式是经济货币化。经济金融化水平的差异，体现了经济发展水平的差异。

8. 金融全球化的背景是经济全球化，具体表现为金融机构全球化、金融业务全球化、金融市场全球化和金融监管与协调全球化。金融全球化促进国际贸易与国际投资的发展，推动世界经济的增长，但同时也积累起更大的金融风险。

思考题

1. 金融发展与经济发展之间存在什么关系？为什么说经济发展对金融有决定性作用？

2. 怎样理解现代经济发展中金融的地位与作用？现代经济发展中金融可能出现哪些不良影响？应如何防范？

3. 金融创新的含义与表现是什么？其主要成因有哪些？

4. 试分析当代金融创新的利弊与作用。你认为我国在金融创新中应注意什么问题？

5. 什么是金融结构？一国的金融结构通常是如何形成与变化的？

6. 如何评价或判断一国金融结构的合理性与优劣程度？请尝试对我国目前的金融结构进行分析与评价。

7. 什么是经济金融化？怎样理解金融化的作用与影响？

8. 什么是金融全球化？金融全球化表现在哪些方面？

参考文献

［1］黄达．金融学．4 版．北京：中国人民大学出版社，2017．

［2］戴相龙，黄达．中华金融辞库．北京：中国金融出版社，1998．

［3］王广谦．中央银行学．4 版．北京：高等教育出版社，2017．

［4］王广谦．金融中介学．3 版．北京：高等教育出版社，2016．

［5］张亦春，郑振龙，林海．金融市场学．4 版．北京：高等教育出版社，2013．

［6］杨长江，姜波克．国际金融学．4 版．北京：高等教育出版社，2014．

［7］戴国强．商业银行经营学．4 版．北京：高等教育出版社，2011．

［8］魏华林，林宝清．保险学．4 版．北京：高等教育出版社，2017．

［9］陈雨露．公司理财．3 版．北京：高等教育出版社，2014．

［10］郑振龙，陈蓉．金融工程．4 版．北京：高等教育出版社，2016．

［11］刘红忠．投资学．3 版．北京：高等教育出版社，2015．

［12］姚遂．中国金融史．北京：高等教育出版社，2007．

［13］宋逢明．金融工程原理：无套利均衡分析．北京：清华大学出版社，1999．

［14］吴晓求．证券投资学．4 版．北京：中国人民大学出版社，2014．

［15］易纲．中国的货币化进程．北京：商务印书馆，2003．

［16］李健．当代西方货币金融学说．北京：高等教育出版社，2006．

［17］中国人民银行货币政策司．货币市场知识读本．北京：中国经济出版社，2003．

［18］中国保险学会，《中国保险史》编审委员会．中国保险史．北京：中国金融出版社，1998．

［19］米什金．货币金融学．4 版．北京：中国人民大学出版社，1998．

［20］斯蒂格利茨，格林沃尔德．通往货币经济学的新范式．陆磊，张怀清，译．北京：中信出版社，2005．

［21］亚历山大，夏普．证券投资原理．倪克勤，邹宏元，解川波，译．成都：西南财经大学出版社，1992．

［22］法博齐，莫迪利亚尼．资本市场：机构与工具．唐旭，译．北京：经济科学出版

社，1998．

　　［23］亨特，肯尼迪．金融衍生工具理论与实践．修订版．朱波，译．成都：西南财经大学出版社，2007．

　　［24］博迪，默顿，克利顿．金融学．2 版．北京：中国人民大学出版社，2010．